军国
前史

明治维新到
大正时代

JUNGUO QIANSHI

An Extensive Read on
the History of Japan V

萧西之水　赤军　著

JUNGUO QIANSHI

纵览日本史
书系
⑤

团结出版社
UNITY PRESS

图书在版编目（ＣＩＰ）数据

军国前史：明治维新到大正时代 / 萧西之水，赤军
著. -- 北京 ：团结出版社，2021.3
　（纵览日本史书系 ；5）
　ISBN 978-7-5126-8474-4

　Ⅰ. ①军… Ⅱ. ①萧… ②赤… Ⅲ. ①日本－历史－
近现代 Ⅳ. ①K313.4

　中国版本图书馆 CIP 数据核字(2020)第 229419 号

出　版：团结出版社
　　　　（北京市东城区东皇城根南街 84 号　邮编：100006）
电　话：（010）65228880　65244790　（出版社）
　　　　（010）65238766　85113874　65133603（发行部）
　　　　（010）65133603（邮购）
网　址：http://www.tjpress.com
E-mail：zb65244790@vip.163.com
　　　　fx65133603@163.com（发行部邮购）
经　销：全国新华书店
印　装：三河市东方印刷有限公司

开　本：165mm×235mm　　　　16 开
印　张：23.25
字　数：240 千字
版　次：2021 年 3 月　第 1 版
印　次：2021 年 3 月　第 1 次印刷

书　号：978-7-5126-8474-4
定　价：69.00 元

目 录

contents

第八卷 日俄协议

日俄关系变动与日本进占欧亚大陆（1904—1910）

楔子
"文明"双重含义的矛盾

"文明开化"是近代日本改革的主要宣传口号，在这个口号的感召下，日本人开始穿洋服（事实上"洋服"在如今日语中就是"衣服"的意思）、吃洋食、学洋文，也将当时西方社会的铁路、煤油灯、工厂、矿山等近代工业象征全部搬来，到 1890 年前后，终于塑造出一个起码在表面上与西方国家非常相似的国家。

追溯起源，"文明"一词来源于日本思想家、教育家福泽谕吉 1867 年的作品《西洋事情》，书中将英语 Civilization 一词转译为"文明开化"四字。而福泽谕吉也在书中为文明国列举六条要诀：（1）以法律为基础保障自由，（2）信教自由，（3）振兴技术与文学，（4）开设学校教育人才，（5）在安定政治下促进产业发展，（6）设立医院与收容所救济贫民。明治维新以后，福泽谕吉以"文明"为主要目标撰写大量小册子启发民智，其中以十七篇文章构成的《劝学篇》更是有着深远影响，为日本走向文明开化之路打下基础。

但也要注意，由于当时东西方社会差距过大，福泽谕吉的思想不无偏激之处。其晚年谈话录《福翁百话》第三十四话《不可半信半疑》就提到："我辈多年倡导文明实学，而非中国的虚文空论……这一点上我不仅不接受日中两国过去学者的学说，也不接受孔孟之道。我不主张西洋学问与汉学折衷同学，而是要颠覆旧有学说的根基，开启文明学之门……这是我毕生唯一心事。"换言之，虽然福泽谕吉本人在青少年时期修习大量汉文经典，但他却认为这种"无实之学"算不上"文明开化"，只有修习西方学问才能"文明开化"。

理解这一点，当然要从时代背景出发。虽然在现代社会，"西洋"不能与"文明"完全划上等号，但站在19世纪末期的角度，西方的文明程度、科技水平都强于东方是不争的事实，世界上也基本只有西方列强能够保证国家独立与百姓富足，这就让人把"西洋学问"、文明、独立、西方这些字眼全部并列到一起，于是"文明开化"就等于"西洋化"。那么福泽谕吉作为第一代接触西方社会的日本人，对于西方社会产生盲目崇信是可以理解的。

但问题在于，在日本通过明治维新的改革走向"文明开化"以后，这种崇信就变成自我尊崇，乃至产生"脱亚入欧"思想。1885年3月16日，福泽谕吉在自己创办的《时事新报》发表二千二百多字的社论"脱亚论"："虽然我日本之国位于亚细亚东部，但国民精神已经开始脱离亚细亚的顽固守旧，向西洋文明转移"，而对于没有开展"西洋化"的清代中国与李氏朝鲜王朝，福泽谕吉则斥为"恶友"，提出"我国没有时间再去等待邻国开明、共同振兴亚洲，不如脱离队伍，与西洋文明国家共进退"。

虽然这篇文章没有直接说出"脱亚入欧"四个字，但"与西洋文明国家共进退"一言也充分说明当时日本知识分子的共同观点：既然日本已经跻身"文明国"行列，那么他们的一言一行、一举一动就都要以西洋国家为参照。日本人不仅盼望着如同西方列强一样保证国家独立与国民幸福，也同样期待着能有朝一日跻身列强之林，复制欧美列强的侵略战争与殖民统治。

不久之前在国内出版的《日本人为何选择战争？》一书中，作者加藤阳子教授一直在提醒大家：在明治时代的日本，那些主张文明开化、国民启蒙、自由民权之人，大多都举双手赞成日本发动甲午战争。开战后的 1894 年 7 月 29 日，福泽谕吉又在《时事新报》撰写社论《日清之间的战争是文明与野蛮的战争》：清朝人食古不化，不愿意推动"开化文明的进步"，"反而妨碍进步"，所以日本才"不得不"发动战争。虽然 1894 年的日本尚未完全获得"文明国"的入场券，但日本人已经自己戴上高帽，希望能获得当时"文明国"的另一种"特权"：殖民所谓"野蛮"国家。

如此一来，"文明"二字在当时就存在两个截然不同的含义：一方面要追求国内政治进一步法治化、大众化、透明化发展，切实提升国民的生活水平与幸福指数，另一方面却是要从"不文明"国家不停攫取利益，扩张"国权"。所以二战前日本社会一直处于矛盾状态：全国国民支持内政进一步照顾民意，要求政治透明化、要求用政党政治替代独裁的藩阀政治；但另一方面，整个国家的主流舆论也都支持对外扩张，积极支持甲午战争与日俄战争，甚至还因为过早停战而遭到国内舆论的痛斥，甚至酿成波及整个社会的暴动。

作为《纵览日本史书系》的最后一册，本书希望能与各位读者一起进入这个光怪陆离的时代，观察日本从甲午战争前后一直到大正民主浪潮的发展历程，细品每一位相关的政治人物是如何看待与度过一个又一个历史事件。

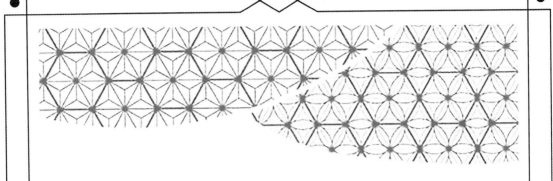

第一卷 维新异化

明治维新的变异与西乡隆盛的退场（1868—1881）

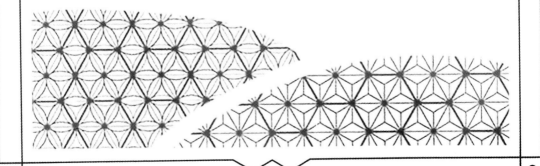

〷

到底什么叫明治维新呢？时至今日，"明治维新"四个字或许已经不单纯是一个具有严格定义与边界的历史学概念，也是一个非常具有浪漫主义的国家崛起故事。但回到明治维新时期，时人却并没有把"维新"当作一个口号，而是有具体且实际的目标，那就是四个字：富国强兵。

"富国强兵"四个字看起来是两个目标，是国家富裕与军事强大的组合词，但是从内在联系来看，"富国"与"强兵"却是同一个硬币的正反两面，有着密不可分的关系。毕竟，在19世纪中后期那个弱肉强食的国际社会中，只有一个富裕的国家才能供养强大的军事力量，而也只有能够军队强大的国家才能对外发动侵略战争，进而掠夺原材料与劳动力，以极为低廉的成本再度促进国内经济发展与体制转型。

许多人都很奇怪，为什么中日两国同属于汉字文化圈，也同样在近代被迫结束闭关锁国，但日本却能够步步成功，清代中国却饱尝屈辱。个中区别很多，但有一点因素却始终为人所忽视，那就是清朝的军事重心始终在于防范外敌入侵与平定内乱，每一次军事行动都无法带来实际的利益增量，反而会让国内陷入持续的战争与动乱，长期无法形成一个繁荣稳定的经济局面。而且，为了能供养足够平定动乱的军队，清廷又不得不释放地方武装组成团练，进而形成曾国藩的湘军、李鸿章的淮军等势力，再让这些地方势力互为掣肘，以防威胁中央安全。如此一来，清代中国的近代化发展就走入内卷，任何一个势力都要独立发展，却又在清廷及其他地方势力的限制下难以做大，这就让他们更加无法保障贸易体系的安全，以李鸿章的淮军为基础的北洋水军乃至淮海、黄海贸易体系在甲午战争之后遭到彻底毁坏。

然而日本却并非如此，狭小的国土与贫瘠的资源让他们必须找到一条军事侵略与经济发展相辅相成的崭新道路，这条道路也充分体现在明治维新这场国家改革运动中。在 1868 年至 1878 年这个明治维新的第一个十年中，日本一方面实行"版籍奉还"与"废藩置县"，着手废除封建制度而建立起中央集权体制，但另一方面，日本也在 1873 年、1874 年先后借故出兵琉球王国与中国台湾岛。这导致琉球王国走向灭亡，导致无数台湾无辜民众伤亡，但同时也让日本产业经济的发展走向繁荣。

由于明治维新改革很不彻底，资本主义思维方式与旧有封建思想相结合，渗透进新兴资产阶级的价值观中。在对更大市场与更多劳动力的需求指引下，日本官商合一的"财阀"深入东亚大陆，促使日本政府的殖民脚步不停涉足朝鲜半岛、中国东北等地，最终让军部带向了战争的无尽深渊之中。由于明治维新存在强大的妥协性，日本资本主义原生机制与西方有所不同，使得国家发展必须走对外扩张道路，这不仅是日本的悲剧，也是世界史的悲剧。

而这份悲剧，在明治维新初年的西乡隆盛身上表现得更为突出。

一、征韩之争：西乡隆盛的下野

应该说，西乡隆盛的封建思想比较浓厚，看不惯明治维新以后的近代化改革措施，明着暗着给下绊子。所以 1871 年底日本派出岩仓使节团赴欧美各国考察，西乡隆盛没能前往国外，而是担任所谓"留守政府"的首脑。使节团和留守政府商定，应当尽量不进行新的改革，不增加各机构的官员数目，目的就是为了防止隆盛胡作非为，开历史倒车。

这个岩仓使节团是怎么回事呢？原来明治维新以后，新政府领导人想要仿效西方国家开展近代化改革，但改什么、怎么改都还不太清楚，所以就派遣一支使节团前往西方各国。正因如此，岩仓使节团的阵容非常豪华，由"维新三杰"中的二人木户孝允、大久保利通率队（第三人为西乡隆盛，留守国内），后来缔造明治宪法的伊藤博文等人也是使节团的得力干将。整个使节团一共有大小官员五十余人，跟随的留学生更是上百。从美国再到欧洲，这一大圈绕下来，到处参观、学习、商讨条约问题，当时没有飞机，全得靠海船和火车，部分地区还坐马车，前前后后一共走了二十个月，将近两年。

使节团出访的主要目的有三个：一，争取与西洋各国平等建交；二，学习欧美的先进技术；三，尝试废除各种不平等条约。前两个目标好达成，第三个目标却基本上算是做梦。欧美列强好不容易敲开日本的大门，还打算彻底把日本变成自己的殖民地呢，谁会搭理你解约的请求呀？

岩仓使节团此次出访，虽然没能废除不平等条约，收获还是很不小的。这群日本人最感兴趣的是老牌帝国主义英国，还有新兴的德意志帝国。在英国，他们学到了要想富强，先得"殖产兴业"也即大力发展工业和贸易，在德国，他们学到了俾斯麦的"铁血政策"。不出去看看不知道，一看才明白欧美诸国究竟有多么强大，日本现在奋起直追，十年二十年都未必能够赶上；所以起码在这十年二十年内，日本必须要以国内发展为主，就算要打仗也要打一场有益于国家发展的仗。

但就在这时候，岩仓使节团却听说了留守政府想要进攻朝鲜半岛，亦即所谓"征韩论"的消息。

西乡隆盛干了些什么？严格来说，他做的事情大都是大家伙儿早就商量定的内容，西乡隆盛不过代表留守政府发布一下水到渠成的命令而已，包括行政区划的设定、陆海军的分立、学校制度的制定、国立银行条例的公布、基督教禁令的撤销、废阴历用阳历，等等。

要说出兵侵略朝鲜，那还真不是西乡隆盛一个人的主意，留守政府也不是他一个人说了算。当时留守政府里面还有土佐的板垣退助、后藤象二郎，佐贺的江藤新平、副岛种臣等等，这群人在派去朝鲜请求开国的使者被赶回来以后，纷纷鼓噪，说要立刻发兵朝鲜。西乡隆盛其实还算是在拦着他们，他提出李氏朝鲜王朝开放港口虽然重要，对于日本的对外贸易非常重要，但日本并没有实力用武力去逼迫他们开国。两相权衡，西乡隆盛决定自己跑一趟朝鲜，去劝说李氏朝鲜王朝开国；如果西乡隆盛的举动被李氏朝鲜认定为"无礼"乃至被斩杀，到时候再发兵朝鲜半岛不迟。

讨论了好几天，原本最坚定鼓吹武力解决问题的板垣退助、副岛种臣基本上已经被西乡隆盛说服了，此外西乡隆盛也取得了政府名义上的首脑、太政大臣三条实美的认同，于是上奏明治天皇，请求出使朝鲜。明治天皇下诏："对于与外国交涉的问题，岩仓具视最有经验，不如等他回来再作商议吧。"暂时搁置西乡隆盛的提议。

征韩论虽然某种程度上已经被压下来，可是在外出访的岩仓使节团并不清楚这一点，闻听此讯，吓得不轻，木户孝允和大久保利通于1873年9月抢先回国，对于征韩论，针锋相对地提出"内治优先论"。这么一来，板垣退助、副岛种臣等人又不服，跳出来坚决表示反对，认定必须立刻解决朝鲜问题，不可延误。商量来商量去得不出个结果来，气得刚刚回归日本的岩仓使节团众人当场就要辞职。

这一来事情闹大了，太政大臣三条实美不想承担决策责任，干脆称病不再出席会议，由岩仓使节团回归的右大臣岩仓具视暂代其职务，而岩仓具视怂恿明治天皇继续搁置隆盛出使朝鲜的提案。于是乎，西乡隆盛等人大为光火，西乡隆盛、板垣退助、副岛种臣、江藤新平等人集体辞职，还有六百多名他们的党羽也先后递交辞呈。这便是明治维新之中重要的"明治六年政变"。

当然，针对"明治六年政变"还有一种说法，认为所谓征韩论和内治优先论之间的斗争，只不过是长州派阀为了掩盖其贪污事实所生造出来的借口罢了，幕后策划者是伊藤博文。据说就在岩仓使节团将要回到日本前不久，发生了山县有朋的亲信、陆军御用商人山城屋和助因挪用公款无法填补而自杀的"山城屋事件"，以及井上馨用不正当手段获取尾去泽铜山开采权的"尾去泽铜山事件"，当时担任司法卿的前肥前佐贺藩士江藤新平正对这两件事展开全面调查。为了掩盖长州派腐败贪污的事实，伊藤博文遂以江藤新平所赞成的征韩论为突破口，煽动木户孝允等人将西乡、江藤一党赶下了台。

但无论如何，西乡隆盛下野都已经是既成事实，而这些人在地方也成为明治维新初期几场暴乱的重要人物。

二、西南有事：西乡隆盛为什么要崛起

西乡隆盛的盟友江藤新平在下野以后，成立爱国公党从事起反对政府的行动。1874 年，在家乡佐贺勾搭上前秋田县知事、忧国党首脑岛义勇。这位岛义勇是顽固的攘夷分子，本来和江藤新

平理念是不同的，但同出于对政府的不满，两人竟然一拍即合，两党合并为佐贺征韩党，密谋发动叛乱。

"西乡大人回了鹿儿岛，板垣大人回了高知县，只要我等掀起大义的旗帜，那两位一定会起而响应的，如此一来，合攻东京，大事可定也！"两人商量得好好的，可谁承想聚集起三千多人挑头闹事，却没能得到任何势力的呼应。最终明治政府出动熊本、东京和大阪的驻军前往镇压，不到一个月的时间，就把这场叛乱给平定下去了。江藤新平和岛义勇在逃亡过程中，先后被逮捕并遭到处决。

——是为佐贺之乱。

佐贺之乱以后，1876年10月，熊本又发生了敬神党之乱、福冈发生了秋月党之乱，甚至连原长州藩的大本营萩市也闹腾起来。虽然这些动乱都逐一被政府镇压，为首者全都身首异处，但也鼓舞全国的旧武士，酝酿一场更大规模的暴乱。

旧武士为什么那么痛恨明治政府呢？一方面，明治政府宣扬四民平等，剥夺了武士高人一等的身分和佩刀的权力，另一方面，政府用发行公债的方式来收买武士产业，结果造成上级武士们纷纷转行搞实业，中下级武士守着暂时兑现不了的公债却衣食无着。这些中下级武士别无所长，从小练的就是挥刀砍人，让他们转行去种地或者经商，也得他们有这个头脑，有这个知识才行呀——起码，得给他们学习新技能的费用。结果只有极少数武士混入政府机构转变为官僚，或者成功转业，绝大多数则濒临破产，生活可比江户幕府统治下惨多了。

反对废除武士阶层的新政策、反对洋化运动，种种恶评最后都指向了明治政府，这些旧武士，明治后被称为"士族"的家伙们，反正也没有活路了，干脆揭竿而起，重抄自己最拿手的拔刀砍人的行业。

　　西乡隆盛在下野以后，回到了老家萨摩藩，亦即当时的鹿儿岛县，眼看和自己同样出身的下级武士们生活在水深火热之中，不禁大生恻隐之心。西乡隆盛本人是不愁吃穿的，作为原萨摩藩的重臣、维新政府的元老、戊辰战争的功臣，即便辞了职，他依然是日本国当时唯一的陆军大将，仍然有政府发给补贴，不但衣食无忧，还有大笔的闲钱。于是他就用这笔闲钱在鹿儿岛城下开办一所私立学校，专门招募失去生计的旧萨摩藩士，把他们集中起来边种地边训练。

　　除了找个借口救济这些旧武士外，其实隆盛还有另外一番想法：虽然因势所迫，政府下了征兵令，但那些老百姓扛上枪就真能打仗吗？要保卫日本，还得靠世袭的武士才行！我先训练着他们，一旦国家有事，就能派上用场了。

　　萨摩藩武士数量众多，占人口比例的十分之一，所以绝大多数都是半耕半战的乡士，武士阶层一取消，这些人全都吃不饱饭了，只好都跑来依附西乡隆盛，再加上仰慕隆盛之名，跟着他辞职的还有大群官吏和约三百名官军、三百名逻卒（警察），私立学校很快就聚集了近千人，鹿儿岛县同情和支持私立学校的，更是好几万都不止。

　　然而事实上，西乡隆盛因为身体状况不太好，基本不大管私立学校的事情，他只是个挂名的校长罢了。学校实际上的领导者共有四人，即：原陆军少将、得过明治天皇嘉奖的筱原国干，原陆军少将、曾有"人斩"之名的桐野利秋（中村半次郎）等人。

　　虽然理念不同，西乡隆盛最开始并不想彻底跟政府武力对抗。当初江藤新平扯旗造反，吃了败仗以后亲自跑来鹿儿岛请求西乡隆盛响应，西乡隆盛客客气气地把他送走。可是，一个人可以送走，但如果聚集成千上万的反感新政府的旧武士，真的不会闹出乱子来吗？这乱子不闹则罢，一闹起来，西乡隆盛再如何人望高、口才好，也是很难摆平。

　　毕竟与西乡隆盛不同，原萨摩藩的武士对于当时明治政府的执牛耳者、同样也是萨摩藩出身的大久保利通可是恨得牙痒痒。

　　一方面，大久保独裁体制逐渐建立起来，东京政府就是大久保，大久保就等于东京政府，那是尽人皆知的事情；另一方面，因为反对西化运动，原萨摩藩领导人、在东京任职的岛津久光曾经上书政府，要求撤换大久保利通的职务，大久保利通一度打算辞职，可是他的亲信大隈重信却站了出来，大喝道："今时与往日不同，现在您已是朝廷之臣，朝臣怎能因一个旧藩主的要求就轻率去职呢？"终于打消他的念头。岛津久光一怒之下，自己辞去所有职务，回老家养病去了——所以萨摩武士们都说，大久保是悖逆藩主的叛臣！

　　经过这场风波，大久保利通的权势更为稳固，这也是全靠他几条左膀右臂帮衬的结果。利通的臂膀，一个是上面所说的佐贺出身的大藏卿（财政部长）大隈重信，还有一个是长州出身的工部卿（工业部长）伊藤博文，第三个同样出身萨摩，乃是大警视川路利良。

　　明治维新以后，日本才开始创建真正意义上的警察部队，最早叫逻卒，意思就是巡逻的兵卒。1872年，川路利良赴欧洲考察警察制度，回来以后创设了警视局。他本人的名言是："一国乃一家，政府乃父母，人民乃子女，警察乃其保姆。"目标就是把日本建设成一个"警察国家"。

　　要说西乡隆盛打响西南战争的导火索，还要说到川路利良。

　　明治九年（1876年），川路利良派出二十三名警察化装潜入鹿儿岛，去刺探西乡私立学校的情况。当然私立学校里那些旧武士也不是吃干饭的，听说同时有二十多人回乡探亲，觉得情况不对，就逮住了一个严加拷问。那名被捕的警察受刑不过，最后只

得供称："是川路大警视派我们来'しさつ'西乡的。"

日语"しさつ"，这个发音可以对应汉字"视察"，在当时习惯做侦察使用，但同时还能对应另外一个词汇，就是"刺杀"。私立学校的学员们一听，啥，是来刺杀西乡大人的，这还了得！

当下筱原国干等人就匆忙跑去向正在泡温泉的西乡隆盛汇报。众人一致认定，只凭川路利良这么一个警察系统的长官不可能决定刺杀西乡隆盛，他背后一定有人指使，于是众人把新仇旧恨一起算在东京政府的大久保利通身上。他们明确提出，要仿照数年前戊辰战争旧例，从九州再度杀入东京，清除天皇身边的"贼臣"。

西乡隆盛让部下逼得走投无路，只好敷衍拖时间。这时候东京政府也知道大事不妙，赶紧派海军大辅川村纯义等西乡隆盛的旧友跑来鹿儿岛县向西乡隆盛解释。怎奈西乡隆盛即便相信，但西乡隆盛的下属，还有他的旧武士学生都对东京政府抱有不信任态度，一切解释都属无效。这也就引爆了1877年2月开始的西南战争。

三、"坊主"倒下：西南战争的爆发与终结

1877年2月15日，以西乡私立学校学员为主体的一万三千名旧萨摩武士聚集到西乡隆盛身边，逼迫与怂恿着西乡隆盛扯旗造反。消息很快就通过最先进的电报技术传到了东京，陆军卿山县有朋赶紧找到太政大臣三条实美，提出叛军可能有三种动向：一，乘船突袭大阪和东京，直接颠覆政府；二，先攻打长崎和熊本镇台，在夺取九州以后，再继续向中央进军；三，割据鹿儿岛，待机而动。

如果说这算是上中下三策的话，那么事实上西乡隆盛是采取

最为稳妥的中策——向熊本镇台进军。他任命筱原国干为一番队大队长、村田新八为二番队大队长、永山弥一郎为三番队大队长、桐野利秋为四番队大队长、池上四郎为五番队大队长，分道向北挺进。周边不满东京政府的旧武士们纷纷响应，等杀到熊本城下的时候，兵力已经扩充到两万人马。

2月22日，西乡军包围了熊本城。此刻城中的熊本镇台之兵只有区区三千四百人，镇台不敢出城迎击，被迫采取固守态势，以等待中央派兵前来增援。叛军虽然人多势众，终究武器装备相对落后，跟熊本城里的正规军根本没法比，所以连攻好几天，却始终无法扩大战果。

东京政府一听到叛军北上的消息，立刻从神户征召两个旅团共五千六百人，任命山县有朋为陆军司令、川村纯义为海军司令，发兵增援熊本城。听说官军杀到，西乡军立即留下三、五两队继续围困熊本，另外三个大队则北上迎战，在高濑和政府军恶战了一场。

高濑之战爆发于当年的3月1日，就数量上来说，西乡军占有绝对优势，但他们武器相对落后，更糟糕的是，弹药数量非常有限。所以恶战正酣之时，占据中央阵列的筱原国干的一番队竟然把子弹和炮弹都彻底打光了，被迫率先后退，政府军趁势直追，中央突破，使得两翼的桐野利秋、村田新八损伤惨重，只得落荒而逃。

高濑之战以后，政府军大踏步向南挺进，一直杀到一处名叫田原坂的地方。田原坂乃是从高濑直指熊本的必经之地，因为多条道路中，只有这一条相对宽阔平坦，利于新式大炮的拖运。政府军这一动向很快就被叛军侦察到了，于是在田原坂设下埋伏，打了政府军一个措手不及。田原坂地势险要，易守难攻，并且不利于大兵团展开和枪炮射击，却非常适合于阵地肉搏战。政府军的主要来源都是平民，训练再有素，装备再精良，端着刺刀也根本没法和挥舞长刀的旧武士相比。此处战场就像个绞肉机一般，政府军连番猛冲，却连番遭到叛军挥刀砍杀，死伤无算，寸步难行。

这可该怎么办才好呢？政府军高层商量来商量去，要不当兵的先退下来，让警察顶上去吧。

川路利良所领导的警察部队，和政府军不同，主要来源是旧武士，差不多都会挥刀——虽说经过近年来的改革，警察已经只使警棍不使武士刀了。要和旧武士肉搏，终究还得靠旧武士，于是川路利良就挑选出数百名精通剑术的警察来，组建成一支拔刀队，送上田原坂战场。

根据当时的报道和后来的传说，这支警视厅拔刀队的成员，大多是原会津藩士。会津城在1868年戊辰战争中曾与萨摩藩军队恶战，对萨摩人仇恨得不得了，一边挥刀一边还大喊："戊辰之仇！"很快就撕开了西乡军的防守阵地。当然，这终究只是传说罢了，据专家考证，警视厅拔刀队的主体还是由萨摩本地武士组成的，但属于"外城士"（较偏远地区的乡士），跟那些就在旧藩主身边任职的家伙们多少有点不对付，但到不了势不两立的地步，更不会喊什么"戊辰之仇"。

田原坂攻防战整整打了十七天，在警视厅拔刀队的援护下，政府军终于突破叛军阵地，取得最终胜利，西乡军大将筱原国干也在此战中了流弹而魂归极乐。

4月14日，政府军终于击退西乡军，解除熊本城长达五十多天的围困。西乡军损失惨重，被迫继续收缩阵线，退到九州东海岸的宫崎县一带。走到这一步，武器、弹药、物资的补给更加捉襟见肘，西乡隆盛被迫在占领区发行一种俗名叫"西乡札"的军票，强征老百姓的粮食物资，更是搞得天怒人怨。而政府军方面，却得到了三菱、三井、大仓等新兴财阀的支持，物资不虞匮乏。

打仗归根结底就是烧钱的买卖，正面对决，钱多一方是赢定了的。所以到了 8 月中旬，经过连番恶战，叛军原本两万人马只剩下了不足三千人。西乡隆盛由于不想再多伤人命，便遣散手下大部分兵马，只留下最忠心耿耿的私立学校干部数百人回归老家鹿儿岛。9 月 1 日，西乡隆盛等人终于回到了鹿儿岛县，藏身在鹿儿岛城对面的城山中，以等待发起反攻的时机。

还会有时机存在吗？或许是有的。据说隆盛通过老朋友、医生威廉·威利斯（William Willis）去请求过英国人的援助，倘若英国真的插手这场战争，西乡隆盛无疑要变成日本的大罪人。好在他没有等到这一天，就先等来了政府军的围剿。

9 月 24 日，三发号炮响起，政府军对西乡军的城山阵地发起最后的攻击。西乡隆盛冒着枪林弹雨向前线走去，突然闷哼一声，大腿和腹部同时中弹。于是这个身高一米八、体重一百一十公斤的高大胖子再也站不住了，一个趔趄坐在地上。

西乡隆盛回顾亲信别府晋介，微笑着说："晋呀，那就拜托你了。"然后端正坐姿，拔出短刀来刺入自己小腹。别府晋介含泪砍下了西乡隆盛的首级，抱到一个隐蔽处埋了起来。此后不久，桐野利秋等人陆续战死，剩下的学员们跑回私立学校，在一个角落里或切腹，或对刺，就此了结。

当初川路利良派那二十三名警察前去刺探西乡私立学校的情况，相互间设定了暗语，叫老板川路为"川崎屋"，叫西乡隆盛为"坊主"（指和尚，因为西乡隆盛时常剃个很短的毛寸），叫桐野利秋为"鲣节"（一种鱼干），叫私立学校为"一向宗"（指日本战国时代时常搞暴动的本院四势力）。如今坊主倒下，鲣节也挂了，一向宗自然零落星散，日本近代史上极具浪漫主义色彩的西乡隆盛也走完一生。

四、小结：最后的维新志士

西南战争是旧士族对明治政府的最后一次大规模反攻倒算，叛军虽然没能攻下熊本城，西乡隆盛的足迹甚至未能踏遍九州一岛，却因为他身分特殊、威望素著，几乎全日本到处都闹腾了起来，甚至远到东北都有旧士族起而响应。明治政府花了整整八个月的时间才将叛乱平定。战后，大久保利通的权势更为稳固，以他为中心，萨长派阀开始掌控政府，日本日益朝向军国主义的泥潭大步走去。

西乡隆盛死后，他的声望不降反升，直到如今仍然如日中天，老百姓喜欢在他的姓前面加个"大"字，称为"大西乡"（当然不是指他块头足够大），种种有关"大西乡未死"的传言甚嚣尘上。据说在西南战争结束十四年后的1891年，俄罗斯帝国皇太子尼古拉访日，随从中就有一人长得很像西乡隆盛。大家都说，大西乡没有死，他及时逃离鹿儿岛，跑到帝俄去了。

他为何会得到民众如此的崇敬和怀念呢？一方面，明治政府固然富国强兵，使日本卓立于世界强国之林，却为了促进经济产业发展而不断对外发动侵略战争。日本明治政府对内压榨平民百姓，官吏贪污腐化，日本底层百姓的生活比幕府时代并没有显著进步，甚至有了不少倒退。既然老百姓普遍憎恶和敌视政府，自然就会把跟政府作对的西乡隆盛视为失败的英雄。

除此之外，还有另外一个重要的原因：西乡隆盛虽然代表旧士族利益，却同时引发了同样敌视明治政府的自由民权运动的呼应。所谓自由民权运动，便是指民间争取开设国会、颁布宪法的运动，当年与西乡隆盛一同下野的板垣退助便是这场运动的执牛耳者。正因有着这层关系，板垣退助等人特意将这位本来就受人景仰的武将打造为反政府志士，于是乎，脑子里恐怕根本就没有什么自由、民主意识的西乡隆盛，就此摇身一变，成为了自由民权运动的标杆。

巧合的是，西乡隆盛的挚友与对手大久保利通也在次年去世，也即1878年遇刺身亡的，享年四十九岁。且说这一年的5月14日早晨，大久保利通召见了福岛县令山吉盛典，两人交谈了将近两个小时。据山吉盛典后来回忆，大久保利通曾经这样对他说："想要使日本富强，必须制定长远的计划。按照我的计划，大概要花费三十年的时间，从明治元年到三十年，每十年为一个阶段，共分为三个阶段。最初十年是创业期，除通过戊辰战争打倒幕府外，还必须消除旧士族的叛乱；第二个十年是内政治理、殖产兴业的时期；最后十年是选择合适的后继者的守成期。第二个十年已经开始了，请阁下与我一起努力吧。"

上午8时，大久保利通离开位于东京麹町区霞之关的宅邸，乘坐马车前往皇宫觐见明治天皇。在经过纪尾井坂时，路旁突然跳出六个人来，挥舞武士刀，首先砍断马脚，然后砍死车夫。大久保利通打开车门，大喝一声："无礼之徒！"话音才落，就被六人一拥而上，乱刀砍成肉泥。据第一时间看到大久保利通遗体的人描述，这位曾经雄踞全日本顶点的内务卿"肉飞骨碎，头盖裂开……"死得无比凄惨。

也正是在明治维新过程当中，日本觊觎起东北亚各地的利权，这也让他们遇到国家崛起中的第一个重要对手，那就是清代中国。

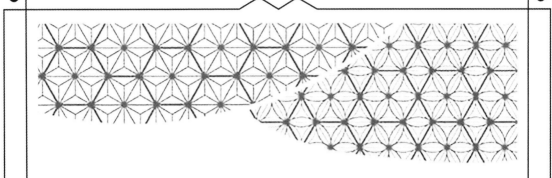

第二卷　甲午前史

内外局势引爆东北亚火药桶（1882—1894）

在东北亚地缘政治格局里，朝鲜半岛向来拥有非常特殊的地位。且不论遥远的白村江水战与丰臣秀吉侵略朝鲜，也不提日本在近代如何吞并朝鲜，就单说二战之后的局势，连美苏的东北亚争霸都要围绕着朝鲜半岛来进行，进而塑造如今的朝鲜半岛局势，可见无论时局怎么变化，朝鲜半岛都是东北亚地区的一块非常重要的必争之地。

纵观漫长的东北亚海岸线，只有朝鲜半岛如同一块"下巴"一样突出，也只有这里距离日本最近。站在对马岛西北端，用望远镜就可以看清对岸的釜山，两者之间的最近距离只有四十九点五公里，相当于从京都到大阪的距离。

用当时政治学家朱利安·科贝特（Julian Corbet，1854—1922）的话来说，朝鲜半岛对于日本的地位，就好似弗兰德斯（Flanders）对于英国的意义一样。弗兰德斯位于比利时西北部，在大航海时代是著名的欧洲大陆出海口，由于弗兰德斯在法国、荷兰、德国等欧陆大国的夹缝中生存，这也自然成为岛国英国通往欧洲大陆的联络点。

看看地图不难发现，弗兰德斯本身的地理位置并不算突出，甚至比英国到法国加来地区都要远了很多。不仅如此，弗兰德斯的海岸线很窄，不利于海军进出；相反周围都是平原，也没有什么险要河流，从陆军角度来看自然是易攻难守。但由于英法经常处于对峙状态，对待弗兰德斯地区，英国便有着非常明确的政策：要尽可能防止欧陆大国夺取这片通商口岸。

地理位置如此不理想，英国却依然这么重视，只能说明对于一个岛国而言，留下一个与大陆交汇的口岸是多么重要。

弗兰德斯还是内陆的一部分，朝鲜却完全突出成为一个半岛。而且朝鲜海岸线很长，只要有一定的海军实力就能控制住；朝鲜全境多山，山地和高原占全境总面积的百分之八十，陆军不便行动，可谓易守难攻。英国面对弗兰德斯都是一副猫见了腥的样子，日本对于朝鲜自然是更加渴求。而看到日本对于朝鲜的态度，清政府当然会回想起历史：日本丰臣秀吉侵略朝鲜如何消耗了明朝实力，以至让祖宗努尔哈赤获得了崛起机会，以及满清在攻破山海关入主北京之前就已经将朝鲜化为属国，获得了侧翼安全，从而安心入关。因此经历了两次鸦片战争、中法战争，已经丢弃了大量本国领土和绝大多数属国的清政府，却要花大力气稳固朝鲜的属国地位，甚至不惜投入血本，不惜开战。双方在朝鲜陷入对抗是很自然的。

一、半岛政局：围绕朝鲜半岛的中日争夺

复杂的地缘局势让朝鲜半岛内部的政治生态也分裂为三个主要派别，一是以当时朝鲜国王生父兴宣大院君为核心的传统王权势力，二是以留日朝鲜知识分子为主，试图模仿日本明治维新的开化派，三是以朝鲜王妃闵妃为中心的外戚派。三派之间展开复杂的政治合作与对抗。

1875 年 9 月，日本军舰云扬号对朝鲜西海岸进行测量，侵犯朝鲜王国的主权，受到江华岛炮台炮击，双方大举交战。战后日

本要求朝鲜王国加以赔偿。慑于日本国力强大，朝鲜最终在1876年签署不平等的《日朝修好条约》，正式打开国门。开国后，长期主张对外强硬的兴宣大院君彻底失势，闵妃政权与亲日的开化派合作，引入日本军官训练总数四百人的新军别技军。然而，别技军的存在却受到朝鲜旧军队的反感，在兴宣大院君的鼓动下，1882年7月23日，大量旧军士兵在朝鲜汉城发动暴动（壬午军乱），攻击亲日的闵妃政权与日本公使馆人员，这也引发清代中国与日本的第一次正面对抗。

1882年8月10日，清廷派遣水师提督丁汝昌、淮军幕僚马建忠乘坐超勇、扬威、威远三艘军舰到达朝鲜济物浦（仁川）调查情况；紧接着8月20日，淮军六营军人（约三千人）在将领吴长庆率领下到达朝鲜，日军也派遣一千五百人进入汉城防御，局势十分凶险。但随后双方达成妥协，清军将兴宣大院君押送回天津，之后软禁在保定；而日本强迫朝鲜签订《济物浦条约》，进一步扩大在朝鲜的驻兵权；10月初，中国也与朝鲜签订《中朝商民水陆贸易章程》，在朝鲜获得领事裁判权、关税减免等重要权益。

两项条约签订之后，中日在朝鲜形成全面对峙，朝鲜对外态度也出现亲清、亲日两派。亲清派的首脑这时已经变成了如杨柳般随风倒的闵妃。在壬午军乱中，闵妃势力遭到削弱，清朝又体现出强大实力，闵妃便通过清朝势力掌握权柄。但与此同时，曾经的盟友开化派继续奉行亲日政策，向福泽谕吉创办的庆应义塾派遣二十九位留学生学习，并引入庆应义塾的日本学生牛场卓造等三人来到朝鲜，帮助朝鲜开化派创办报纸，争取舆论。闵妃与开化派之间走上不同路线，双方矛盾也愈发尖锐。

1884年12月4日，开化派趁汉城邮局落成典礼之际发动甲申政变，暗杀七名所谓守旧派大臣，推翻闵妃政权，模仿日本明

朝鲜国王生父兴宣大院君

治维新发布具有近代资本主义色彩的政治纲领。但 12 月 6 日，代表清廷驻扎在朝鲜的袁世凯就率军二千人攻克朝鲜王宫，随后将掳走三年之久的兴宣大院君重新扶正，明确朝鲜仍然是清朝属国，改革事务必须由清朝主导。随后，朝鲜政府恢复势力，全力围剿开化派成员，大量亲日知识分子流亡日本，日本通过民间影响改造朝鲜的想法最终只持续三天就失败了。

　　行动失败让开化派的幕后支持者福泽谕吉非常恼火，他在《时事新报》相继发表多次社论，以极为尖锐的笔触痛斥朝鲜王国："（朝鲜王国）无论有形无形都学习支那之风，百般人事都听从支那指挥，不知自身为何，不知国家为何，只能每况愈下，逐渐走向野蛮"（《朝鲜独立党之处刑（上）》1885 年 2 月 23 日）；"（朝鲜王国）必须尽早去除落后的儒教主义，转为西洋的文明开化"（《朝鲜独立党之处刑（下）》1885 年 2 月 26 日）。

　　1882 年与 1884 年两次动乱之中，清朝表现得极为主动，陆海齐聚，阻止朝鲜倒向日本一方，甚至一度将兴宣大院君软禁三年之久。后来闵妃不太听话，清朝又将大院君在 1885 年 8 月放回予以牵制。清朝的强硬手段与强大国力让日本政府不敢妄动。1885 年 4 月 18 日，中日两国在天津达成《天津会议专条》，约定未来朝鲜如果出现重大事件，无论哪一方要出兵，都要事先通知另一方。虽然日本利用《天津会议专条》在 1894 年出兵朝鲜，但仅就当时而言，这份专约保住朝鲜十年和平，日本官方表明不再支持朝鲜开化派举动，甚至将流亡日本的朝鲜开化派人士予以软禁。

　　日本政府虽然表面迎合清朝之意，但私下却对不成功的政变深以为耻。为了应对与清朝有可能爆发的战争，日本随即展开扩军计划。1882 年 9 月，山县有朋提出军扩八年计划，斥资六千万

日本近代启蒙教育家福泽谕吉

日元扩大日本军备力量，计划首先在三年内扩军一倍，海军新造近五十艘舰船。计划结束后，日本陆军军人数量从四万人（1876）增加到七万四千人（1893），海军总吨位也从一万四千三百吨（1876）增加至五万零八百六十一吨（1893），均成为甲午战争的作战基础。

1890 年 3 月，日本第三代首相山县有朋（1838—1922）撰写的《外交政略论》更是提到："想来，国家独立自主之路有两个阶段，第一是守卫主权线，第二是保护利益线。主权线指的是国家的疆域，利益线指的是与其主权线安危有着紧密关系的区域……想在列国之间维持一国独立，仅仅守卫主权线是绝对不够的，必须保护好自己的利益线……我国利益线的焦点，事实上在朝鲜。"如同英国对弗兰德斯的态度一样，日本也不允许任何国家与其争夺朝鲜半岛。于是接下来，朝鲜半岛也成为中日开战，乃至日后日本同俄罗斯帝国开战的关键导火索。

二、军部独立：日本军事指挥权的独立

在担任首相之前，山县有朋的主要身分是"国军之父"，因为他是整个日本近代军政体系的建设者与实际控制者。

幕府末年，山县有朋出身于江户幕府最主要的对手长州藩，参与到著名的奇兵队，并在后期成为该组织统领，为倒幕运动立下汗马功劳。众所周知，奇兵队是幕末长州藩武士高杉晋作打造的一支特殊军队，其兵员征召不分武士、农民，而是完全依据身体素质与个人能力组建，这让奇兵队在幕末大放异彩。正由于有着奇兵队作为原型，1873 年 1 月，曾执掌奇兵队的山县有朋发布以"全民皆兵"为主旨的《征兵令》，彻底打破日本原有的以武士为主力的军事体系，转为从全国各地征召新兵。

山县有朋

　　比起其他同时代骁勇善战的军人，山县有朋更擅长于组织军队与保障后勤，这也让他在日本近代军队组织建设中成为核心人物，也让他与长州藩出身的文官木户孝允、伊藤博文等人渐行渐远。1874 年，当山县有朋希望以军人身份担任明治政府参议（议政官）时，木户孝允、伊藤博文双双反对"军人干预政治"，这就让这位军事官僚备感不满。随后，他与萨摩藩出身的军人西乡从道、大山岩两人结为同盟，共同形成明治军队的所谓军主流派。

　　为了让军主流派地位更加稳固，1878 年，日本军队效仿德意志帝国军事制度实行政令分离：将军队控制权分为军政（征兵、兵器制造、训练演习、人事调动）与军令（军事调动、作战计划制订）两部分：其中军政归属政府下设的陆军省负责；军令则不归属日本政府管辖，而是在政府系统之外专门设立一个参谋本部管辖。海军壮大之后也模仿陆军体系建设机构：海军军政归属政府下设的海军省管辖；至于军令方面，经过较为复杂的机构变动，到1893年5月甲午战争爆发前夕归属独立的海军军令部管辖。当然也需要注意一点，由于机构设置尚在初期阶段，在甲午战争时期，海军军令部并没有独立的发令权，全体日本帝国军队都在战时听从参谋本部管辖。

日本军队在名义上直属于天皇，所以参谋本部（陆军）与海军军令部（海军）的最高领导均直接向天皇负责。但由于明治天皇没有实际作战经验，而且各级军人均按照幕府时期的习惯听从原上司的命令，所以1879年5月，西乡从道、大山岩联名建议在天皇身边增设侍中武官（后为侍从武官），以便建立起军队与天皇之间直接沟通制度，让伊藤博文等政府官僚无法插手军队事宜，军主流派彻底把军队与政府切割开来。

1882年1月，日本陆军省以天皇口吻发布《军人敕谕》，要求所有军人尊天皇为大元帅，并定下尽忠节、正礼仪、尚武勇、重信义、强质素五条精神，成为战前日本军队的精神原点。同时，《军人敕谕》也明确提到"下级者承上官之命，须知此乃直承朕之命"，意即让山县有朋等军队高官获得直接向军队发号施令的合法性。

不仅如此，《军人敕谕》还明确把"不介入政治"作为军人的最高准则。事实上整部《军人敕谕》里，"政治"一词仅仅出现过三次，前两次出自对古代政治被武士"窃取"的批判，第三次则是禁止军人参与政治，均视政治为军队的"仇敌"。但考虑到后来山县有朋与军队高官担任首相、直接介入政治，"不介入政治"的真正含义其实是要求军队与政治分开，军队不插手政府运营，政府也同样不能插手军队指挥，如此一来，日本军队在国家整体运营之中就更加确定自身独立的政治地位。

实际上，就在《军人敕谕》颁布之后的第二年，即 1883 年，山县有朋就违反规定任职内务卿（1885 年后为内相），并在这一位置上一直坐到 1889 年。内务卿（大臣）是内务省的最高官职，相对于国家内政治理委员会，下辖户籍、国土规划与开发、公路铁路系统、警察系统、邮政系统、国有企业管理、各地方政府管理等诸多职能，是日本二战以前中央政府中最重要的省厅，号称"官僚之总本山"。在这里工作的六年间，山县有朋对户籍、警察、邮政等具有网络性特征的官僚系统采取军队管理方式，这不仅让当时民间浩浩荡荡的自由民权运动遭到广泛镇压，也将诸多长州藩、萨摩藩出身的晚辈安插到国家的重要部门，塑造出一套跨越军政两界的"藩阀"系统。军人可以介入政治，但政治家却不能介入军事，如此一来，日本高级军人的政治地位获得显著提升，这也让山县有朋被称为日本军国主义的始祖。

当然，在 19 世纪末这一问题还不太明显，毕竟政府领导人伊藤博文在早年间也曾率领长州藩另一支军队力士队奋战，有着一定的军事实战经验，同时他在日本立宪过程中比山县有朋更加重要，受到明治天皇、普通军人、民间政党乃至明治政府官僚的一致信任，所以他的存在就让山县有朋与军队权力事实上受到约束。

1887 年 7 月底，反对伊藤博文的前军人谷干城辞去农商务大臣的职位，这让民间反对伊藤博文的呼声达到最高。10 月，在谷干城事件的刺激下，民间的自由民权运动再度勃兴，他们在社会上广泛提出三大诉求，一是要求媒体自由，二是削减土地税，三是修改对外不平等条约；再到 12 月，自由民权运动更与一些反对伊藤博文的高官合作，在全社会发起大同团结运动，直接要求伊藤博文下台。

为了防止民间激进派冲击政府，1887 年 12 月 25 日，山县有

伊藤博文正装照。时人将伊藤博文称为「阳」、山县有朋称为「阴」，以凸显两人地位与作风的不同

朋指示内务省紧急颁布《保安条例》，明确禁止民间秘密集会与结社，禁止民间私自拟定宪法草案，同时有"妨害治安"可能性的人员强制性驱逐出东京皇宫周围十二公里地区，并且三年以内不允许进入，相当于对聚集于东京市区的民间政治家发布逐客令。从 12 月 26 日晚间开始，三天时间里有五百七十人进入"黑名单"，只能暂居于横滨等城市。

　　很明显，这一时期的山县有朋总体处于伊藤博文统合下的从属地位，实际形态应该理解为日本"萨长主流派"之中的一个相对独立的军事子集团。除去他这个军事子集团之外，伊藤博文旗下还有以黑田清隆为核心的萨摩系文官子集团，以民间政治家大隈重信为核心的立宪改进党子集团。1887 年年底，伊藤博文与黑田清隆、大隈重信多次会面，最终在第二年辞去首相职位，专心起草明治宪法，并将后两人分别扶持为新任首相与外相。

　　但大隈重信担任外相期间，日本政府与民间围绕修改不平等条约问题展开广泛论战，促使黑田清隆与大隈重信双双失势，而这也让山县有朋这位旁观者逐渐获得更加独立的政治地位。

三、修约龃龉：日本政府与民间围绕不平等条约的矛盾

　　由于西方列强的入侵，近代中国与日本都被迫签署多项不平等条约，但相比于清代中国，日本人却从一开始就受到欧美列强很大程度上的"优待"。

　　对比一下同样签订于 1858 年的《天津条约》（中国与英、法、俄、美）与《安政五国条约》（日本与英、法、俄、美、荷）便会发现，欧美列强只要求在日本沿海的几个通商口岸开展商业，并不寻求深入日本内地，而对中国却早就要求"内地通商"；日本海关也一直由日本人自己管理，从未交给外国人，中国却必须雇用英国人赫德来管理海关；欧美列强可以随意在中国各海岸乃至长江沿岸停泊、经商，但是对日本却没有类似要求；甚至于 1853 年"黑船来航"本身都不是战争，美国人只是希望与日本建立外交关系，从而在西太平洋获得落脚点。这些优待政策，也成为明治维新以后日本成功修改不平等条约的基础。

　　作为太平洋西侧面积最大的岛国，日本正处于美国与欧亚大陆最繁忙的航线之上，所以海洋国家绝不能接受日本江户幕府闭关锁国。但反过来说，日本一旦愿意打开大门，在明治维新以后也能获得英美两国的高规格礼遇。

　　正因如此，直到 19 世纪末期，欧美列强的普通商人与侨民在日本的实际活动范围仅限于东京筑地、大阪川口、神户等七座城市的"外国人居留地"及周边五公里范围内，如果想要深入内

1858 年签订的《安政五国条约》

地就必须要有日本政府的特别允许。更重要的是，日本不认可外国人在日本拥有房产，所有居住者只是以"永代借地"（永久租借）方式获得土地使用权，租借权也不允许交易买卖，必须由日本政府统一管理。如此一来，日本虽然是签署不平等条约，但欧美列强商人在日本也受到很大的局限，如果说江户幕府时代贫瘠的日本还不受关注，那么到了明治时代以后，这套管理办法就让外国人无法深入日本内地做生意。按照当时日本人的理解，是否允许外国人与日本人"内地杂居"，成为日本政府手中一张王牌。

　　欧美列强也明白这一点，于是从 1882 年开始，在日本与欧美各国的外交会议上，列强愿意把海关的关税自主权交还给日本，以换取日本交出内地杂居权。但当时的外务卿井上馨并不想这么干，毕竟这是日本政府最后的底牌，如果过早打出，日后再想废除更为关键的治外法权（即领事裁判权，外国人在日本犯法要由外国领事根据外国法律判罚）便无牌可打，那么对于彻底废除治外法权自然是没有好处的。

　　严格来说，近代欧美列强之所以力求获取治外法权，除去维护殖民利益以外，另一大重点是日本并不存在近代化法律体系，缺乏独立的司法机构，而且对于量刑标准模糊不清，甚至于存在切腹、削指、断手等封建性质极强的刑罚，西方国家自然难以接受。

　　思前想后，井上馨决定采取另一种方式让欧美列强交还关税自主权，即在数年内建立起西方世界认可的宪法与法律体系，并任用外国籍法官判决与外国人有关的案件。用当时的话说，即以"泰西主义法律"换取列强交还关税自主权，再在日后以内地杂居换取列强交还治外法权。这一点也获得欧美各国的谅解，毕竟即便使用日本法律判罚，只要法官还是欧美人，那么自己还是能够获得一个与欧美国家相似的法律环境。于是接下来几年，以伊藤博文为首的明治官僚集团开始着手草拟包括宪法在内的法典体系，这也让整个国家在 19 世纪 90 年代前获得一部近代意义上的《大日本帝国宪法》，并逐步获得西方社会的接纳。

近代日本外交家井上馨

另一方面，1888 年 2 月就任外相的大隈重信也着手启动与欧美列强的进一步谈判。在与各国谈判前，大隈重信首先在当年 11 月代表日本与墨西哥之间签订平等的《日墨航海通商条约》，允许墨西哥人进入日本内地生活，在获得合法权益的同时接受日本法律的规范。由于当时墨西哥在日本居住人数很少，此举对于日本没有什么实际影响，但却首开外国人内地杂居的先例。英美等国非常眼红，于是纷纷要求与日本启动不平等条约的修改谈判。

但正当大隈重信志得意满时，他的改革想法却受到一些阻碍。在 1889 年宪法等法律体系建立后，日本法律明确要求必须使用日本法官，这就与外务省一直以来采用外国法官解决外国人相关案件的设想发生冲突。为了让日本法律与外务省原则不起冲突，当时的日本首相黑田清隆建议让所有外国法官加入日本国籍以化解矛盾，但这种和稀泥的手段并没有得到前任首相伊藤博文的谅解。

于是 1889 年 10 月 11 日至 18 日，日本连续召开三次内阁会议，与会阁僚几乎全部反对继续留用外国法官；而且就在 10 月 18 日散会后，民间极端主义分子来岛恒喜向大隈重信乘坐的马车投掷炸弹。炸弹没炸死人，却炸坏了大隈重信的右脚，他最终也被迫截肢。大隈重信被迫辞职，黑田清隆随后也因为难以掌控国家局势而宣布辞职。

按照萨长主流派交替出任首相的不成文规则，在萨摩藩出身的黑田清隆辞职后，应该由长州藩出身的伊藤博文就任首相。奈何当时的伊藤博文正担任枢密院议长，主管国家法律制度的建设，无暇顾及前台政治，需要前台有一位"维持会长"式的人物帮助治理国政，于是首相职位就在 1890 年 3 月交给军人出身的内相山县有朋。也同样在 1890 年 6 月，山县有朋被任命为陆军大将，他也成为继西乡隆盛与小松宫彰仁亲王之后的日本史上第三位陆军大将，山县有朋在军政两条线均获得高位，这也让他自身的权势愈发增长起来。

也就在这一时期，日本国会正式开设，而民间强硬派势力也推动着日本帝国走上对外扩张的道路。

四、两度解体：政党势力阻止修改条约

虽然国会建立是历史的进步，但日本明治政府官僚与刚刚从民间竞选出身的政治家都不太适应议会政治。明治政府试图最大程度限制议会的权力，而议会也试图最大程度限制政府的权力，于是围绕任何一件小事双方都能吵得不可开交。

开始于 1890 年 12 月的第一届国会中，政党议员提议要求赋予国会更多的预算审核权。按照当时的规定，针对日本政府提出的年度预算方案，国会可以要求减少科目与额度，但不能另设科目、增加额度，这让议会内的政党议员非常不满，他们强烈要求扩大国会权力，这就让政府提出的国家预算方案的审议时间拖延很久，严重影响政府的施政效率。

1891 年 12 月，政党议员再度发难，针对海军增加军费预算事宜大加指责，而海相桦山资纪应邀答辩。答辩过程中，这位久经沙场的武将显然不适应舌战，在场议员的指责与笑话让桦山资纪非常恼怒，在台下批评明治政府为"萨长政府"的时候，桦山资纪回击道："现政府是跨越内外国家多难之艰难情况而延续至今的政府。说什么萨长政府，这与今日保护国家安宁，与四千万生灵没有关系，国防安全到底是谁的功劳？（场下笑声）这有什么好笑的？"这次答辩让政党议员抓住把柄，强烈要求这位发表所谓"蛮勇演说"的海相下台，于是日本政府只得解散议会，重新大选。

海相桦山资纪。这位战将曾参与过日本从西南战争以来的所有大型军事行动，因而在尚不适应议会文化的时代，议会的攻击自然会被他当成对自己军人生涯的亵渎

事情还没完。1892 年 2 月众议院大选前，内务省投入大量人力物力扰乱自由民权各党派的选举活动，造成二十五人死亡、三百八十八人受伤。虽然内相品川弥二郎因为干涉选举而引咎辞职，但政府与议会的矛盾也达到顶峰，民间政党普遍与政府对立，他们从各个方面寻找突破口反对政府的内政外交等各项政策。当然，允许外国人来到日本的内地杂居提案也成为他们的攻击标的。

1892 年 6 月，日本七十七名政党议员成立内地杂居讲究会，决心反对日本政府用内地杂居来换取治外法权的废除。这点或许显得匪夷所思，毕竟废除不平等条约应该是正常日本国民的夙愿，但在民间政党人士看来，现在是欧美各国更愿意修改条约以获得进入日本市场的利权，那么日本就更应该提高价码，不能让欧美列强轻轻松松谈判成功。如果哪个欧美国家着急起来，日本就能获得更好的谈判条件。内地杂居讲究会牵头人大井宪太郎更是摆明态度："有人说，对等各国相互杂居乃是普世通义……然而所谓普世通义乃是牺牲一国利害而成，并非不得不守之原则，更何况杂居之事关乎国民之大利害！"内地杂居讲究会的成员主要来源于六个党派，这些党派也被称为"对外（强）硬六派"。

　　但在当时，对外（强）硬六派依然属于少数派，1893年2月，日本国会以（支持）一百三十五票对（反对）一百二十一票通过一份《条约改正上奏书》，授权政府以外国人进入日本内地杂居为条件，废除所有外国政府在日本的治外法权。有了这份决议作为背书，日本政府迅速开始撰写多份修改不平等条约的文字材料，最终在7月获得天皇的认可，与欧美列强的领头羊英国开启不平等条约谈判。

　　如此一来，对外（强）硬六派更加着急，他们首先把目标对准当时的众议院议长星亨（姓星名亨，1850—1901）。星亨虽然出身于民间政党，但他在大政思路上与政府却非常接近，成为日本政府在议会中重要的倚仗，前述《条约改正上奏书》正是他所在的自由党所提出，于是他便成为内地杂居讲究会的眼中钉。1893年11月，对外（强）硬六派中的立宪改进党党报《改进新闻》指责星亨收受贿赂，鼓动议会整体反对星亨，于是在12月1日，星亨落选众议院议长位置；对外（强）硬六派还不满意，随即又在12月13日通过决议，取消星亨的众议院议员资格，把他开除出国会。

　　拿掉星亨让当时重归首相之位、意在迅速修改不平等条约的伊藤博文瞬间陷入险境。12月19日，对外（强）硬六派提出《外国条约取缔法案》，要求废除日本与英国已经起草、正准备签订的条约修改案，保留过去的条约。需要明白，由于日本与外国贸易关系愈发紧密，事实上已有许多外国人悄悄进入日本内地并生

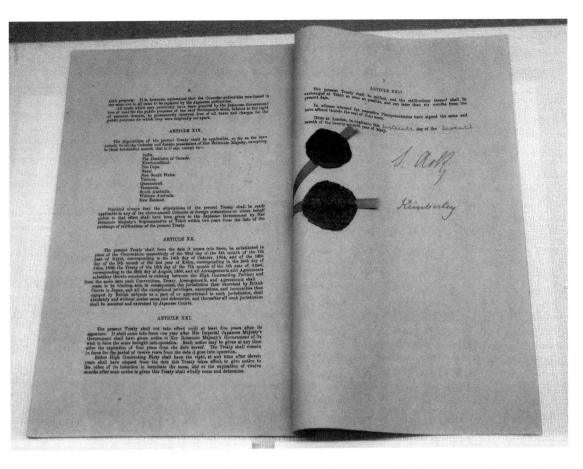

1894年《日英修好通商条约》。严格来说，本条约中日本仍有一部分关税自主权并不在手，仍需要与各国商议决定，但这份条约的签订本身就象征着日本朝着废除不平等条约迈出一大步。不过修改这份条约的过程中却引发了日本内部的巨大矛盾

根发芽，日本政府为了修改不平等条约也只能听之任之。但如果国会真的要求保留过去的条约，那就意味着日本政府必须要把那些已经进入内地的外国人轰走，甚至没收外国人事实上拥有的房产，这无异于让日本政府与欧美列强直接开战。

伊藤博文非常惊慌，当即宣布国会休会十天，方便政府思考下一步对策。十天之后，12月29日，伊藤博文下定决心，立即解散众议院实行大选。

本以为这种强硬举措就能让事态缓解，但让他震惊的是，到了 1894 年 3 月，对外（强）硬六派在日本众议院大选中依然获得一百四十五席，接近众议院总席位（共三百席）的一半。而且与此同时，原本支持伊藤博文内阁的自由党也出现分化，不少议员为了自身在议会中的前途反对伊藤博文修改不平等条约的政策。伊藤博文面临着极为艰难的处境。

5 月 15 日，日本第六届议会开幕，对外（强）硬六派马上对伊藤博文提出内阁不信任案。一旦这份提案通过，那么伊藤博文内阁要么总辞职，要么再度解散议会。一年内解散一次议会或许还属正常，但如果再解散一次议会，那么想必伊藤博文内阁存续下去的可能性也就不那么大了。

比较幸运的是，内阁不信任案以（赞成）一百四十四票对（反对）一百四十九票遭到否决，可以说是伊藤博文暂且保住了自身地位。但随后，对外（强）硬六派不依不饶，在另一份议案里面明确写入"臣等不能置信于阁臣"一言。所谓"臣等"，是指国会议员；而"阁臣"，便是伊藤博文为首的内阁全体成员。这句话虽然没有内阁不信任案的分量，也不能逼着伊藤博文立刻辞职，但也是明确向政府表态：以后政府的任何法律提案都不会在议会通过。

然而问题在于，日本与英国的不平等条约修订已经进入到最后关头，如果这时伊藤博文内阁辞职，那么条约修改必然受到巨大阻碍，日本政府多年以来的修约努力也可能一朝化为乌有。于是唯一的方式就是转移矛盾，而战争，自然是一个绝佳选择。

就在当年 6 月 2 日，伊藤博文内阁在一年内第二次下令解散众议院，重新大选；也在同一日，日本政府决定向朝鲜半岛出兵。

五、出兵朝鲜：走向甲午战争之路

正因为日本国内政局如此动荡，清廷才敢于向朝鲜半岛增兵，以帮助朝鲜王国镇压从 1894 年 2 月便开始的东学党之乱，而这场后世称为"甲午农民战争"的农民起义也成为中日甲午战争的导火索。

所谓"东学"是当时朝鲜半岛私下流传的民间宗教天道教，教义杂糅儒、佛、道三家甚至基督教教义。该宗教创建者崔济愚虽然在 1864 年以"传播邪教"之名遭到朝鲜官方斩首，但其侄子崔时亨却进一步将这个组织发扬光大，并在朝鲜半岛各地设立分会，用宗教信仰强化教会组织，经过三十年发展而形成非常强大的民间政治势力。

1894 年 2 月 15 日，朝鲜半岛西南部全罗道的东学领导者全琫准出于反对当地官员横征暴敛，组织东学信徒发动夜袭。这起城下暴动迅速扩展为整个全罗道的暴动，到 4 月中旬，起义军发展到万余人规模，全国各地更是喊出"辅国安民、斥倭斥洋、尽灭权贵"的口号，掀起反对李氏朝鲜的浪潮，全琫准在 5 月底顺利攻克全罗道首府全州城，起义军进入高峰。

全州城失守后，李氏朝鲜迅速向清朝军队请兵，希望他们能如同 1882 年、1884 年两次朝鲜内乱时期一样平定局势。但对于这一点，清朝军队一开始很是警惕，毕竟按照 1885 年中日《天津会议专条》规定，一旦中国出兵，日本方面也拥有对等出兵的权力。因此早在 1894 年 5 月初，清朝驻日公使汪凤藻就多次与日本外交官展开私下接触，得到的信息是"日本只会出兵二十人保护公使馆"这种保守态度。再加上当时日本议会对政府修改不平等条约的批判态度，也让清朝驻日外交官普遍认为日本无暇顾及外事。李鸿章也向身处朝鲜的袁世凯发电表示："大鸟（日本驻朝鲜公使大鸟圭介）不喜多事，伊带巡捕二十名来，自无动兵意。"

清廷对于局势自然是有所误判，但某种意义上说，这不应该完全归咎于清朝驻日外交官。毕竟在日本朝野一片骂声的背景下，

朝鲜半岛农民日常的困苦生活让他们逐渐有了反抗之心

很难想象日本还能够有余力外派军队，所以"巡捕二十名"这种说法在时人看来并非完全不可信。事实上日本政府正式决心出兵朝鲜，也是在清朝外交官上报信息之后的事情。

　　得知清军已经有出兵朝鲜之意，日本内阁在6月2日召开会议，商讨是否应该要求向朝鲜半岛出兵。为了平息国内政治的混乱，日本内阁会议并未讨论如何和平解决朝鲜半岛问题，而是全程都在研判日清两军在朝鲜的兵力对立，要求前线日军想方设法研究如何发动战争，如何取胜。6月5日，日本参谋本部正式成立以天皇为最高统帅的大本营，这象征着日本官方已经进入战争状态。

　　6月6日，清朝按《天津会议专条》要求向日本发布出兵知照，而在第二天，日本也向清朝发布知照，这让清军备感意外。当时日本外相陆奥宗光便在日记《蹇蹇录》中记载清朝反应："驻我国的清国公使汪凤藻看到我国官民之间的争执日益加剧，判断日本终究没有余力对他国举事……因而清国政府一开始就错误判断彼此形势……尽管日本政府最初处于被动地位，万不得已才不再踌躇，决心采取最后手段，但中国以为先以声威恫吓日本与朝鲜，后以形成威胁就足够，所以当日清两国之间的纠纷不可解决时，依然没有断定最后不得不诉诸干戈。"在面对战争的决心上，清朝从一开始就落于下风，这也是后来清军遭到偷袭的重要原因。

6月8日开始，北洋水师英制老式军舰超勇、扬威护送千余名清军乘船前往全罗道北部的忠清道海滨渔村——牙山，同时两艘较为先进的军舰济远、平远停泊在汉城附近的仁川港；也在同一日，日本军舰松岛、千代田、高雄护送海军陆战队四百人抵达仁川。双方各自进军的过程中，都在小心翼翼地避免与对方军队擦枪走火。日军之所以小心翼翼，主要是因为四百人军队规模实在太小，海军也不一定能占到优势；清军之所以小心翼翼，则与李鸿章的误判有着直接关系，他认为日本到来仍然是"兵来非战"，只是为了护卫侨民。于是在清军的默许下，10日，日本驻朝鲜公使大鸟圭介率领海军陆战队奔赴汉城，驻扎于日本驻朝鲜公使馆。

也在6月10日，靠着清军到来的压力，李氏朝鲜王朝与全琫准达成《全州和约》，双方停战；之后12日，李氏朝鲜接受全琫准的十二条要求，东学党起义军队宣布自行解散。应该说，到这个时刻为止，朝鲜内乱已经结束，清朝与日本两边均可以宣布撤军，然而出乎李鸿章意料的是，日军不但没走，反而越来越多。

6月15日，日本提出崭新提案，认为李氏朝鲜内政腐败，"若不从根本上改革其弊政，就绝不可能求得永远之安宁"，随即要与清廷共同管理朝鲜半岛。这一提案提出的第二天，日本陆军混成第九旅团先锋部队四千人就在朝鲜半岛登陆，由于清军在整个朝鲜半岛的布防兵力都不足三千人，这就让朝鲜半岛的日军事实

日本联合舰队旗舰「松岛」

上占据优势。21 日，愤怒的李鸿章拒绝日本提案，并要求日军迅速撤兵。日本人当然不会乖乖听话，迅速在 28 日将混成第九旅团后备部队三千人派往朝鲜前线。如此一来，日本陆军在朝鲜半岛的兵力已经是清军的三倍之多。日本外相陆奥宗光训令前线："今日形势之上，开战已不可避免……应尽快制造开战口实。"

清廷对于前线局势判断节节失误，致使本来占据优势的敌我格局迅速逆转，但也在这一时期，英国、俄罗斯开始分别向中国、日本斡旋，这也让中日双方都暂时搁置前线争端，局势一度有着好转迹象。但 7 月 2 日，日本以"无意侵略朝鲜，只是为防朝鲜再度陷入内乱"为名拒绝俄罗斯斡旋；9 日，清朝向英国提出"日本撤兵"为双方媾和的前提。双方经过十日的外交斡旋后再度陷入对立状态。11 日，日本宣布与清朝断绝外交关系；14 日，光绪

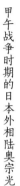

甲午战争时期的日本外相陆奥宗光

皇帝震怒，降旨要求李鸿章对日开战；李鸿章考虑到牙山前线的千余名清军势单力薄，难以为战，于是在 18 日再度派遣二千三百清军渡海前往牙山，而这也成为中日甲午战争第一战丰岛海战的发端。

就在这一系列操作的中间，日本与英国在 7 月 16 日修改不平等条约，如此严峻的格局下，不难看出英国对于日本有着支持态度。于是 7 月 19 日，日本通过英国向清廷发布为期五天的最后通牒，随即在 23 日凌晨派遣军队冲入朝鲜王宫，扶植国王生父大院君建立崭新政权，也继而获得"帮助朝鲜驱逐清军"的大义名分。

7 月 25 日清晨，正是最后通牒的最后一日，朝鲜半岛西侧的丰岛海面上，日本巡洋舰浪速号向清军乘坐的高升号打响炮弹，甲午战争正式开启。

六、小结

不难看出，清朝与日本在面对可能到来的战争时，最大不同便在于双方的基本态度完全不同。李鸿章对于日本局势与朝鲜半岛局势的判断接连失误，这也让他在开战时期畏首畏尾，更让清军在整个朝鲜半岛的初始局势就落入被动；但反观日本，由于国内局势进入到不可调和的地步，首相伊藤博文与整个内阁都需要找到"开战之口实"，甚至不惜多次增兵朝鲜半岛，激化与清朝之间的矛盾。

当然，之所以形成如此结果，李鸿章作为北洋系创始人的因素也需要考虑在内。毕竟李鸿章与淮军以天津为母港，以渤海为母海，经略东北亚局势。一旦与日本开战，那么北洋系的陆海军必定会处于前线作战，这无疑是让李鸿章在与同朝为政的左宗棠、张之洞等人的竞争中落于下风。

只不过，日本完全不会管这些，如果他们不对清朝开战，那么日本国内反对日英修约的国会议员更不知道会在接下来闹出什么样的大动静。为了维护国内稳定，日本政府必须把矛盾转嫁到国外，这也给人一种"赌国运"的感觉。

但也需要注意，对比后来的太平洋战争来说，日本与清朝的交战并不是完完全全在赌国运。从数额上来说，1893年，清朝税负盐课等收入为八千三百一十一万两白银，按当年比价折算为一亿零三百万日元；而同年日本的财政收入则为一亿一千三百万日元。考虑到双方土地面积与人口差异如此巨大，应该能够看出清朝所谓"天朝物产丰富"其实有些言过其实，而日本也早已不是传说中的"蕞尔小国"，这可能也是李鸿章对于这场战争瞻前顾后，但日本却毅然决然的关键因素所在。

那么日本人到底是如何在甲午战争中取胜的呢？

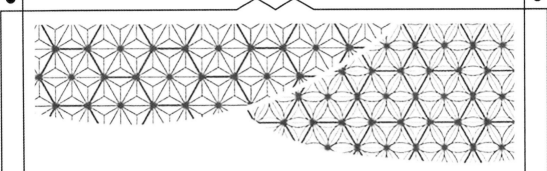

第三卷　甲午风云

不止于甲午海战（1894—1895）

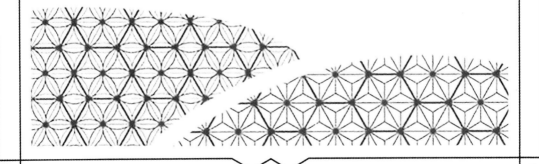

《易经》云：圣人南面而听天下，向明而治。

《诗经》云：文王在上，于昭于天；周虽旧邦，其命维新。

"明治维新"四字，均来源于汉语经典，同用汉字，同属儒家文化圈，同样在近代被迫结束闭关锁国，开放西化，结果中国无论怎么改都难有起色，日本却反而步步领先，节节胜利，以黄种人身分与欧美列强平起平坐。这种强烈反差让许多人的民族自尊心受到伤害，也让"明治维新"四个字牢牢钉在中国人的民族记忆之中。这也让中国人一直以来都抱有一个疑问，那就是：为什么清朝这么一个庞大的国家，却会输掉一场与日本的战争呢？

但要理解，甲午战争对清朝与日本有着截然不同的意义。的确，日本是岛国，国土狭小，但这意味着日本战略方向也是固定的，那就是朝鲜半岛与中国本土；相反，清朝确实名义上兵力更多，但战略方向也是来自多个方向：东北与西北要防范俄罗斯，藏区要防范英国，两广要防范法国，核心地区还要防范一轮又一轮的流民暴动。换句话说，对于日本来说，这场"日清战争"是一场非常孤立的战争，那就是扩展日本在朝鲜半岛乃至整个东北亚的军事霸权；但对于清朝，这是近代以来不停爆发的边疆危机的一个侧面而已。只不过，左宗棠克服重重困难稳固"塞防"，但李鸿章却没能稳固"海防"。然后现代人只记得甲午战争的失利，却选择性忘记平定伊犁的辉煌。

从清末开始，晚清改革与明治维新的对比都是中国知识圈经久不衰的话题，人们总是试图从其中找到日本成功的因素，借为己用。电视剧《走向共和》借伊藤博文之口说日本胜利是因为"制度"，也被当作主张立宪政治的重要论据，这种叙事方式在新世纪以来一直深入人心。但我们想一想，即便倒退三十多年，回到洋务运动与明治维新都还未开始的 19 世纪 50 年代至 60 年代，那么一边是面对太平天国起义，地方团练刚刚成形的清军，一边则是购买数艘西方风帆战舰，组建近代化陆军的日本江户幕府，一定能保证清军战胜日本军队么？

如果说中国人对日本有着傲慢与轻视，那这并不止体现在甲午战争本身，更体现在看待甲午战争的方式上：我们泱泱大国一定是哪里做错了，才会被弹丸小国击败。殊不知这个所谓的弹丸小国，从来就不是什么吴下阿蒙。

甲午战争，只是在这个逻辑的延长线上而已。

一、丰岛海战：日本如何巧妙利用国际法？

1894 年 7 月 25 日，朝鲜半岛南阳湾丰岛外海。清军巡洋舰济远、广乙完成护送运兵船飞鲸前往牙山的任务，于凌晨 4 点起锚返航，随机在上午 7 点 20 分左右在丰岛外海遇到日军三艘巡洋舰吉野、浪速、秋津洲。双方互相发现，战事一触即发。

但这里就有一个问题，双方虽然已经断绝外交关系，同时也在朝鲜半岛对峙一个多月，但始终没有互相宣战。在这里遇到日军，那清军到底是打不打呢？如果打了，无论成功失败，到底是否有着"不宣而战"的问题呢？

这个问题或许同样困扰着对面的日本联合舰队第一游击队司令坪井航三少将，但也仅仅困扰了他二十三分钟。7 点 43 分，吉野向清军开空炮射击，短短两分钟以后，再度发起实弹射击。日本军队不宣而战让清军不再犹豫，济远立即在 7 点 52 分开始还击，双方进入到相互交战阶段。只不过三分钟后，济远司令塔中弹，正在指挥军舰的大副沈寿昌被弹片击中，脑浆四溅，这让济远舰管带方伯谦大惊失色，迅速转向威海方向逃跑。但在这一时期，另一艘军舰广乙却突然向吉野冲将过去，准备用鱼雷攻击，但吉野迅速采取规避动作，同时另一艘日舰秋津洲也加入围堵广乙，这就让这艘鱼雷巡洋舰遭到重创而被迫逃离战场，最终搁浅并自焚。

由于济远最高航速只有十五节，很快就被最高航速十八节的浪速与二十三节的吉野追上，并受到集火攻击，虽然济远的反击也击中吉野舰首，但最终还是在 8 点 45 分左右挂起白旗与日本海军旗宣布投降。这一时刻，丰岛海战基本宣布结束，但国际法层面的交战却只是刚刚开始。

就在 8 点 45 分，清军运兵船高升号闯入战场。由于济远挂起日本旗，高升以为自己被日舰包围，于 9 点前后迅速驶过附近海域，向着远方前进。日军自然不能放过，于是两次打出旗语要求停船。高升号的船籍属于英国怡和洋行，所以船长高慧悌（Thomas Galsworthy）一度拒绝停船，继续载着一千一百名清军士兵航行。

最终在 10 点前后，由于日舰浪速发空炮两发以示威胁，高升号停船并接受与日军谈判。浪速便放下一只小船，由人见善五郎大尉作为谈判代表来到高升号，要求该船跟随"浪速"航行，这等于是要求该船所有清军士兵成为日军俘虏。对于这点，船长高慧悌由于是英国人而并无异议，于是人见善五郎回舰复命。

法国媒体绘制的高升号事件

　　为了不给高升号留时间，浪速号舰长东乡平八郎少将立刻发出"立即抛锚"的旗语，但高升号马上回复"要事相商，再放小船"。这一时刻，船上清军船员不愿做俘虏，便将船长看管起来，决心以"尚未宣战"为由，要求与日本军队再度谈判，回归出发港口。人见善五郎不知情况，想要再去，但东乡平八郎意识到再去高升号可能会有危险，于是把他拦了下来，并在12点30分向着高升号英国船员发出"弃舰"的要求，但收到的回答却是"再放小船"。几个回合的旗语交流后，清军士兵用步枪还击，东乡平八郎判断该船无法扣留，迅速发射十一枚炮弹击沉高升号，这就让清军士兵几乎全员葬身鱼腹，直至附近的别国舰艇巡逻时才勉强救起二百四十一名清军。击沉高升号成为日本近代以来"不宣而战"的首次案例。之后的日俄战争中，本次浪速舰长东乡平八郎更是摇身一变成为联合舰队司令长官，继续采取这种"不宣而战"的手段完成对旅顺港俄罗斯海军的偷袭。

　　应该说，东乡平八郎这位日后极负盛名的战将不仅精通战略战术，也对国际法颇有研究。早年间东乡平八郎虽然也曾在1871年开始留学英国，但英国并没有允许他进入皇家海军学院，而是让他前往泰晤士航海职业学校学习商业航海。一般人当然会觉得这种经历是屈辱，但东乡平八郎却是既来之则安之，安心学习数年的航海知识。1878年毕业后，东乡平八郎按照学校要求，跟随

东乡平八郎

英国商船进行了为期一年的航海实习，航路遍布世界每一个角落，这让他比同时代其他人有着更为充足的航海乃至于海洋法知识，这才让他在丰岛海战中敢于击沉英国商船。

但未曾想到，这起事件后，东乡平八郎的举动不但没有受到国际法追究，反而受到赞赏。当时，高升号所属的英国怡和洋行在媒体上抗议日本军队的暴行，但随即，英国法学家托马斯·霍兰德（Thomas Holland）与约翰·韦斯特雷奇（John Westlake）在《泰晤士报》撰文，表明该船船籍虽然属于英国并承接清朝的运兵任务，但在船长明确表示愿意跟随日舰以后，船上清军士兵却限制船长人身自由，于是这两位英国法学家认为日本击沉船只的行为符合国际法中对于"哗变者"（Mutineer）的处理惯例。东乡平八郎也洋洋得意地表示：自己三令五申要求停船，但对方始终不停船，只得击沉。

对于"并未宣战"的指责，两位英国法学家更是帮忙辩护：日本在7月19日已经发布五日期限的最后通牒，而清朝官方并没有对最后通牒有任何回复，那么7月25日双方就自动进入战争状态，宣战与否不再重要。很明显，由于英国与日本已经修改不平等条约，这事实上意味着英国在战争中对日本表示支持，那么一干御用法学家帮助日本辩护也就顺理成章，最终英国政府表示不再追究日本击沉高升号之事。而日本也立刻投桃报李，8月21日，日本在长崎县佐世保市设立海事法院，以符合英国要求的法律处理日本海域内的法律纠纷。

就在日本海军打赢丰岛海战的第二天，7月26日，驻扎朝鲜半岛的日本陆军集结十五个步兵中队三千余人兵力，向附近的牙山清军发起进攻。由于牙山地处海湾深处，前后均无退路，牙山清军将领聂士成率领五营二千五百人下山，在附近的成欢车站附近迎战日军，为军队整体撤退赢得时间。7月29日凌晨，日军向成欢车站发起攻击，清军且战且退，最终虽然让出牙山与成欢车站，但清军还是顺利从汉城附近撤退出来，向着北部的平壤退却而去，准备在这里与后备清军合流，继续作战。

丰岛海战与成欢陆战结束后，清朝与日本分别发布宣战诏书。清廷宣战诏书以"朝鲜为我大清藩属二百余年"开头，明确以朝贡体系的世界观为主，斥责日本侵略朝鲜半岛，且对"牙山口外海面"的不宣而战加以指责；而日本方面则利用国际社会对于清朝一直以来朝贡体系的不满与打压，特别提出李氏朝鲜是"独立之国"，然而"清国每称朝鲜为其属邦"，甚至"以大军派往韩土"，这就等于进一步把清朝摆在国际法上的不利地位。所以原本清军是应李氏朝鲜请求而来，结果却由于朝鲜政权换血而失去大义名分，最终反而让日本成为李氏朝鲜的合法代言人，不得不说这既是历史的诡异之处，也是日本熟悉国际法体系以后的巧妙操作。

二、朝鲜失守：日本火速进军平壤

经过初期大捷，日本军队并没有迅速跟进，而是想办法继续向朝鲜半岛增兵。8月14日，日本大本营决定将第三师团的半数军队派向朝鲜半岛，与已经在朝鲜半岛的第五师团混成第九旅团共同构成第一军，由山县有朋大将出任司令官。既然"国军之父"山县有朋出马，那么两个师团长也必须全体到位。8月19日与8月30日，第五师团长野津道贯中将、第三师团长桂太郎中将分别来到首府汉城与朝鲜半岛东北部的元山港，9月1日开始，两人各自率领军队朝着朝鲜半岛北部重镇平壤进发，总兵力在一万人左右。

平壤的清军已经等待很久。自7月中旬开始，李鸿章就着手调动淮军陆军前往平壤，希望凭借平壤城三面环水（大同江）的地理优势坚守城池，拖缓日军进军脚步。到8月中旬，平壤集结起淮军的盛字军十二营六千人、毅字军四营二千一百人、盛字练军一千五百人，外加临时征调的奉军六营三千五百二十六人，再加上从牙山、成欢前线败退而回的清军，终于有了一支一万五千人左右的军队，官阶最高的直隶提督叶志超（对应于日本的陆军中将）成为平壤清军的指挥官。

　　上中学历史课时，想必学生都会对叶志超这个名字耳熟能详，因为他在后来的平壤战役中逃跑五百里回国，留下"逃跑将军"的恶名。但在逃跑之前，叶志超并不是没有主动攻击。9月7日，

日军向清军齐射

叶志超在李鸿章的催促下出动七千人军队南下迎战第五师团北上，但由于各军营之间配合不甚默契，在夜间行进过程中出现误友为敌的现象，耗费大量弹药后只得退却。这次不成功的行军经历让叶志超对协调各军共同作战的信心大减，再加上清军的补给线仍然是通过海路补给至鸭绿江边境，再靠速度迟缓的牛车从边境口岸义州运输至平壤，整个平壤战役期间仅仅为前线成功提供一次补给，这就让叶志超很难施展拳脚。

需要注意，虽然叶志超日后名声不好，但他早年在淮军中却是好战不要命的"叶大呆子"，乃至在镇压捻军之战后获得清廷赏赐"额浑巴图鲁"名号，可见此人并无贪生怕死之念。但在异国作战，补给线又不完备，下属军队又刚刚集结一处缺乏默契，汹汹而来的日军自然让他非常担忧。

9月13日，叶志超在得知日本军队从汉城、元山分两路进军平壤的情报后，非常担心元山日军会沿着大同江来到平壤东北部高地，这样从平壤通往鸭绿江的道路会被切断，于是叶志超电告李鸿章要求增援。还不等回复，他就召集各军统领，提出日军包围圈已经越来越小，不如立即撤退。奉军总兵左宝贵听言十分愤慨，马上要求亲兵将叶志超拘押起来，随后平壤清军不再拥有形式上的最高指挥官，各军统领均按照自身思路对敌作战，为战役失败埋下隐患。9月14日晚间，日本军队全部到达预定位置，双方战事即将在15日正式打响，这也是中日两国从16世纪末期万历朝鲜战争以来，首次在平壤城交战。

不过，对比于三百年前李如松率领的明军将小西行长率领的日军打得落花流水，这一次日军却从一开始就占据上风。日军虽然也是客场作战，但事先完善的情报工作让他们迅速明白平壤城最重要的地点便是北部玄武门之外的牡丹台、乙密台高地。所以，日军除去在南部大同江一带布置一部分军队牵制清军外，派遣步

日本绘画中的平壤之战

兵第十旅团与步兵第十八联队为主的七千八百人军队进攻奉军总兵左宝贵不足三千人据守的牡丹台、乙密台等地。牡丹台虽然在早上 8 点 30 分左右夺取，但乙密台战事却一直持续到下午。虽然左宝贵本人力战不敌而死，但清军仍然凭借乙密台的地形优势对牡丹台形成威胁。

左宝贵死后，叶志超也恢复自由，随即决定撤军。17 点左右，天降雷雨，清军派遣使者告知日军将于第二日早上正式开门投降。但这只是叶志超的缓兵之计，21 点左右，雨逐渐停下，清军便开始向北撤退，日军则没有追击，而是致力于攻克平壤城。最终数位清军将领以损失两千人为代价顺利逃跑，叶志超本人更是一路逃至鸭绿江，日军则以伤亡不足千人的代价顺利占据平壤。

虽然叶志超的逃跑行为令人不齿，他本人日后也被判斩监候，可谓罪有应得。但从平壤战后表现来看，日军第一军同样也难以从平壤迅速前往清朝与朝鲜的边界。从 9 月 15 日占领平壤，到 10 月 25 日进攻二百多公里外的鸭绿江沿岸为止，日本军队耗费一个月时间才完成兵力配备。可见从平壤向北通往义州，再通往鸭绿江对岸清朝的道路十分泥泞难行，导致大部队完全无法通过陆路运送补给物资。

由于叶志超曾在 9 月 13 日请求增援平壤，李鸿章便在 9 月 15 日从大连湾炮台调遣淮军铭字军四千人兵力，在北洋水师十余艘主力舰护卫下进入黄海，向着朝鲜方向开去。而李鸿章也完全没有想到，这又一次运兵不仅没有赶得上平壤大战，更让他苦心经营十余年的北洋水师首次落败，这也是大家最为熟悉的中日甲午黄海海战。

三、黄海海战：日本联合舰队取胜了吗？

经典电影《甲午风云》是许多国人了解甲午战争的始源，李默然先生扮演的邓世昌喊出那句"开足马力，撞沉吉野"更是让无数人为之动容。也正因如此，这场海战上百年来都被看作中国历史的转折点，也被当作日本崛起的重要起始点。不过从历史实际来看，这场爆发于平壤战役后的遭遇战并不是双方海军孤注一掷的决战，仅从战役本身而言，日本联合舰队也难言取得了绝对胜利。

首先，北洋水师虽然做好战争准备，但完全无意与日本寻求主力决战。之所以出航，完全是为了护送四千名清军陆军前往鸭绿江边境。9 月 17 日两军交战时，北洋水师仍然处于执行任务阶段，这也让他们在战役初期处于守势。或许很多人批评北洋水师有着"保船避战"的消极态度，没有出海与日本舰队一决雌雄的勇气，但要知道，海军战术本身就有所谓"存在舰队"之说，意指一艘强大如北洋水师的舰队始终盘踞在渤海与黄海一带，那么日军就没有完整制海权，陆军运兵航线就受到极大约束。

日军的情报与态度也存在问题。首先日军认为北洋水师仅仅出航六艘中小舰艇护送运兵船，所以9月16日16时，日本联合舰队司令长官伊东祐亨中将率领以松岛、严岛、桥立、所谓"三景舰"为首的十二艘军舰出发，前往黄海海域寻找清军水师。正因为日军是偷袭、弱船，所以十二艘军舰中不完全是作战舰艇，更有1艘由大型商船改装的军舰西京丸，旨在让海军军令部长桦山资纪大将能够亲自观察偷袭成果，以便直接获得嘉奖。

9月17日中午11点左右，日本联合舰队抵达鸭绿江沿岸，准备对北洋水师发动突袭。然而伊东祐亨随即发现北洋水师并不只有五六艘"弱船"，而是主力舰尽数出动，他甚至认为清军先前散布假情报以吸引日本舰队前来，因而迅速下令全军午餐，准备主力决战。

另一方面，北洋水师看到日本舰队来袭，也在猜测敌军来意如何。由于北洋水师这一次执行任务是以十二艘主力舰护送六艘运兵船，所以他们本能地认为日军也类似，恰好日本联合舰队中的西京丸、赤城两舰体积较小，于是清军认为日本是一支"十艘作战军舰＋两艘运兵船"的配置，意在登陆鸭绿江沿岸，把战火直接烧到清朝本土。双方这种事先判断的不同直接决定两军战术目标迥然不同：日军试图击沉更多军舰，清军试图击沉两艘"运兵船"，阻止日军登陆计划成功。从这个角度讲，北洋水师与联合舰队在一定程度上均取得成功。

日本巡洋舰吉野号

　　北洋水师为了阻止日军"登陆"，迅速离开泊地前往外海，看到日本联合舰队以单纵队的阵型横向驶来，北洋水师十二艘船只立刻排成经典的雁行阵，将规模最大的定远、镇远两舰放置于中央，其余舰艇一字排开。1866 年地中海东侧利萨（Lissa）岛打响海战时，奥地利王国海军即以七艘铁甲舰形成雁行阵，冲破意大利王国海军十二艘铁甲舰构成的单纵队。换句话说，仅从战术本身而言，北洋水师对过往战史非常熟悉，而且让定远、镇远一马当先，更能让两舰舰首的德制克虏伯 305 毫米巨炮体现出其惊人威力，可见北洋水师的日常训练与战术选择充分考虑到了己方优势。

　　12 点 50 分，北洋水师与联合舰队的距离缩短为六千米，定远迅速炮门大开，向日本迎面而来的本队（松岛、千代田、严岛、桥立）发动攻击。海战正式爆发仅仅五分钟后，清军即有一枚炮弹命中松岛，这让这艘军舰的 320 毫米主炮旋转装置损坏，战斗力大幅下降；但也在这两分钟里，定远主桅中弹断裂，通信系统遭到损毁，提督丁汝昌也身负重伤。联合舰队在开始阶段的这番运气让北洋水师陷入各自为战的窘境中。

随后，日舰速度较快的优势得以发挥，本队四舰逐渐远离定远、镇远的射程。与此同时，身处单纵队最前方的第一游击队（吉野、高千穗、秋津洲、浪速）凭借巧妙的机动，转而围攻北洋水师右翼的超勇、扬威两舰，这两艘老式舰艇在日舰围攻下起火。

与清朝购买军舰多在19世纪80年代有所不同，日本军舰多是19世纪90年代新近购置，而就在这十年里，世界海军战术思想发生了根本变化，即从单纯重视战舰的火炮数量与口径，转向重视航速。正因如此，以日本巡洋舰吉野为首的联合舰队舰艇航速都要显著快于北洋水师，这让他们有着足够能力开展更为灵活

北洋水师旗舰定远号

机动的战术。事实上，当时日本单纵队战术也非常简单，由航速最快的第一游击队四舰包围北洋水师后路，由本队四舰截击北洋水师面前，形成前后合围态势。

但出乎日军意料，在本队与第一游击队占优的时候，后面航速较慢的比叡、扶桑、赤城三舰进入定远、镇远的射程。恰好清军认为赤城是重要的运兵船，13点20分开始调转炮口发动攻击，赤城中弹数枚，舰长坂元八郎太少佐当场毙命。赤城等三舰处境艰难，这让三舰前方乘坐商船改造的西京丸的海军军令部长桦山资纪非常不满，他马上要求前线派兵回援。于是第一游击队四舰在14点15分掉头回转，援救赤城等三舰。

海战中，突然掉头就意味着前后十几分钟的时间里无法瞄准，

日本联合舰队司令长官伊东祐亨

北洋水师致远舰管带邓世昌

亦即暂时失去战斗能力；而第一游击队四舰脱离原航向，这就意味着后边的联合舰队本队就必须代替第一游击队去包抄北洋水师后方，如此一来，赤城等三舰再加上西京丸就在短时间内处于两队八舰的保护范围之外，却恰好处于北洋水师定远、镇远的射程范围之内。赤城、西京等舰面临灭顶之灾。

这时，清军鱼雷艇福龙等舰朝着西京丸这艘形似运兵船的武装商船驶来。福龙先后向西京丸射出两发鱼雷，不过一发擦舷而过，另一发则从西京丸正下方穿过。这艘"穿裆而过"的鱼雷在历史上极负盛名，因为当时敌我两舰距离只有区区五十米，西京丸无法做出任何战术规避动作，如果射中这艘舰艇，那么清军就有机会在黄海海战中消灭日本海军最高等级官僚桦山资纪，这种心理冲击必然会影响不远处的伊东祐亨与他的参谋团队，更会冲击整个日本海军的士气。

　　清军丧失掉这个机会，让日本联合舰队逐渐找回感觉。15点4分，扶桑发射一枚烈性炸药炮弹命中北洋水师定远舰首，引发大火，定远舰航速大幅减慢，所有船员只能暂时放弃战斗，全力救火；而身旁的镇远、致远两舰担负起护卫任务，这也让致远与联合舰队第一游击队的吉野等四舰愈发接近，遭到四舰的集火攻击。最终，定远经过抢救转危为安，但代价便是致远开始向右舷倾斜，逐渐沉没。

　　虽然我们对于邓世昌指挥致远撞向吉野的壮举耳熟能详，但该说法在日本史料中却并无相关记载。日方记载中，致远从起火到沉没中间相隔一个多小时的时间（14点30分至15点33分），这一过程中船体愈发向右舷倾斜，总体是遭到进攻而自然沉没的状态。或许邓世昌确实曾下令致远用自己的撞角撞向吉野，但他的命令已经无法拖动这条伤痕累累的舰艇冲向日本舰艇。

　　不过致远的确吸引到第一游击队的全部火力，这让联合舰队本队旗舰松岛在这一时期需要单独面对北洋水师镇远的巨炮。15点30分，镇远一炮命中松岛四号副炮位，引爆主甲板下放的速射炮炮弹，引发松岛发生剧烈爆炸，瞬间失去战斗能力，伊东祐亨只好临时将旗舰变更为后方的严岛。最终战役进行到17点前后，北洋水师与联合舰队双方均耗尽弹药，无法续战，双双罢兵而回。

　　一般认为，日军在黄海海战中获得全胜。但从实际战损来看，北洋水师真正在战斗中沉没的舰艇为装甲巡洋舰经远、穹甲巡洋舰致远、无防护巡洋舰超勇三艘，即便算上非战斗减员的无防护巡洋舰扬威（被济远撞沉）、广甲（触礁）也并未伤及根本；反观联合舰队，虽然全部舰艇都顺利返回日本，但日本旗舰松岛却遭到毁灭性打击，直至甲午战争结束都一直处于修理状态，比叡、赤城等舰也是难以继续作战。换句话说，对于黄海海战最客观的评价，应该是北洋水师完成了重创赤城、西京丸的预定目标，但由于过度重视这两艘舰船，也间接导致本方舰艇遭受到一定程度的损失。如果接下来继续与日本军舰鏖战，黄海制海权并不一定就会归于日军。

然而，五艘舰艇的损失依然让北洋水师的创建者李鸿章备感心痛，他再也难以承受舰艇受损的压力，整个北洋水师上下都开始弥漫着"保船避战"的思想，固守旅顺不出，这也让他们主动让出黄海制海权，给了日本军队把战火烧到清朝本土的机会。

四、掠取辽东：日本陆军狂飙突进与战力极限

黄海海战结束后，日本完全占领制海权，使得日本陆军可以从容开展双线作战。

10 月 24 日清晨开始，日本陆军同时朝着两个方向展开进攻，第一军在山县有朋大将率领下从平壤抵达义州，泗水渡过鸭绿江，并在 25 日 6 点对清军发起总攻，26 日顺利夺取鸭绿江前线的九连城与安东（丹东）县城；而也在 10 月 24 日上午，日本联合舰队主力舰护送由大山岩大将率领的第二军登陆辽东半岛东侧的金州府花园口，由于清军完全未能想到日军会从这个方向进发，该海岸完全无人把守，直到 10 月 26 日清军才发现日军登陆。

对于如此轻松的进军，日本第一军第三师团长桂太郎中将在寄给同为长州藩出身的文官井上馨的信件里（1894 年 10 月 31 日）提到："探求清国军队败走原因，总体还是因为军制不健全所导致，清军没有大部队作战的组织系统，更不知道管理为何物……估计

您也有所耳闻，清国军制是各个统领独自招募兵员，为属下发放粮饷（即团练形式），为了自身利益，各个统领平时会减少定员，战时为了履责再临时拼凑兵员，而不是如同我帝国军队一般以征兵制建设军队。因此李（鸿章）氏之淮军虽然名声响亮，半数以上都只是些日结工资的普通百姓而已。"

　　虽是对手，但桂太郎对于清军痼疾已有深入了解，很明白自己对阵的军队并不是一支"清国国军"，而是"李氏之淮军"。日本军部高官的这种认识不仅精准，而且有助于集火攻击淮军与北洋系统的地盘，即以渤海、黄海沿岸为中心的区域。于是日军首先便把矛头指向金州县城与北洋水师的修理基地旅顺港。

甲午战争日本陆军第二军司令官大山岩

11 月 6 日，日本第二军夺占金州县城与大连湾炮台，这让日本军队能够将后勤补给物资直接通过黄海输送到金州，于是日本就将下一个目标放在辽东半岛最南端的旅顺港。旅顺港是 1880 年至 1890 年清廷斥巨资修建的军港，与渤海湾对面的威海卫互为掎角，一北一南共同拱卫渤海湾的安全。如果能夺取旅顺港，日军就等于切入到李鸿章与北洋水师势力的腹地，能进一步威胁到天津港乃至北京城的安危。

清廷自然也了解旅顺港的重要地位，配备一万五千人左右的官兵守备这座战略要地。但正如桂太郎先前所指出，这一万五千人之中竟然有一万一千人是新招募的士兵，训练程度与百姓无异，只有守卫海岸炮台的六营三千余人是老兵，那么无论旅顺要塞本身多么坚固，这些军队都难以抵挡日军的进攻。11 月 20 日，日本第二军以第二师团（师团长乃木希典中将）为主力进攻这座缺乏补给、士气低落的孤城，仅仅用了一天时间就将这座西方人视为"远东直布罗陀"的军港收入囊中。

夺取旅顺港后，日本军队为了继续搜寻清军士兵，同时也为了减少兵粮不足带来的补给负担，从 11 月 21 日下午开始在旅顺发起惨绝人寰的大屠杀，至 11 月 25 日总共杀死两万余名士兵与无辜百姓，这也是近代日本军队犯下的第一桩战争罪行。

眼见第二军南下旅顺的过程中屡立战功，从鸭绿江一带侵入凤凰城（凤城）的日本陆军第一军则只能固守原地，最多是占领黄海海岸的大孤山地区，帮助日本获得稳定的物资补给据点。从 10 月 31 日至 11 月 5 日，第一军司令山县有朋向大本营提出三个议案：一是与第二军合流，共同在山海关附近登陆，威胁北京；二是与第二军共同攻击辽东半岛；三是直接向北进攻奉天（沈阳）。但问题在于，大本营早已将第一军的主要任务确定为"辅助第二军进攻辽东半岛"，再加上日军没有足够的军工能力为山县有朋第一军的大规模军事行动提供支持，于是这三个建议尽数遭到拒绝。

身处前线的山县有朋非常不满。于是不再理会大本营意见，而在11月25日开始私下派遣第三师团向着西部的海城一带进发。海城的位置非常特殊，恰好位于辽东半岛西北端营口港的北部，而且也坐落于从旅顺通往奉天的必经之路上，攻击这个地方，既可以解释为"辅助第二军进攻辽东半岛"，也可以对山县有朋自己的奉天进攻计划打下基础。于是12月1日，山县有朋下令第三师团进攻海城。

但海城攻击战却是在大雪纷飞之中进行，这让第三师团吃到许多苦头。师团战后报告提到："冰块刺入脚底，无人脚趾不冻伤，马多次跌倒，后腿肌肉冻裂难以步行，途中不得不抛弃许多马匹。"冒着中国东北地区的严寒，12月11日，桂太郎指挥第三师团占领海城东南大门析木镇，占领该地后马上于13日上午进攻海城东南侧一公里处的荞麦山，并最终在当日中午攻克海城县城，清军向北部的辽阳方向撤退。

攻克海城后不久，12月18日，山县有朋因病难以指挥战斗，大本营便解除他第一军司令官的职务，要求第五师团长野津道贯中将接任。虽然山县有朋当时确实生病，但临阵换将历来不是日本军队传统，所以大本营这一次如此迅速就把山县有朋替换回来，某种程度上也是对他擅自出兵海城的一种惩戒。由于当时伴随天皇身边执掌大本营日常事务之人是长州藩政治家伊藤博文，这也让山县有朋有了更深刻的体会：他必须进一步夺取政治权力，才能避免日后战争中自己无法掌控军队。

而且，海城确实给日本军队带来许多麻烦。海城地处辽河平原南端，向北无险可守，而北边恰好是由奉天清军驻扎的地盘。如果日军只是进攻辽东半岛，那么奉天清军或许还会因派系不同

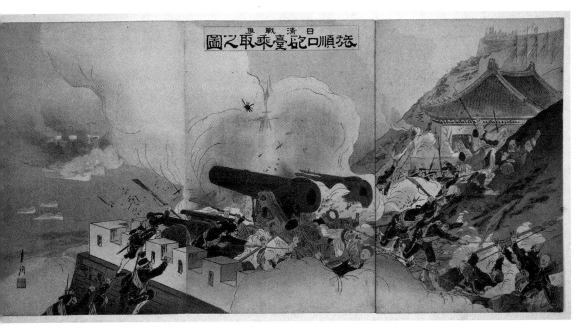

日军攻击旅顺港的绘画

而袖手旁观，但日军现在把手伸入海城，这就等于是威胁到北部辽阳、西部营口港的安全，于是清军开始反复攻击，试图收复海城。从1894年12月13日日军占领海城到1895年2月27日的七十六天时间里，清军先后从多个方向发动四次海城战役，虽然均以失败告终，却造成日军第三师团累计死亡八百四十一人（包括冻伤、疾病而死）。再加上同一时期第二军第一师团北上攻克海城南部的盖平（盖县），日军在海城一带一共损失超过一千名军人，更有数千人遭遇冻伤，这显示出日本陆军继续北上已经是不可能的事情。

换句话说，虽然日本陆军能在辽东半岛狂飙突进，但主要原因在于黄海制海权掌握在日军手中，而且辽东半岛的气候条件相对宜居，但如果想继续向北突进，那么刚到海城、盖平一带就会被严寒天气与补给不足等因素困住。所以从这一时期开始，日本大本营也希望能够"见好就收"，开始着手思考议和问题。

只是，在正式议和前，日本军队还需要一场胜利，用以增加谈判筹码，而进攻渤海湾另一侧的威海卫便成为不二之选。

五、水师覆灭：日本围攻威海卫与战争结束

1894 年 12 月 4 日，日本首相伊藤博文向日本大本营提交了一份一千八百多字的报告《冲威海卫略台湾策略》。报告指出，碍于中国东北、华北等地冬季严寒，日本陆军很难在直隶省与清军决战，而且一旦突入直隶省，就有可能导致清廷崩溃，那么欧美列强就很可能出面干预。为防止这种情况出现，但又要获取更多的和谈筹码，伊藤博文建议分兵两路，一路"屠威海卫"以"全灭北洋水师"，一路"同时略取台湾"以作为"割让土地之根柢"。恰好同时，日本陆军第二军司令官大山岩大将、海军联合舰队司令长官伊东祐亨中将也联名上奏"攻击威海卫"，于是位于日本广岛的大本营便在 12 月 14 日确定不再于冬季进攻直隶，转而制定威海卫作战计划。

1895 年 1 月，清廷派出湖广总督张荫桓作为使节前往日本议和。这一时期日本已在思考如何扩大战果，于是借口张荫桓所奉诏书中没有按照国际法要求写入清朝皇帝的"全权"授权，拒绝承认张荫桓是能够代表清廷签署国际条约的清方代表，于是拒绝和谈。也就在张荫桓等人败兴而归的时候，日本军队在 1 月 20 日正式从荣成湾登陆，开始对威海卫展开攻击。

虽然在今天，威海、文登、荣成等地都已经归入威海市管辖，但在清末，威海卫与文登、荣成等地的关系却很复杂。威海卫的地盘虽然归文登县管辖，但在洋务运动后，威海卫军港却整体归入北洋大臣、直隶总督李鸿章指挥，与天津的关系更近，如此一来，威海卫整体就与山东省军政系统脱钩，长期与山东省之间缺乏沟通来往，这就让李鸿章除去要面对日本军队的入侵外，还需要面对山东省官僚体系的不配合。日本也正是看中

这一点，才将目标投向整个胶东半岛的东南角荣成湾，这里不属于威海卫与北洋系军队的管辖地段，但山东省本地军队也缺乏布防。

　　早在 1894 年 12 月底，日本第二军司令官大山岩本人就秘密来到荣成湾测量地形，确定登陆计划。1895 年 1 月 6 日，大本营下达增派第二师团、第六师团的命令，两个师团的先锋与第二军司令部会合后一同出发，在联合舰队的护航下于 1 月 20 日登陆荣成湾。如同花园口登陆一样，荣成湾也没有清军布防，

英国强租威海卫以后绘制的威海卫地区示意图，并在左下与右下分别标示文登（Wen Teng）与荣成（Jung Cheng）管辖范围。

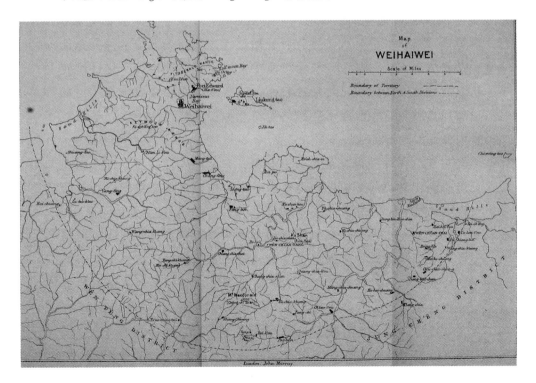

但由于从登陆点到荣成县城的道路泥泞不堪，辎重难以前进，所以日军直到1月25日才有一千五百人、火炮六门构成的小股军队初步进入荣成县。扫除附近小股清军后，日军迅速北上行军，在28日前后分别抵达威海卫军港南岸十余公里的地方，等待指示。

1月30日开始，日军首先开始攻击威海卫东南侧的摩天岭炮台等清军防御工事。由于清军修建炮台的主要目的是对抗外海来袭的敌国海军，所以炮台炮口全部面向外海方向，短时间内根本没办法调整。于是不足半天，日军就攻克数座炮台。到2月2日，威海卫北侧的炮台也被日军占领，这意味着清军拥有的地盘只剩下威海卫港湾内的刘公岛，停泊在港湾内的北洋水师也走到命运尽头。

日本陆海军随即对北洋水师展开狂攻。2月3日，日本海军第二、第三水雷艇队十艘舰艇开始进入内海偷袭北洋水师，总计发射水雷八枚，其中一枚恰好命中北洋水师旗舰定远，这让这艘亚洲巨舰立即搁浅。之后数日间，这些水雷艇经常前来偷袭，虽然互有胜负，但北洋水师始终坚持"保船避战"的原则，坚守在刘公岛附近不出战。

看到清军无意交战也无意投降，日本陆军从2月7日开始利用威海卫南北两个炮台向港口内炮击，这些本来意在抵御外敌的火炮，如今却变成毁灭北洋水师与刘公岛清军指挥机构的杀手锏。2月8日9点30分，靖远号遭炮弹击中而沉没，这就让清军受到巨大心理打击。一方面定远受伤，清军不敢出海作战以免成为黄海海战第二；另一方面山东省军队又不来援救，导致威海卫军港遍布日军势力。内外交困之下，北洋水师提督丁汝昌在2月12日交书投降，并在当日晚间吞鸦片自杀。2月17日，北洋水师与联合舰队签署投降协议，全部舰艇与威海卫军港内部全部设施归属

李鸿章

联合舰队所有。

　　北洋水师全军覆灭不仅象征着北洋大臣李鸿章数十年的经营毁于一旦，也让渤海湾无险可守，日军可以自由突破天津，威胁北京安全。3月3日，清廷派遣李鸿章作为全权代表前往日本进行和谈。不过这一时期开始，日军的胃口越来越大，开始在南北两个战场分兵，一边是在3月2日至9日由日本陆军第一军攻击鞍山、营口一带的清军据点，另一边则是3月23日日本海军南方派遣舰队侵入台湾岛附近的澎湖列岛，旨在和谈中尽可能扩大收益。

　　日本军队虽然顺利歼灭北洋水师，但对于欧美列强来说，渤海湾是东北亚地区的宝地，不可能任由日本继续扩张下去。事实

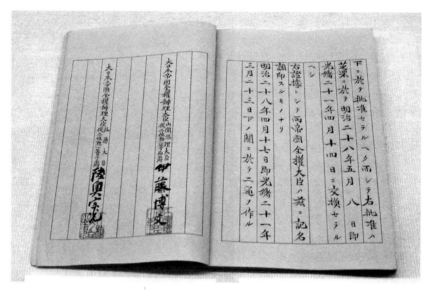

中日《马关条约》日方原本

上《泰晤士报》在 2 月 7 日就报道，英、俄、法三国就已经商定计划，不允许中国大陆寸土划给日本。鉴于英国刚刚与日本修改不平等条约，也是日本在甲午战争中的实际支持者，这就意味着日本的战争扩张也只能告一段落。

3 月 19 日，李鸿章抵达九州门司港，并从第二天开始在海峡对面的下关港（马关）春帆楼与伊藤博文谈判，这座以河豚料理出名的酒楼就坐落在英国驻下关领事馆附近，这也意味着两国谈判时时刻刻受到英国人的监视。由于日本占尽优势，李鸿章面临的谈判条件非常苛刻，周旋余地很小。不过 3 月 24 日，李鸿章却遭到不愿停战的日本民间政治人士枪击，虽未危及性命，但这也让清朝在一定程度上抓住谈判主导权，战争赔款额度也从三亿两白银降低至二亿两。

李鸿章在身体尚未完全恢复时继续谈判，4 月 17 日，李鸿章作为全权代表签订《马关条约》，允许李氏朝鲜王国脱离与清朝的宗藩关系，割让辽东半岛、台湾岛、澎湖列岛，新开放四个口岸与三条内河航运给日本。至于赔偿给日本的二亿两白银也换算为三亿日元，直接投入到日本下一步的军事扩张与国家建设中，成为日本继续强大的基础。

六、小结

笔者曾于 2018 年即明治维新一百五十周年之际两度前往下关市《马关条约》签订地春帆楼游览。虽然如今春帆楼几经修整，早不是明治时代的模样，但春帆楼一出门右拐的李鸿章道依旧保留原样，每每提醒到访游客这里曾经发生过的事情。

正因为甲午战争的失利，迄今为止中国人都对明治维新心有戚戚，来访春帆楼门口的甲午战争纪念馆，甚至许多符合"清朝必败于日本"的虚构历史在很长一段时间也大行其道。最出名者，便是北洋水师训练强度低下，纪律散漫，甚至于在定远舰"主炮晾衣服"。然而如今却发现，这一记载是日本人在大正年间（1912—1926）编造的小说故事，以佐证彼时已是"军神"的东乡平八郎多么具有洞察力。

同属儒家文明圈，近代日本能战胜中国，一定是因为他们做了正确的事，而我们没有，所以应该总结日本人的成功经验，为己所用。

然而真实的历史并不是选择题，也不是游戏中的通关选项，也绝不是选 A 就错，选 B 才对。实际上每一份选择都有实际国情带来的不得已之处，也会反过来受到实际情况的推动与阻挠。北洋水师的失利是近代中国的悲剧，但其本身并不完全是学习西洋技术失败的结果，同时是因为李鸿章及北洋水师靠一己之力对抗日本，而清廷也没有建立起一套完整的国家军队所致。而这一点，连日军将领桂太郎都看得清清楚楚。

而桂太郎，也正是下一个十年日本政坛的关键人物，他正是日英同盟建立与日俄战争时期的日本首相。

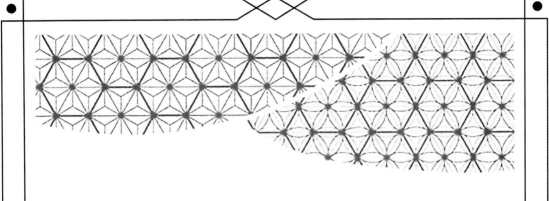

第四卷 三国干涉

甲午战争后的东北亚局势（1895—1900）

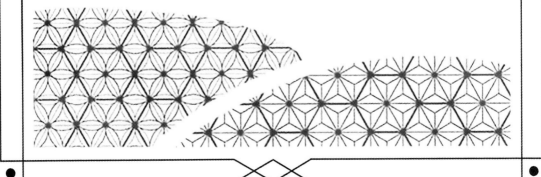

虽然在战争中大获全胜，但日本首相伊藤博文与外相陆奥宗光却并未意识到，日本的割地赔款要求早已超过欧美列强能接受的限度。

在逐渐引入"民族国家"概念的欧美资本主义国家看来，清帝国的势力范围从内陆亚洲一直延伸到太平洋西岸，覆盖面积与辐射范围太大，再加上与李氏朝鲜、尚氏琉球、越南等封建政权形成完整的陆海朝贡体系，这就让清朝沿海地区成为一个封闭贸易循环，这让追求海上贸易的欧美列强视为眼中钉，自然希望打破。1840年鸦片战争以来，欧美国家对于清朝的态度都非常明确，那就是尽可能打断这套传统的帝国体系，把清帝国拼凑起来的诸多地区与民族重新分离开来。

既然如此，那么处于这套朝贡贸易体系边缘的日本就成为打破"大中华圈"内部贸易线路的关键棋子。1879年日本吞并尚氏琉球国，这也让欧美列强对日本始终有着继续打破清朝朝贡体系的期待，所以在甲午战争中，以英国为首的国家对日本采取支持态度。

然而这种支持态度并非没有极限，那就是既要保证日本能够拆毁清帝国贸易体系，同时也不至于让日本成为东北亚的新垄断者。但在《马关条约》中，日本"狮子大张口"，明显超出一定界限：

从 1840 年鸦片战争以来，英国等西欧国家直接掠取的清朝领土只有香港岛等清朝认为的"边陲"，战争赔款单位也从未到"亿两"单位，结果日本不但要求二亿两白银赔偿，还要求清朝割让辽东半岛这块核心领土；要求清朝割让土地最多的国家是俄罗斯帝国，但这个帝国在西欧国家中的形象也是侵略成性。所以日本到底会不会一跃变成另一个俄罗斯帝国？英国等西欧国家在当时无不怀疑。

正因为这种怀疑，在接下来的"三国干涉还辽"中，日本并没有得到英国的帮助。

一、日俄故事：明治维新以后的日俄关系发展与矛盾

其实，近代日本的大门差一点就是被俄罗斯帝国打开的。早在 1843 年，海军少将叶夫菲米·瓦西里耶维奇·普佳京（Евфимий Васильевич Путятин）就向沙皇尼古拉一世请命，希望率领三艘船只出海远东，负责与清朝、日本进行交涉。但由于同一时期俄土战争持续不断，尼古拉一世也不希望妨碍到中俄恰克图贸易路线，远征之事业逐步拖延。如果不是这番拖延，或许普佳京在鸦片战争之后不久就能成为"黑船来航"的始作俑者，那么日本日后的发展或许也会有很大不同。

明治维新以后，日本与俄罗斯帝国的首次外交交锋发生在 19 世纪 70 年代，这便也是双方第一次签订边界条约。在当时，双方主要是对萨哈林岛（即库页岛，日称桦太岛）与千岛群岛（俄称库里尔群岛）有着领土纠纷，这两座岛屿的原住民都是处于渔猎文明的阿依努人（日称虾夷人或土人），与近代文明之间有着显著差距。由于没有强大的本土政权，所以日本与俄罗斯都想尽

俄罗斯探险家普佳京

可能在这两片土地上获得更多利益，于是双方均将阿依努人称为本国国民，开始争夺两片土地的所有权。

　　1874 年 3 月，日本外交官榎本武扬来到圣彼得堡谈判，希望能够获得全部千岛群岛，日本可以将萨哈林岛整体让予俄罗斯，这也就有了"千岛换萨哈林岛"的初步设想。1875 年 5 月 7 日，日俄两国签署《千岛萨哈林岛交换条约》(《圣彼得堡条约》)；8 月 22 日，条约在东京获得天皇批准生效。

　　从陆地面积而言，萨哈林岛无疑比千岛群岛大得多，日本似乎吃亏，然而从鄂霍次克海沿岸地形来看，萨哈林岛本身却多少有点鸡肋：只要出兵占领符拉迪沃斯托克与远东沿海州，萨哈林就立刻会变成一座孤岛，攻守都很尴尬；但千岛群岛却把守着俄罗斯进出鄂霍次克海的航路，势必对俄罗斯造成牵制。对于日本而言，虽然名义上丢失不少领土，却可以在事实上捞到不少好处。

经历克里米亚战争失败（1854—1856），俄罗斯在黑海方向难寻突破；紧接着第九次俄土战争（1877—1878）虽然取胜，却也在英、法等西欧列强的抵触下无法继续扩大巴尔干半岛影响；1882 年，德、意、奥匈三国结为同盟，共同抵抗俄罗斯西进。由于在欧洲方向难觅良机，从 1891 年开始，俄罗斯开始把目光再度投放在远东地区，下定决心修筑横贯西伯利亚的铁路，这也让日本迅速感受到危险来临。

1875 年签订的《千岛萨哈林岛交换条约》

　　1891年5月，俄罗斯皇太子尼古拉（即末代沙皇尼古拉二世）为出席西伯利亚铁路开工仪式来到远东，为了加强日俄关系而专程来到日本，在日本皇族有栖川宫威仁亲王接待下游玩京都。不过5月11日中午，尼古拉刚从滋贺县厅用餐出来，乘坐人力车通过大津町，担任警备任务的滋贺县警察部巡查津田三藏突然冒出来，抽刀将尼古拉头部砍出一道九厘米的伤痕。尼古拉慌忙跑下人力车，夺路而逃，津田三藏在后面追杀，被同行的希腊乔治王子（Γεώργιος της Ελλάδας）与车夫向畑治三郎两人一起制服。

　　有栖川宫威仁亲王顿时吓了一跳，不敢怠慢，立刻拍电报邀请明治天皇紧急来到京都以示诚意。5月12日晚上，明治天皇乘火车抵达京都，并在5月13日早晨探望尼古拉皇子。天皇虽然亲自致歉，但尼古拉皇子也不打算继续访问东京，而是回到神户，乘船回国，匆匆结束这次访问。

　　聊起津田三藏这位警察官为什么要刺杀尼古拉，如今史学界众说纷纭。根据当时审讯情况来看，津田三藏肯定是受到当时日本民间情绪反感俄罗斯的影响，不满于俄罗斯咄咄逼人之态，想要给对方国家的皇太子一个教训；但他在审讯中也提到，自己"本不想杀人，只是想奉上一刀"。不管结论如何，津田三藏这一刀都给日本外交砍出一桩大事。

　　就在尼古拉访问之前，日俄达成密约，声明日本已经建立完备的法律制度，如若俄罗斯皇太子遇袭，便适用于日本刑法中的"刺杀皇室成员罪"，会受到极刑处决。这就给日本出了一个大难题：日本刑法第一一六条规定行刺皇室成员的"大逆罪"的客体只能是"日本皇族"，外国皇族在日本法律之中仅仅是普通一兵，更何况尼古拉也只是负伤，如果强行定罪，那么日本"法治国家"之名便会蒙上一层灰。

俄罗斯帝国皇太子尼古拉在日本，1891年

　　大体因此，宪法制定者、枢密院议长伊藤博文坚决反对，首相松方正义等萨摩藩人马则四处奔走，要求把津田三藏处死以谢俄罗斯。但大审院（最高法院）院长儿岛惟谦却坚持法治国家理念，在 5 月 27 日以刑法第二九二条谋杀未遂罪判处津田三藏无期徒刑。对于这一判决结果，俄罗斯公使谢维奇当然无法接受，立刻提出抗议，这也使得外相青木周藏陷入两难之地。6 月 4 日，青木周藏与谢维奇的密约公之于众，受到多方指责，青木周藏声称自己受命于伊藤博文，伊藤博文则断然否认，甚至以辞去枢密院议长一职为要挟。最终青木周藏降职为驻德公使。

　　整件事情过去以后，1891 年 9 月 29 日，津田三藏突发急性肺炎而死。一种阴谋论认为，日本高层虽然在表面上维持住法治国家形态，但私下里却继续动用私刑，将津田三藏杀死于牢狱。围绕津田三藏事件，由于日俄战争后来爆发，尼古拉二世对日本颇有恶感，甚至在日记之中称日本人为"猴子"。俄罗斯皇太子的这种反感情绪逐步影响到整个政府，也促使俄罗斯帝国想方设法阻止日本在东北亚地区的扩张。

于是在甲午战争结束后，俄罗斯帝国正式介入东北亚事务，也给了新兴的日本当头一棒。

二、马关之后：三国干涉还辽与民间反响

"俄罗斯帝国皇帝陛下之政府查阅日本向中国要求的讲和条件，认为日本拥有辽东半岛不仅有可能危及中国之首都，也会使朝鲜之独立有名无实，危害未来的远东和平。因此，俄罗斯帝国政府为向日本帝国天皇陛下之政府再次表示诚实的友谊，劝告日本政府应断然放弃领有辽东半岛之举。"

中学历史课本每逢讲述甲午战争与《马关条约》，结尾部分都会用小字部分提到这起"三国干涉还辽"事件。1895 年 4 月 23 日，俄罗斯与德国、法国三国公使一起发难，要求日本退还辽东半岛。上述文字正是俄罗斯递交给日本的国书。

自从日俄两国解决千岛群岛、萨哈林岛归属问题以后，中日矛盾就成为东北亚主要矛盾。但如今清朝在甲午战争中一败涂地，日本打破了东北亚稳定格局，一旦让日本进占辽东半岛，北可以拓向中国东北，东可以与日本本土遥相呼应、夹击朝鲜半岛；一旦日本控制住这些地区，俄罗斯在远东就要单独与日本对抗。

其实对于这一点，日本政府也事先有所了解。早在 3 月 24 日，美国就向日本传递消息，提到俄罗斯反对日本占领中国东北部，也反对将朝鲜半岛变为日本的"保护国"，如今三万俄罗斯陆军已经蠢蠢欲动。恰好这一天李鸿章遇袭，于是伊藤博文迅速决定降低谈判门槛，与李鸿章在不到一个月的时间内签署和平条约，想以国际法中的国际条约形式把日本在辽东半岛等地的权益彻底确定下来。

但俄罗斯却仍不满意。4月8日，俄罗斯开始与各国联络，提出"日本取得旅顺口将破坏中日两国的友好关系，持续威胁远东和平"。对于这份要求，英国、美国等列强没有加入，但与俄罗斯存在同盟关系的法国、德国附议，这也就有了4月23日的"三国干涉还辽"。

"三国干涉还辽"刚一出来，日本国内立刻乱作一团，4月24日，首相伊藤博文召集内阁成员一起面见天皇，商议对策。由于外相陆奥宗光肺结核病重，伊藤博文代行外相职务，他在会议上提出三种解决办法：（一）直接拒绝三国干涉还辽；（二）邀请欧美列强一同开会共商辽东半岛问题；（三）直接接受三国干涉。

由于俄罗斯海军向东北亚集结了三十余艘各式军舰，日本断然不敢选择第一项立即拒绝；但日本也不愿意马上选择第三条屈服。于是日本试图走第二条路，向英美两国求助。不过4月27日，日本驻美大使栗野慎一郎回电："美国只同意在不违反局外中立的范围内予以协助。"紧接着4月29号，英国回电："英国政府以往保持局外中立，此次仍想维持同一意向。"很明显，由于日本过度侵占清朝领土，英美等国已经产生一定反感，起码是观望情绪。4月30日，日本最后一次向俄罗斯提出要求，希望只保留辽东半岛的金州地区（包括旅顺港），但没有收到回音，俄罗斯给了日本一个无声的回绝。

最终，日本考虑到当时还未完全稳住台湾地区的形势，为防俄罗斯联合各国直接对日本宣战，5月4日，日本内阁会议决定接受三国干涉，并在第二天通报给各国。为了挽回损失，11月8日，日本与清朝签署《归还辽东半岛条约》，向清朝勒索三千万两白银的"赎辽费"。最终日本军队在当年12月底全部撤出辽东半岛。

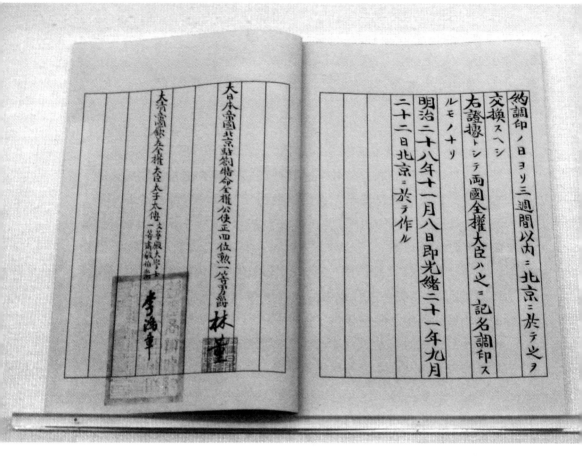

《归还辽东半岛条约》

对于中国而言，"三国干涉"只是一段小插曲，但对于日本，却不啻于一次外交羞辱。毕竟欧洲国家直接干涉亚洲主权国家条约，世界历史上这算头一次。日本在受尽列强压榨以后，好不容易赢了一场战争，却又让别人抢走自己的战利品，自然难以忍受。日本著名评论家德富苏峰得知三国干涉成功，挥笔撰文："我不恨俄德法三国，只恨我国外交家居然为干涉而折腰！"

德富苏峰一言，基本代表了当时日本平民的想法，很多人希望不要停战，干脆继续与俄罗斯开战，"夺回"辽东。为了"纪念辽东曾一度是日本领土"，德富苏峰从国外归来，特地途径旅顺，包了一捧土带回日本。这种仿佛肖邦带走故乡波兰泥土的行为在中国人看来恐怕是匪夷所思。

　　但难以理解的还不仅于此，随后日本评论家三宅雪岭在 1895 年 5 月 15 日发表文章《应该期待日后》，提出：日本若想洗刷"三国干涉还辽"的屈辱，必须要"卧薪尝胆"。于是乎，"卧薪尝胆"这个本来形容越王勾践忍辱负重的词语，就莫名其妙地被用来形容当时的日本。

　　在整个甲午战争过程中，日本各大媒体都在畅想着击败清朝以后能够获取的"广袤领土"：福泽谕吉创立的《时事新报》曾要求"略盛京、吉林、黑龙江三省为我之版图"（1894 年 8 月 21 日）；日本改进党更是在第七次帝国议会结束后在党报上提出"第一军占领盛京省与直隶省，第二军占领山东省与江苏省，再新编第三军占领台湾与扬子江流域"（1894 年 10 月），之后又反复提出要"只有占领北京才能休战"。战争期间，日本媒体从"民权"斗士摇身一变成为"国权"斗士，他们的存在点燃起日本国民的民族主义情绪，也让战后处理变得非常难以收拾。

　　正因如此，日本人对于"三国干涉还辽"的确感觉是"吃了

德富苏峰

亏"。日本国民耗费数十年努力获得一次胜利，战利品却要分出一部分给别人，这就意味着日本虽然已经是"文明国"，却依然被俄罗斯等国家当作是数十年前的二等国，当然是奇耻大辱。但考虑到日本实力仍然不足，所以就必须平心静气，"卧薪尝胆"，有朝一日与俄罗斯决战，夺回"文明国"的尊严。

三、乙未事变：日本与俄罗斯的首次政治交锋

早在 1894 年 7 月 21 日，亦即甲午战争爆发后不久，日本军队闯入汉城景福宫，将亲近清朝的朝鲜国王正妃闵妃及外戚赶下台，扶持朝鲜国王生父兴宣大院君与开化派首脑金弘集建立联合政权。金弘集曾于 1880 年 4 月作为朝鲜修信使访问日本，与福泽谕吉过从甚密，在接触与交流过程中认为李氏朝鲜应仿效日本开展改革，最终成为日本入侵朝鲜半岛的"带路党"。

在《马关条约》签署后，李氏朝鲜宣布"完全独立"，但事实上这片东北亚最大的导火索在当时环境下不可能靠着自己维持独立，于是在清朝衰弱后，便成为日本帝国与俄罗斯帝国之间的"争地"。1895 年 7 月 6 日，闵妃靠着驻扎在汉城的俄罗斯军队重新闯入景福宫，夺回李氏朝鲜的统治权；10 月 8 日，日本驻朝公使三浦梧楼集结汉城全部日军，在反闵妃的朝鲜军人带领下，直奔景福宫，杀掉闵妃，烧掉尸体。日本借兴宣大院君命令，将朝鲜上层的亲俄势力一扫而空，大院君、金弘集联合政权再度建立。

由于三浦梧楼是擅自行动，日本外务省非常震惊，立刻在 10 月 10 日派出原日本驻清朝公使小村寿太郎前往朝鲜，10 月 24 日三浦梧楼停职候审，小村寿太郎接任驻朝公使。处事如此迅速，能看出日本政府不想把事闹大。但毕竟露出巨大漏洞，俄罗斯当

三浦梧楼

　　然不会善罢甘休。接下来俄罗斯后发制人，差点让日本失去了在朝鲜的一切。

　　1896 年 1 月 31 日，汉城附近出现大规模暴动，参与者不仅有农民，甚至能看到朝鲜两班士人的身影。大规模战火从农村包围城市，不过几天工夫，起义军逼近汉城。2 月 10 日，俄罗斯驻朝公使卡尔·维别尔（Карл Вебер）联系仁川俄罗斯舰队，一百一十二名俄罗斯士兵迅速进入汉城，牵制住汉城日军；11 日，朝鲜国王在维别尔帮助下逃出王宫，钻进俄罗斯公使馆。在俄罗斯士兵支持下，从 2 月中旬到 5 月初，朝鲜民众开始清剿朝鲜国内亲日派，并破坏日本在朝鲜半岛修建的电信线，开化派首脑金弘集更是暴尸街头。

　　为了缓和局势，5 月 14 日，日本与俄罗斯的驻朝鲜公使小村

罗巴诺夫，清代文献中翻译为罗拔诺甫

寿太郎、维别尔两人签订了一份备忘录，俄罗斯允许朝鲜国王回到景福宫继续执政，也允许日本留下军队保护电信线、侨民，但驻军人数上，俄罗斯却只允许日本留四个中队，每个中队只允许配备二百人。与此同时，协议规定日俄两国在朝鲜驻军数量相同，这就让日本希望通过《马关条约》直接将朝鲜半岛变为"保护国"的想法落空。

也在5月，俄罗斯皇帝尼古拉二世举办加冕仪式，日本军政元老山县有朋作为日本政府代表出席，并在6月9日与俄罗斯外相阿列克谢·鲍里索维奇·罗巴诺夫-罗斯托夫斯基（Алексе́й Бори́сович Лоба́нов-Росто́вский）谈判并达成协议。协议在小村寿太郎与维别尔的备忘录基础上进一步对朝鲜权益作了规定，同时提出朝鲜如果需要他国增兵，必须由日俄两国商议决定。表面上看，这些内容似乎是日俄双方达成妥协，但实际是貌合神离，双方以划定用兵区域为名，掩盖了日俄之间发生冲突的可能性。

在该协议的未公开条款里，双方进一步划定朝鲜半岛的主要利权：日本只可管理釜山至汉城之间的电信线（朝鲜半岛南部），俄罗斯有权铺设汉城至俄朝两国边境（朝鲜半岛北部）的电信线。考虑到电信线修到何处，信息网就会渗到何处，可以想到俄罗斯是利用这条规定，把日本的势力牢牢压在朝鲜半岛南部。

在日本与俄罗斯的外交争夺中，1897 年 2 月，朝鲜国王回归汉城庆运宫（德寿宫）。这位李氏朝鲜第二十六代国王李熙在乱世中备感屈辱，为了振奋人心而决心更改国号称帝。10 月 16 日，李熙率领文武百官祭天，改称"大韩皇帝"，朝鲜王国改称"大韩帝国"，改元"光武"，希求能在短时间内建立一个如同日本一样强大的东亚国家。当然，由于"大韩帝国"在实质上仍然是李氏朝鲜王朝的延续，且在 1910 年遭到日本吞并，这个脆弱的所谓"帝国"只是李氏朝鲜走向灭亡的前奏曲。为避免造成歧义，后文仍称"大韩帝国政府"为"李氏朝鲜政府"，"朝鲜国王"更改为"韩皇"。

1898 年 2 月开始，日本与俄罗斯开始新一轮谈判，这一次日本提出所谓"满韩交换论"的想法，即日本独占朝鲜半岛权益，俄罗斯独占中国东北权益，双方井水不犯河水。3 月，日本外相西德二郎提议"对朝鲜提供意见和帮助之义务应由日本承担，如俄罗斯帝国赞同，日本政府则认为满洲及其沿岸地区在日本利益与关注范围之外"。不过到 4 月 2 日，俄罗斯驻日公使罗曼·罗曼诺维奇·罗森（Рома́н Рома́нович Ро́зен）却明确回复："俄罗斯帝国政府关于朝鲜问题不能作同等声明。"于是 4 月 24 日，日俄两国草草签署协定，承认李氏朝鲜是独立国家，不干涉朝鲜半岛内政，俄罗斯帝国认可日本在朝鲜半岛开展纯粹的商务贸易。

不过，李氏朝鲜如若招募财政顾问、军事教员，必须要两国事先商量。很明显，俄罗斯并不愿意放弃自己在朝鲜半岛的利益，日本人的"满韩交换论"受到挫折。

从 1895 年到 1898 年的三次外交交锋中，日本由于国力限制而无法提出过激要求，使得朝鲜半岛乃至整个东北亚的局势又一次陷入不稳定中，俄罗斯的压力显得越来越大，持续威胁着朝鲜半岛这个日本帝国所谓的"利益线"。不难发现，日俄两国的争夺点并不在两国境内，甚至都不算是两国殖民地，只是中国东北与朝鲜半岛两地对日俄两国都有巨大利益，且尚未明晰势力范围，双方才起摩擦。这种"溢出式"竞争从大航海时代初见萌芽，到殖民时代逐渐发展，再到 19 世纪末期，已经逐渐成为世界各国竞争的主流形式。

四、俄清密约：分割清朝与日本隐忧

1896 年 5 月尼古拉二世加冕典礼中，除去日本元老山县有朋出席之外，清廷也派遣李鸿章前往圣彼得堡观礼。其实最初清廷想派曾经出使过俄罗斯的湖北布政使王之春前往，但俄罗斯却点名要求李鸿章前往，这意味着双方确实有事相商。

事实上经过甲午战争后，清廷内部确实发生一定变化。由于输给"蕞尔小国"日本非常耻辱，故清廷存在"联俄抗日"的思路；与此同时，以俄罗斯为假想敌的"塞防派"势力由于左宗棠去世而有所衰落，这使得"联俄抗日"变得可能。于是甲午战争后遭到撤职的李鸿章继续成为俄罗斯与清朝之间的谈判使节。

观礼过后，6 月 3 日，李鸿章与俄罗斯财相谢尔盖·尤里耶维奇·维特（Сергей Юльевич Витте）会面，签署《中俄御敌互

俄罗斯财相维特

助条约（中俄密约）》。维特是西伯利亚铁路建设的实际负责人，也负责着俄罗斯的远东利益，所以该条约中也有许多关于扩张俄罗斯在远东势力的内容：比如该条约规定，清朝与俄罗斯结为攻守同盟，只要俄罗斯远东、朝鲜半岛、清朝领土的任何一部分受到攻击，双方必须共同参战，且不能单独媾和；允许俄罗斯修建满洲里至绥芬河铁路，使用该铁路运输军队与物资，这就是大名鼎鼎的中东铁路。考虑到当时的西伯利亚铁路还没有完全修建完毕，这条铁路就等于是提前进行了西伯利亚铁路的下一步延伸规划。

需要注意，6月3日这个时间点恰好在山县有朋与罗巴诺夫签署协定（6月9日）的数日之前，这就意味着俄罗斯一边联合清朝，一边打压日本，已经明显有着"联清联朝抗日"的外交路线。当年9月，清朝与俄罗斯两度签署补充协议，授权中东铁路公司获得在中国东北的伐木权。这一时期，双方协议都是以非公开的密约形式订立，因为当时美国主张在中国实行"门户开放"受到欧美列强认可，所以俄罗斯与清朝之间的私密协议事实上与"门户开放"原则相悖，但清朝为了能抗击日本，只得承应俄罗斯要求。

随后的 1897 年 11 月，德意志帝国借口山东"曹州教案"两名德国传教士遇害，出兵占领胶州湾。看到这一良机，俄罗斯海军太平洋舰队马上按条约要求来到山东半岛的对面，即旅顺口驻扎下来。俄罗斯领土广袤，却缺乏一个全年不冻的港口作为母港，旅顺口也是他们很早就觊觎的对象。于是随着 1898 年 3 月 6 日德国租借胶州湾，到 3 月 27 日，俄罗斯海军也租借旅顺口与大连湾，同时获准修建哈尔滨至旅顺口铁路（即日后所谓的"南满铁路"），正式将中国东北与俄罗斯的军事版图连为一体。

考虑到以旅顺口为核心的辽东半岛正是"三国干涉"的目标，再加上这一时期俄罗斯拒绝日本的"满韩交换论"提议，那么日本很容易感受到来自俄罗斯的威胁，认为俄罗斯不仅会在中国东北扩张势力，更会驱逐日本在朝鲜半岛的利权。

到 1899 年 4 月，这种担忧成为事实。这一时期，俄罗斯为了加强符拉迪沃斯托克港与旅顺港之间的联系，特意在朝鲜半岛东南部的马山浦附近勘察地形，并私下与李氏朝鲜交涉割让领土事宜。李氏朝鲜私下与日本政府通风报信，于是日本陆军动用机密费，以釜山居住的日本商人迫间房太郎的名义大量购买马山浦海边土地，最终让俄罗斯设立军港的设想泡汤。

马山浦事件过后，第二次就任日本首相的山县有朋提出一份外交意见书，认为："欧洲列强在清国版图之内各处扩张其利权……可以断定清国将如犹太人种一样，国灭而人种存之。帝国也应预先应对此种情况，尽可能采取扩充利益线之措施。"考虑到 1890 年山县有朋就提出"利益线之焦点实在朝鲜"，自然要

1898年欧洲媒体对于帝国主义国家的讽刺画：图中德国（形象为德皇威廉一世）切走的"饼"写着"胶州"（*Kiao-Tcheou*），俄罗斯帝国（形象为俄皇尼古拉二世）用拳头按着的"饼"写着"旅顺"（*Port Arthur*）

继续在朝鲜半岛与俄罗斯展开对峙。也恰在这时，义和团运动爆发，这也直接促使日本与俄罗斯之间的矛盾升级。

五、小结

甲午战争结束后，日本与俄罗斯围绕朝鲜半岛与中国东北展开外交缠斗，最终双方虽然达成数个协议，但日本对俄罗斯的远东扩张却仍然心有余悸。于是在这种状况下，一种不算全新的思想在日本迅速普及开来：亚细亚主义。

所谓亚细亚主义，初衷是团结东亚的中、日、朝三国，共同抵御西方白人强权的入侵。早在1879年，李鸿章与大久保利通在北京商量琉球问题的时候，双方就商定要形成"东洋联合"。1880年1月，日本民间就成立了第一个亚细亚主义组织——兴亚会，1883年1月，兴亚会改组为亚细亚协会。他们在日本大阪、神户、长崎设立分部，开展汉语、朝鲜语教学，吸收三国有识之士齐聚一堂，共商东亚联合。

这个组织虽然不是官方组织，能量却很大：后来的首相桂太郎、犬养毅、原敬等人纷纷加入，清朝驻日的两任公使何如璋、黎庶昌也都是会员。不仅如此，兴亚会顾问之中更有李鸿章的养子李经方、幕府海军重臣胜海舟、思想家福泽谕吉等人。换言之，这个组织有着一定程度的半官方性质。1898年1月，华族高层、贵族院议员近卫笃麿重组几个亚细亚主义组织，成立著名的东亚同文会，宣扬"支那保全论"，要求全日本知识分子集合起来，防止中国被列强瓜分。

东亚同文会最著名的事迹，莫过于收容帮助中国维新变法人士。1898年9月21日戊戌政变之后，康有为先逃到上海英国领事馆，紧接着坐船流亡日本，与曾任日本首相的大隈重信有着很深的交往，还在日本迎娶妻子；梁启超更是直接受到日本公使馆庇护，乘坐日本军舰大岛丸于 10 月 20 日到达日本，受到东亚同文会成员柏原文太郎的热情接待。梁启超在日本一住就是十三年，与柏原文太郎结下了深厚友谊，直到 1911 年辛亥革命之际才返回中国。

当然也需要明白，所谓的"东亚联合"在当时也是一种拉拢中国民间知识分子的方式，目的在于让清朝形成"联日抗俄"的舆论，继而方便日本继续在中国东北、朝鲜半岛与俄罗斯抗衡。不过接下来的义和团运动期间，由于俄罗斯过分心急，让日本确实寻觅到了新的机会。

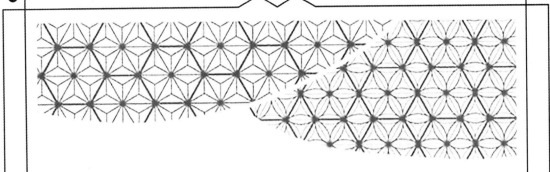

第五卷 政友集结

日本政党势力与藩阀势力的斗争（1895—1900）

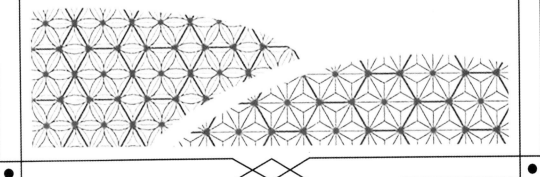

观察日本与俄罗斯如何交恶之余，也应该重新把目光转移回日本本土。毕竟从甲午战争开战根源就可以看出，日本对外侵略的殖民化与内政改革的自由主义化本质上是相辅相成的两件事，如果没有国内政治如此强烈的反应，日本政府可能不会选择1894年这个时点对外发动战争。

从明治维新时代开始，日本民间对于由萨摩藩、长州藩等各大派阀把持的所谓"藩阀政府"的批判就集中于两件事：一是内政决策体系不透明，二是外交事务太软弱。那么现在好不容易解决"外交软弱"问题，通过甲午战争的胜利而扬眉吐气，在任首相伊藤博文自然要重新考虑如何解决"内政透明"问题。

而伊藤博文最终发现，"内政透明"问题远比"外交软弱"问题要更难解决。

一、五大元老：明治藩阀把持国家控制权

1895年4月"三国干涉还辽"事件爆发后，由于日本民间媒体情绪过度高涨，伊藤博文内阁加倍防范，以免出现前一年议会提出"内阁不信任案"，再次造成政局动荡。好在凭借着甲午战争的胜利与割地赔款，伊藤博文内阁在议会面前获得许多筹码，

之前支持伊藤博文内阁的自由党也在 5 月 9 日明确提出："（对三国干涉还辽）在激昂之余或许会有个人之轻举妄动，以致国家大计失误"，警告党内众人不要"轻举妄动"，这就让伊藤博文内阁与自由党有着再度合作的机会。

在日本决心接受"三国干涉"后，日本国内一片谩骂声音，甚至要求对伊藤博文内阁追责。不过 7 月 17 日，自由党议员大会明确提出"吾党方针乃在于不追究内阁责任"，哪怕被视为"吏党或软派"也在所不惜。

所谓"吏党"，是指日本议会初期的一种俗称，这类党派大多支持日本政府的施政方针，成员也多为政府官僚辞职参选的议员。正因如此，在日本议会初期的话语体系里，"吏党"并不是一个客观的形容词，而是一个含有侮蔑之意的名词，用于指责某个党派居然敢于支持政府，缺乏批判政府精神的谴责性话语。事

晚年的伊藤博文

实上自由党的成员大部分来自原来的自由民权运动，某种意义上甚至是"民党"的重要成员。但在政界，这种互相泼脏水的方式并不是什么新闻。所以自由党议员大会干脆提出不怕被视为"吏党或软派"，也是表达出与政府合作的意愿。

伊藤博文立即投桃报李，在 11 月 22 日发表《提携宣言书》，赋予自由党以非常优厚的条件，即政府所提出的国家预算方案、法律提案乃至各项方针政策都要先征得自由党同意，双方私下还约定选择恰当时机让自由党的元老级人物板垣退助进入内阁。如此一来，日本政府等于在议会中找到重要帮手。1896 年1 月 9 日日本议会中的对外强硬派提出内阁不信任提案，这一次以一〇三对一七〇票遭到否决；与此同时，伊藤博文也可以向着自己的英式政党政治理想迈进一步，即所有立法要首先通过议会党派的审核。4 月，板垣退助正式加入伊藤博文内阁成为内相，曾支持伊藤博文修改与英国不平等条约的星亨也成为驻美公使。

靠着与政党的"提携"，伊藤博文在自由党系统中获得空前人气，再加上他本人也是帝国宪法与帝国议会的建立者，这也让他正式成为明治时代"元老"之一。

"元老"这个词语基本上是在甲午战争之后出现的，最初是要把明治时代的开国元勋与帝国议会开设以后涌现出来的政党领袖区分开。毕竟无论是长期身居高位的伊藤博文、山县有朋、黑田清隆，还是率领民间政党参与议会的板垣退助、大隈重信，这些人在幕府末年都曾经是为了明治维新而战斗的同志，只不过在明治维新开始以后，前者形成把持国家实际政务的萨长藩阀，后者形成自由民权运动，所以如果说"开国元勋"，那么便无法区分两者，但如果用"元老"二字，便能把伊藤博文等人与板垣退助等人区分开来。

甲午战争结束后，日本舆论界对于日本政治有着一个非常重要的期待，那就是希望藩阀把持的政府与议会政党合作，让议会政党负责收集民间意愿、帮助藩阀政府提出法律建议，而藩阀政府则在已经确定的法律框架内具体负责执行，这也是一个非常类似现代议会制国家的政治模式。为了回应民间这种舆论，伊藤博文不仅与板垣退助合作，也希望将议会另一大党派——立宪进步党收入囊中，于是提出将该党元老大隈重信也纳入内阁之中。

不过，这个提案一方面遭到明治天皇本人的反对，另一方面也遭到刚刚加入伊藤博文内阁的板垣退助的反对，毕竟两人分别率领的自由党与进步党在很长一段时间里都存在对立。由于无法调停两人矛盾，伊藤博文最终在1896年8月宣布辞职，次任首相由萨摩藩出身的财政专家松方正义担任，这也是他第二次担任

大隈重信

首相。在松方正义内阁上台以后，立刻与大隈重信以及立宪进步党形成合作关系。立宪进步党在当时的议会中稍稍占据多数，自然借着政府的支持而继续扩张势力，当时除去大隈重信成为外相以外，立宪进步党还占据农商务省次官、外务省通商局长以及八个地方政府长官（县知事）等重要官职。

第二次伊藤博文内阁与第二次松方正义内阁与两大政党互相"提携"，初步形成政党参与实际政务的模式，但这种模式不仅运作形式非常初级，其模式本身也在当时的元老阶层中引起轩然大波，甚至也被同为长州藩出身的军人山县有朋认为是一种"背叛"。于是山县有朋（长州）便开始运作"元老会议"，不仅将伊藤博文（长州）、松方正义（萨摩）两人纳入其中，还继续拉来井上馨（长州）、黑田清隆（萨摩）两位政治家，再加上两位萨摩藩出身的军人西乡从道、大山岩，组成一个七人会议，以商讨国家大政方针以及首相继任人选问题。如此一来，在这个人数众多的会议中，倡导与政党"提携"的伊藤博文自然成为少数派，这就能让"元老"保持着对于政治的影响力。

这个元老会议逐渐让伊藤博文与政党联合的努力开始遇到麻烦。1898 年 1 月初，第三次伊藤博文内阁由于没能与自由党、进步党两大党派商量好具体分工，因而不再进行"提携"，前两任内阁的努力遇到挫折。在这次内阁中，财相（大藏大臣）、文相、农商相等文官职位由伊藤博文一派的井上馨、西园寺公望、伊东巳代治担任，而内相、法相、陆相则由山县有朋一派的芳川显正、曾祢荒助、桂太郎担任。考虑到甲午战争时期，桂太郎（第三师团长）正是山县有朋（第一军）的下属，可以看到山县有朋在军界的影响力已经开始逐步渗透到政界，这一点也让伊藤博文非常警惕，于是他接下来便想到一个重要的反制方式：自己成立政党。

二、针锋相对：伊藤博文与山县有朋的冲突 与隈板内阁的诞生

伊藤博文之所以要自立政党，还有一个非常重要的原因，那就是政府与议会政党之间持续不断的争斗已经影响到国家的施政效率。

事实上第二次松方正义内阁与第三次伊藤博文内阁均提出"增征田赋"的增税提案，却双双遭到议会批判而难以通过。于是，松方正义在 1897 年 12 月 27 日解散众议院并宣布辞职，希望下一任首相能解决这个问题；继任者伊藤博文倒是把这个提案提交到投票阶段，但谁承想 1898 年 6 月 10 日的投票中，增税法案却以二四七票对二七〇票的投票结果遭到否决，伊藤博文一气之下再度解散众议院。一年之内两度解散议会，这在 1894 年甲午战争爆发之前也曾经出现，于是伊藤博文极为警惕。随后的 6 月 23 日，议会中最大两党自由党、进步党合并成立新的宪政党，这就意味着两党合作之后很可能在下一次议会之中继续占据多数席位，驾驭政府。正因如此，伊藤博文才想出要自己成立政党，直接在议会层面与其他政党抗衡。

这个想法让山县有朋震惊。作为一名从幕府末期成长至今的老牌军人，山县有朋坚信一切政党都是要为了"党利党略"而努力，断不会从国家角度思考问题，而这个时候就需要有一群能够凌驾于所有政党人士之上的人物来为国家着想，这种对于政党的偏见也让他致力于通过元老群体解决国家大政方针的问题。6月 24 日，七位元老召开元老会议，山县有朋与伊藤博文也展开一番舌战。

两人从一开始就针锋相对。山县有朋认为，首相亲自成立一

个政党乃"绝对不可"，因为"政府对任何一个政党均应以公平为本义"，只要参加政党，那么首相就"不能在政党之间保持光明正大的态度"；哪怕伊藤博文辞去首相职位，他依然是元老之一，"负有恒常向陛下就重要的国务进谏的责任"，如果元老拥有政党，"就要立即失去不偏不倚的地位"。山县有朋甚至激动地斥责："政党内阁制违反我国国体，有悖钦定宪法精神，（不顾君主）堕入民主政治！阁下为什么要与党徒鼠辈为伍，做出这种反常举动呢？"

这就让伊藤博文非常不满。当时伊藤博文面临的局势非常困窘，1894 年两度解散议会导致战争之事历历在目，如今 1898 年又是两度解散议会，而且议会中反对政府的两大党派很可能占据多数席位，继续阻止政府施政。这种极为特殊的政治环境下，留给伊藤博文的选项并不多，他要么下野成为政党领袖，获得多数席位把控议会，要么面临议会的反诘。如此一来，他对于山县有

松方正义

朋的"不偏不倚"说法便非常不满，干脆直接当场辞去首相职位，并要求另外六位元老中某一位接任。

但在场无人回答，于是伊藤博文面向反对呼声最大的山县有朋提议"阁下来担当此重任吧"，山县有朋马上推脱，毕竟如今的政治局面之困难断然不是能通过军界努力来解决的。既然伊藤博文组建政党的想法遭到元老会议阻碍，但自己又确实没办法继续担任首相，于是他想到一个非常有趣的折中方案：把首相职位交给政党首脑大隈重信与板垣退助。这个举动既有着英式议会制以政党首脑为国家首相的传统，同时也暗含着另一层含义：既然政党一直批判明治政府不懂施政，那么就让他们站到台前试一下。

在伊藤博文的支持下，6月26日，大隈重信、板垣退助两人接受内阁组阁权，随后大隈重信担任首相兼外相，板垣退助就任内相，除去陆相、海相两个职位依然由军人担任，其余大臣职位以及绝大部分次官职位全部由政党人士出任。随后在8月的大选中，由自由党、进步党合并的宪政党夺取二百六十个议席，占据众议院议席的87%。应该说，执政党能在议会中拥有如此绝对多数席位，至今在各大议会制国家中都极为罕见。在针对伊藤博文、山县有朋等藩阀政府攻讦数年后，日本终于诞生第一个以政党人士组建的内阁，日本的政党政治也以1898年作为一个重要节点。

对这个崭新的政党内阁，山县有朋大失所望。6月26日当天，山县有朋非常懊恼地抱怨："明治政府终于让人攻陷，出现政党内阁，真相已屡有报道，你们也已经知道，我不再赘述。败军的老将没有必要再谈兵了。我认为我只有退隐，别无他途。"可见元老阶层对于伊藤博文擅自让权给政党的举动颇为不满，日后伊藤博文的许多提议受到元老会议的阻碍，也与这一次经历有着密

日本帝国议会贵族院一景，最高的座位即天皇临席的玉座，只在由皇族、华族、高级知识分子等组成的贵族院设置，不在由平民选举的众议院设置

切关系。

　　不过，这一次政党内阁仅仅存在不足四个月。藩阀内阁虽然经常受到责骂，但其存在本身就是凝聚议会各党派的重要力量，一旦这个攻击目标没了，那么新的政党内阁就要承担起这份骂名。更重要的是，宪政党本身也是一个杂糅各党派人士的综合产物，如今获得胜利，那么这个党派内部的勾心斗角就在所难免。于是到 10 月 31 日，宪政党重新分裂为原自由党成员组成的新宪政党与原进步党成员组成的宪政本党，首相大隈重信更是被迫宣告辞

职。

政党内讧之后，日本重新迎回藩阀人士担任首相，这也就有了日本历史上非常重要的第二次山县有朋内阁。

三、肝胆相照：第二次山县有朋内阁的改革

第二次山县有朋内阁期间，日本政府完成两项重大改革，一是让议会通过数年以来悬而未决的增税法案，二是制定官僚体系选任规则，将政党人士封锁在官僚体系的大门之外。

之所以能通过增税法案，是因为山县有朋在1898年11月30日与新宪政党之间发表"肝胆相照"的合作宣言，表示只要政党能够支持增税政策，自己就可以帮助政党完成其他政治目标，于是12月20日，众议院同意将农业税（地租）在五年内从2.5%逐渐提升至3.3%，山县有朋等于是一下子完成了伊藤博文、大隈重信两任首相都没能完成的任务。如此一来，日本政府增税就有了先例，为日后继续增加税收打下法律制度基础。

为了拉拢政党，山县有朋不仅动用金钱支持，更使用一些非物质手段。1898年11月，正值日本陆军在关西地区举行演习，山县有朋动用自己作为军方元老的身分，为许多新宪政党议员提供方便。比如在陆军演习过程中，安排政党祖师板垣退助乘坐单独的陆军马匹出行，演习后的大宴会上，板垣退助的座位更是被安排在距离天皇座位非常近的地方，明治天皇也特地将拥有伯爵爵位的板垣退助叫来聊天。其他议员更是直接居住在大阪富豪的宅院中，让他们享受仆从的贴身服务，这让许多出身于中低层的政党人士备感荣耀。用当时新宪政党议员利光鹤松的话来说："我今天才知道议员可以如此尊贵！"

明里暗里的收买让山县有朋收获颇丰，但同时也给他留下一

个重要议题，那就是他必须满足新宪政党提出的一个重要条件：修改地方选举法律，允许各级地方政府议会（如县议会等）实行选民直接选举地方议员。

　　在第二次山县有朋内阁之前，各级地方政府议会采取两次选举制，那么这就会让许多有钱有势的大地主在第一轮互相给对方投票，把那些缺乏资金与选民的候选人排除出选举之外，那么第二次选举就自然只剩下大地主支持的候选人，那么无论谁最终当选都能代表自身利益。包括新宪政党党员在内的诸多国会议员都出身于草根阶层，如果他们无法突破地方议会的限制，那么许多国会通过的法律在地方层面就难以执行下去。于是 1899 年 3 月 16 日，山县有朋内阁正式修改《府县郡令》，各级地方政府议会改为直接选举制，这就让政党人士可以角逐地方政治的高位。

1898 年担任内相的板垣退助

然而，作为一个从思想基础上就反对政党人士参政的藩阀首脑，山县有朋从一开始就不想让政党把持实际政治操作。于是，山县有朋在《府县郡令》修改之后的 3 月 28 日突然修改《文官任用令》，并颁布新的《文官惩戒令》与《文官分限令》，三部法令明确要求所有中央省厅的次官、局长级官员，外加地方政府主官（知事）的候选人都必须通过国家高等文官考试。

高等文官考试是现代日本国家公务员考试的前身，旨在为日本政府选拔具有资格的公务员候选人。但这份考试直至今日都是难上加难，那么从草根出身、热衷于在家乡拉选票的政党人士自然不可能通过高等文官考试。这就意味着，中央省厅的次官、各局局长与地方政府主官就不可能由政党人士担任，而要交给经过严格选拔的国家公务员来担任，这便分割出"政治家"与"官僚"两个完全不同的政治集团。

在这套崭新的政治制度中，政治家基本上只能担任中央省厅大臣职位，而下面具体负责实务操作的次官、局长、地方政府主官则由按资排辈的官僚出任，那么这种情况就让官僚成为国家行政主体，政治家即便想要影响下属工作，也会碍于信息不充分、时间有限而只能选取官僚已经准备好的各种提案。在当时的日本政治形态中，几乎全部官僚都是伊藤博文、山县有朋等七大元老的子弟，这就相当于把政党人士直接排除在国家行政体系之外。

这当然引起轩然大波。政党人士大骂山县有朋背信弃义，纷纷攻击三部法令有着违宪之嫌。于是山县有朋内阁做出一些让步，比如允许在各省厅大臣身边新设立"大臣官房"机构，相当于大臣本人的私人秘书室，这个秘书室的成员由大臣自由选用；又比如让内务省警察系统的一部分官职仍由政党人士出任等等。但总体而言，山县有朋内阁还是成功地把政党人士挡在行政体系

元老黑田清隆，曾任日本第二任首相

之外。

　　由于山县有朋始终坚持公务人员必须秉持"严正中立"的态度，于是 1900 年 3 月，内阁继续推动议会颁布《治安警察法》，要求军人、警察、教师、宗教人士等公职人员不得参与包括政党、工会、罢工等任何政治组织或政治运动，违者进行严厉处罚。随后的 5 月，山县有朋内阁修改陆海军的官僚制度，要求"陆、海相及总务长官任职者必须为现役大、中将"，阻止政党人士染指自己付出半生创立的日本帝国军队。

　　应该说，山县有朋内阁的一连串官制修改对于日本的影响非常深远，比如政治家与官僚的界限分类一直延续到现代日本，日本政府构建起一座完全将选票政治隔绝在外的官僚体系，甚至可以反过来指挥政治家。而"军部大臣现役武官制"的影响则在当时更为重要，那就是从 1900 年这一节点开始，日本军部事实上拥有直接颠覆内阁的能力。

在 1889 年颁布的《大日本帝国宪法》中，实际上并未明文写入"内阁"二字，而且明文规定"国务各大臣"的权力与地位是相等的。也就是说，日本首相并不是日本最高的行政首脑，内阁也不是承担国家行政事务的最高与唯一机构。日本首相的名义职责，事实上是将所有"国务大臣"聚在一起商讨事情，所有决策都必须是"全员一致通过"，那么一旦首相关于军队的设想与任何一位大臣不合，就会出现所谓的"阁内不一致"，内阁整体都要辞职。换句话说，日本二战前的内阁制度是一种非常不稳定的制度。

"军部大臣现役武官制"便是这种不稳定制度走向更加不稳定的催化剂。一旦首相与陆相、海相之间发生矛盾，而双方谁也说服不了谁，那么结果就会是陆相或海相单独提出辞职；而且由于"军部大臣现役武官制"规定该职位必须由现役的大将、中将担任，那么这个候选人就会非常有限，一旦军部铁了心不合作，那么陆相或海相的职位就会空缺，内阁还是要集体辞职。也就是说，日本军队高官事实上掌握了对于内阁的杀手锏，那么他们就在日常行政之中拥有更多权力。

当然，直到十二年后的 1912 年，这个制度才会第一次施展威力。

四、政友集结：伊藤博文组建政党与失势

山县有朋的一系列操作让新宪政党人士大为不满。1900 年 5 月底，新宪政党向山县有朋提出要求：陆海相以外的现任内阁阁僚必须都加入新宪政党。

星亨

这个要求其实也是 1898 年 11 月山县有朋内阁与新宪政党合作的要求之一，不过山县有朋利用各种由头予以拖延，到这个节点，新宪政党不愿再等，于是提出一份最后通牒。不出意外，这封通牒遭到拒绝，山县有朋自认为已经完成自己应有的全部法律修改，甚至彻底封锁政党人士参与行政体系的机会，那么议会中是否有一个党派与自己合作，也便显得很无所谓，他甚至提出内阁使命已经完成，可以准备辞职。只不过，这一年由于清朝爆发义和团运动，日本出动军队参与镇压，于是山县有朋的任期也顺延到 1900 年 8 月底。

这种局势让新宪政党的成员好不郁闷，于是党派总代表星亨找到元老伊藤博文，希望他能够出任新宪政党党首，领导党派争取国会席位。

这一点恰好与伊藤博文不谋而合。从 1898 年下野开始，伊藤博文就在全国各地广泛联系人脉，试图成立一个崭新政党。看到新宪政党已经坚持不下去，伊藤博文顺势提出：自己本意是为矫正现有政党的宿弊，因而要组建新党，如果星亨有意，便要解散现有党派而加入伊藤博文领导的新党。

　　星亨答应了这个要求。于是 1900 年 9 月 15 日，伊藤博文的崭新政党——立宪政友会正式成立。该政党设立总裁一人，干事长一人，总务委员若干人，而且政党内部职位均由总裁决定，即所谓"总裁专制"。在总裁专制下，原本各政党的松散组织形式被打破，代之以强有力的党内管控，所有参选议员都必须遵守党的纪律，按照党的方针纲领进行投票。

　　从人员构成来看，政友会呈现出"藩阀"成员与"政党"成员各一半的情况：原本从属于伊藤博文派阀的议员、官僚与财界人士一百五十二人，而原本属于议会各民间政党的议员也为

伊东巳代治

一百五十二人，这个巧合的数字也凸显出政友会的实际组成是伊藤博文派阀与民间政党的一次联立合作。但也正因如此，政友会从成立伊始就存在两大派别，即出身官僚与财界的"吏僚派"与出身宪政党系统的"党人派"，两派人士在表面上一团和气，但事实上对许多问题的看法不一致，这也为政友会日后的内部纷争埋下隐患。

当然，由于伊藤博文出任政党总裁，所以政友会起码在名义上还是保持统一步调的。10月19日，伊藤博文第四次就任首相，内阁阁僚中除去外相加藤高明以及陆海相继续由军人出任外，全部由政友会人士出任，一直与伊藤博文关系不错的星亨也顺利出任递信大臣。

只不过，由于伊藤博文年届花甲（1841年生人），精力与能力都不复当初，所以立宪政友会与第四次伊藤博文内阁的内部运转也全然不同。其中最大的问题，就是伊藤博文与跟随其多年的股肱重将伊东巳代治渐行渐远。伊东巳代治是从1880年代便开始跟随伊藤博文定立明治宪法的重要人物，也在帝国议会开设初期的数年里四下奔走，为伊藤博文调停许多关系，也因而获得子爵之位。但在伊藤博文成立政友会之后，在党务方面更多要依仗新盟友星亨等人完成，这就让伊东巳代治的地位有所下降，也正因如此，这位参谋重臣从一开始就没有加入立宪政友会，也在很长一段时间里离开主流政治圈。

失去伊东巳代治的帮助，第四次伊藤博文内阁显得摇摇欲坠。首先是1900年11月，星亨因为涉嫌渎职事件而辞去职务，等于失去一臂；接着伊藤内阁再度为平定义和团运动及补充建造舰艇费用而提出增税法案，这项法案虽然在众议院获得通过，却遭到相当于上议院的贵族院反对。贵族院里面大量成员是伊藤博文曾经的盟友与亲信，遭到这些人反对，正说明这些昔日战友已经逐渐不把伊藤博文看作是自己的同僚，而是看作民间政党领袖。虽然伊藤博文依靠与明治天皇的关系，下诏禁止贵族院反对，但这也意味着他的内阁以后的提案难以获得贵族院的认可。

1901 年 4 月，大藏大臣渡边国武提出减少政府公债发行，引起内阁会议的纷争，于是 5 月 2 日，伊藤博文提出辞职。

看到老上司落魄，伊东巳代治在这一时期应邀多次拜访伊藤博文，商讨对策。但迎接他的伊藤博文似乎已经不是当年那个睿智无双的人物，而变得"优柔寡断依旧，朝令夕改，对左右的人几乎无不嫌弃"（5 月 2 日日记）；而且针对贵族院的盟友与亲信反对自己，伊藤博文也如同怨妇一样抱怨，"断言贵族院反对政府完全出于山县等人之阴谋，明言山县等人支持顽固说而终于不能与他融合，只差没有谩骂了"。

应该说，伊东巳代治看到的伊藤博文也代表整个元老阶层的实际状态。时值 1900 年前后，黑田清隆已经去世，原本的七大元老减员为六人，而这六人也基本都年届六旬（伊藤博文 1841，山县有朋 1838，井上馨 1836，松方正义 1835，大山岩 1842，西乡从道 1843），这些人普遍早年间历经戎马，中年又为文牍事务奔走，到晚年虽然脑力尚存，但心力却难以为继。所以在伊藤博文辞职以后，元老会议一度想邀请井上馨出任首相，却遭到坚决拒绝。于是乎，元老会议一致认为应该把首相位置传给明治维新以后成长起来的"第二世代"，这也就让 1848 年出生的陆军军人桂太郎正式接过衣钵。

而桂太郎在任期间，日本也完成三个重要的国际事件：与英国定立同盟条约，与俄罗斯打响日俄战争，最终吞并朝鲜半岛。

五、小结

伊藤博文与山县有朋，两人均是日本政界的最高等级人物，也可谓一时瑜亮。对于这两人的性格差异，当时与两人都有所接触的众议院议员尾崎行雄在晚年曾回忆道："伊藤（博文）公爵对人对物均无溺爱之心，对于官员，只要他认为此人对国家有用，他便放心大胆使用；而如发现此人无用，他便毫不留恋地把他辞掉……山县（有朋）公爵与井上（馨）侯爵与此不同，他们都宠爱心过强。特别是山县公爵，一经被他照顾，就一直照顾到死……结果，山县公爵制造了自己的私党，而伊藤公爵却没有制造私党。不能说有伊藤派，只能说有他的崇拜者。"

尾崎行雄还继续聊到二人的宅邸："在国事上，伊藤公爵虽十分细心周到，但在一身一家的私事上，他却粗疏磊落，满不在乎。他在大矶的沧浪阁，只是名称好听，不管是庭园，还是房屋，既不雅致，又缺匠心，极为粗糙。与此相反，山县公爵的椿山庄、古稀庵、无邻庵，无不富有雅趣，一石一木的选择和配置均丝毫不苟。"

某种意义上，伊藤博文与山县有朋的差异，本质上就是"扫天下者不扫一屋"与"不扫一屋何以扫天下"的矛盾。伊藤博文更像一个引路人，将所有有识之士纳入一张桌子前面好好商量，但他在细节事务方面的处理能力不那么强，也不甚懂得培养派系，这就让他虽然拥有宪法缔造者之名，却逐渐在政坛失势；山县有朋则几乎相反，他并不愿意与那么多人谈笑风生，而是更习惯于培养一些重要人物为己所用，继而让自己在年龄导致精力不足以后还能够继续维持对国家的控制权。两人并无对错之别，但两人性格的迥然不同也让明治末年的日本呈现出别样色彩。两人的争夺也一直延续到日英同盟的谈判过程中。

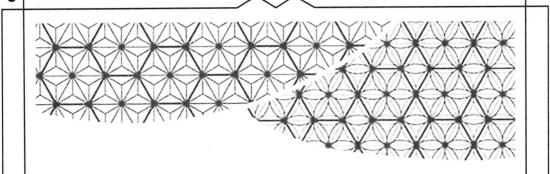

第六卷　日英同盟

义和团运动与日本国际地位的提升（1900—1903）

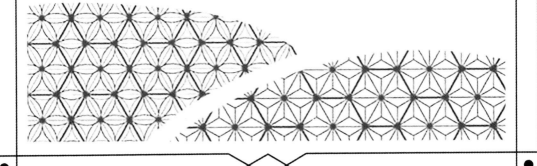

两甲子之前的"庚子国变"是每个中国人都非常熟悉的历史事件，《辛丑条约》的签订也是中国进入半殖民地半封建深渊的重要事件。不过需要注意，1900 年"庚子国变"中，虽然义和团运动与八国联军进犯北京为人熟知，但实际上当时遭到外国军队侵略的土地不仅有北京，中国东北地区也遭遇俄罗斯军队十万铁骑来袭，更有一小股日本军队通过台湾岛进犯厦门，这些行动让当时的清朝成为整个世界的关注重心。

　　对清朝局势最为关注的，便是大英与俄罗斯两个欧洲的庞大帝国。两大帝国分别通过海洋与陆地占据广袤的殖民地，而随着 19 世纪末期全球殖民地基本上都被瓜分完毕，英国与俄罗斯也形成两极对立：中东地区，英国支持奥斯曼帝国与俄罗斯帝国争夺黑海控制权，伊朗恺加王朝也受到英俄两国瓜分；俄罗斯占领中亚，英国将印度半岛划为殖民地，两者之间仅仅隔着一个相对独立的阿富汗作为缓冲带；至于中国大陆，英国的势力范围为长江流域与华南地区，而俄罗斯则盘踞在长城以北，双方甚至在渤海湾的旅顺口（俄租）与威海卫（英租）之间形成对峙，只有中间的华北平原可以作为双方在中国大陆的最后一道缓冲带。可以说，英俄两大帝国在 19 世纪末期已经在欧亚大陆的各个角落形成对立，而义和团运动恰恰是在英俄对立的关键时期爆发于双方的缓冲带华北平原，那么对于这场运动的镇压也就不免有着英俄两个超级大国的角力。

　　日本，也就以一种非常巧妙的方式融入纷繁复杂的国际局势之中，亦即所谓的"远东宪兵"。

一、"远东宪兵"：义和团运动爆发与日本出兵

　　应该说，义和团运动虽然初衷是反对教会势力，但进入 1900 年，靠着慈禧太后与部分驻防北京的清军支持，他们在 6 月包围北京使馆区东交民巷，杀害德国公使克林德与日本公使馆职员杉山彬。又到 6 月 21 日，慈禧太后正式向十一国宣战，这就让日本有了出兵的理由。不过一开始，第二次山县有朋内阁只是派遣两个大队的日本士兵前往天津，旨在与其他国家一道组成联军，接受英军的指挥。

　　但谁承想，这支拼凑英、法、俄、意、日五国陆战队的两千人联军在进军北京的过程中遇到很大阻碍。6 月 11 日，五国联军的先锋军队乘坐火车到达廊坊，却因为义和团及清军破坏铁路而不得不停车，下车休整过程中受到攻击不得不返回。之后 6 月 18 日，五国联军更是在天津杨村受到三千名清军甘军的围攻，直到后续俄罗斯军队前来援救才得以解围。两次进攻损失两百多人，也让主持五国联军的主将爱德华·西摩尔（Edward Seymour）中将不得不退却。

　　但英国没办法派遣大规模军队前往中国大陆。毕竟从 1899 年 10 月开始，英军与南非的白人政权德兰士瓦共和国、奥兰治自由邦打响第二次布尔战争。英国在这场战争中投入正规军二十五万、志愿军十一万、殖民地军三万、南非雇佣兵五万，总计四十四万，耗资 2.5 亿英镑。正因如此，英国把注意力都放在

八国联军进北京后的各国军队合影，左起：英、美、
澳、英属印度、德、法、俄、意、日

了南非，根本管不了远东。于是这一时期，英国必须找一位代理
人帮助他们镇压义和团运动。

这一时期，英国国内出现两种呼声，一种是将远东事务交给
俄罗斯处理，毕竟俄罗斯军队已经派遣数千军队驰援天津；但很
多人担心俄罗斯距离中国大陆又很近，很可能借机吞并中国东北
与华北地区，于是另一派人认为应该把平定远东的任务交给刚刚
兴起的日本处理。日本国力虽然已经得到振兴，但尚不如欧美国
家，不致对英国形成威胁，用来牵制俄罗斯刚刚好。于是 6 月 16
日，当英国收到日本外相青木周藏关于"愿意代替英国出兵维护
远东和平"的要求后，英国外交部在 23 日表示同意。很明显，
虽然是殖民时代的全球霸主，但随着时代发展，他们也逐渐无法
一手掌控所有事情，大英帝国的实力不足也为日英同盟的缔结打
下了良好基础。

接到英国邀请，山县有朋内阁立即在 7 月 9 日召开会议，提出有"地理之便"的日本，如在列强的援军开到之前把这次暴乱平息下去，这个功绩应基本上归于日本，"各国将永远感谢日本"。随后立即扩充广岛第五师团派往中国，加上之前已经派去的三千八百人警备队，在华总兵力达二万二千人。之后八国联军进攻北京的过程中，日军数量一直是最多的，在作战中也起到主力军队的作用。最终 8 月 14 日，八国联军占领北京，慈禧太后与光绪皇帝逃往西安。

靠着日本这个"远东宪兵"的帮助，英国最终没太出力便解决了义和团运动带来的危机。但与此同时，他们也非常警惕同一时期日本的其他行动。

1900 年 4 月，日本驻台湾总督府民政长官后藤新平私下来到福州，要求"（日本）驻厦门福州领事兼任台湾事务官，由台湾总督府派出幕僚……在领事管辖下处理台福事务"。 这一点其实少许违反日本中央官僚体系的管辖范围。台湾总督府属于主管地方工作的内务省管辖，而日本驻福州、厦门领事馆等驻外使领馆均应直接听从外务省管辖，但为了更好侵略福建利权，日本内相西乡从道、外相青木周藏进行沟通，外务省于 8 月 17 日甚至向日本驻上海、香港领事馆发布通知，要求涉及台湾与华南地区事项在报告外务省的同时也一并报告台湾总督府。如此一来，福州、厦门等地日本人就与不远处的台湾总督府通同一气，帮助台湾总督府直接"经营"福建地区事务。

8 月 24 日，日本驻厦门领事馆偷偷派人烧毁日本佛教团体东本愿寺在厦门的据点，随后声称是中国人所为，派遣海军陆战队登陆占领厦门炮台；26 日，陆战队进入厦门街巷地区；27 号，儿玉源太郎准备派遣一个大队前往福建，这意味着日本眼看就要控制整个厦门。

但厦门是华南重要港口，虽然不在英国主要势力范围长江流域与珠江流域，但与这两个地区也有着重要联系，日本入侵厦门让英国人嗅到一丝危险的气息。于是8月29日，英国驻日本公使馆垂询日本外相青木周藏，询问厦门事件。日本首相山县有朋非常敏感，在30日责问中下层军官，并最终在9月7日撤出所有军队。

其实事件之前的8月20日，山县有朋便向内阁提交所谓《北清事变（义和团运动）善后策》，同时提出"北方经营"与"南方经营"两个方针，北方自然是指朝鲜半岛及辽东半岛，南方则是"应在福建之外，进一步将浙江纳入我国势力区域……其界限应及于江西，或连亘浙江及江西之一部"，这就意味着日本确实想要通过福建染指英国在长江一带的势力范围。由于"欲将朝鲜纳入我国势力区域，必须先有对俄开战决心"，为了避免立即与俄罗斯开战，日本才选择南下谋取福建。

1900年的日本驻台湾总督儿玉源太郎，也是厦门事件的主要支持者，日后他也成为日俄战争的重要人物

然而问题在于，英国明显不希望日本染指福建，开展所谓"南方经营"，于是这起"厦门事件"也成为日本选取"北方经营"还是"南方经营"的突破口：既然日本希望在未来与英国结交，那么"南方经营"的战略自然就不能实行；但与之相对，"北方经营"却更容易获得英国的支持，这也促使日本改道北上。

当然，更重要的是，这一时期俄罗斯军队对于中国东北的侵占已经威胁到日本与英国的利益，这也逼迫两国认真考虑如何与俄罗斯抗衡。

二、冰天雪地：俄罗斯入侵东北与日英两国的反应

义和团运动中，俄罗斯不仅派遣军队从天津登陆参加八国联军，更单独出兵入侵中国东北。7月14日，俄罗斯军舰炮轰黑河，与黑龙江流域巡航的清军炮舰对峙，双方开战。而从7月15日开始，俄军最精锐的哥萨克骑兵大举进攻黑河，实力不济的清军只好撤退，随后俄军兵分五路进攻东北，总数达十六万人。到10月2日，东北地区最大城市奉天陷落，中国东北地区彻底遭到十七万三千俄罗斯军队把持。

在出兵过程中的7月19日，俄罗斯驻日公使伊兹沃利斯基向日本提议划定两国在朝鲜半岛的势力范围。俄罗斯希望借助俄军出兵中国东北的优势局面，逼迫日本进一步让渡出朝鲜半岛的权益。为了对抗俄罗斯的压力，日本军舰常磐、高砂进驻朝鲜半岛重要港口仁川。于是7月23日，当俄罗斯驻朝公使巴甫洛夫见到韩皇李熙，提出一旦义和团运动的战火延伸到朝鲜半岛"俄国会派遣与日本国同数之兵员至汉城"，李熙立刻明确表态"不认为有派遣之必要"，这意味着俄罗斯的提案在朝鲜半岛也受到阻碍。

对于俄军在中国东北的侵略活动，9 月 28 日，东亚同文会创建者、贵族院议长近卫笃麿找到东京帝国大学法学部教授户水宽人、富井政章等五名教授汇总撰写一份建议书，面呈首相山县有朋。这份建议书明确提出俄罗斯"占领满洲与辽东……绝非帝国所能同意，不可不从速解决东洋祸乱之动机朝鲜问题"，希望日本能够"与帝国利害一致之国相互支持，锐意行事"。在这里的所谓"利害一致之国"，已经是非常明确地指代英国了。不过该事件应如何了结，日本首相山县有朋与外相青木周藏却出现矛盾，前者希望稳妥处事，与俄罗斯商讨朝鲜半岛势力范围问题，而后者却不愿意出让朝鲜半岛的一寸土地给俄罗斯。这也让第二次山县有朋内阁在 9 月底辞职。

面对日本国内政局的变动，俄罗斯转换策略，在 1901 年 1 月 7 日提出所谓"朝鲜半岛中立化"的建议，要求在英美等主要欧美国家的监督下保证"中立化"。日本外相加藤高明在 1 月 23 日提出一个崭新提案，那就是为了保证"朝鲜半岛中立化"，俄罗斯首先要从中国东北地区撤军，否则驻军很可能分分钟跨河进犯朝鲜半岛，那么"中立化"就无法得以保证。于是这一轮"中立化"谈判就只能不了了之，俄罗斯重新把目光投向与清朝的谈判。

早在 1900 年 10 月 8 日，即俄军占领奉天之后不久，盛京将军增祺与俄罗斯帝国关东州司令叶夫根尼·伊万诺维奇·阿列克谢耶夫（Евге́ний Ива́нович Алексе́ев）展开谈判，慑于俄军强大，增祺不敢反抗，只能在 11 月 8 日与俄军签订密约《奉天交地暂且章程》，允许俄军以"为确保在建铁路（中东铁路）的安全与盛京将军辖地、奉天及其他据点的秩序"的名义驻扎于中国东北，增祺作为盛京将军则"必须对俄军表示完全的敬意"，"给予必要的支援"。随后 1901 年 2 月 16 日，俄罗斯抢在八国联军的其

朝鲜王国第二十六代国王李熙，后改称大韩帝国皇帝

他成员之前，率先对清朝提出十二条议案，要求正式让渡中国东北的权益。如果清朝接受这份议案，那么俄罗斯就不需要再顾及日本的看法，而是可以直接将占领中国东北的行为合法化，继而继续蚕食朝鲜半岛。

　　为了提醒本国政府注意。1901年1月3日，英国《泰晤士报》北京特派员乔治·莫理循（George Morrison）发表《俄罗斯与中国：满洲协定》一文，对阿列克谢耶夫与增祺之间达成的密约进行报道，并在一定程度上夸大了密约内容，以引起英国警觉。而在俄罗斯单独向清朝提出十二条议案后，莫理循再度于2月28日发表文章，提醒英国政府内部对于联合日本仍有顾忌的政治家早日放弃与俄罗斯谈判，而是要尽快联合日本，反对俄罗斯在远东扩大势力范围。最终英国联络其他国家政府，迫使俄罗斯停止与清朝的单独谈判，而是改为欧美日列强与清朝进行共同谈判，这也就有了1901年的《辛丑条约》。

莫理循

　　不过俄军仍然盘踞在中国东北，也引得日本大为不满。3月24日，日本政府对俄罗斯提出抗议，认为俄罗斯与清朝的协议已经"超过适当范围俄国在满洲历来具有权利的必要范围"，"破坏目前东洋之均势"，要求俄罗斯将关于中国东北的占领事宜提交到"在北京之各国代表会议"。这个要求明显是对日本1895年俄罗斯提出的"三国干涉还辽"进行报复，所以俄罗斯外相弗拉基米尔·尼古拉耶维奇·拉姆斯道夫（Влади́мир Никола́евич Ла́мсдорф）迅速反对，认为中国东北的驻军事宜属于"两个独立国家之谈判"，不应受到其他国家干涉。4月6日，日本对拉姆斯道夫的回应"表示遗憾与难以同意"，这促使日本与俄罗斯两方在1901年直接走入僵局。

　　面对来势汹汹的俄罗斯，英国本想依靠德国维持大体和平，并在1900年10月6日与德国签订《扬子江条约》，双方约定保持两国在华的"利益与现行条约的权利"，共同对抗"其他国家"（暗指俄罗斯）在远东的扩张侵略。但由于德国在这一时期逐

1904 年日本漫画中的拟人化世界格局图，俄罗斯帝国被比喻为章鱼，生动描绘出一支"章鱼须"穿过中国东北直抵旅顺口，暗示中东铁路的存在。此外，图中把新疆、西藏均绘制为独立国家势力，显示出日本帝国很早就有分裂中国的野心

渐以英国为假想敌，并不希望与俄罗斯对立，所以在 1901 年 3 月 15 日，德国外交部宣布《扬子江协定》不适用于"满洲"，也就是说德国不会反对俄罗斯驻军中国东北事宜。由于南非的布尔战争一直到 1902 年 5 月才宣告结束，所以无暇东顾的英国也不得不考虑与日本结为同盟，以共同约束俄罗斯在中国东北的侵略行动。

无独有偶，4 月 24 日，元老山县有朋向首相伊藤博文提出《东洋同盟论》："我国与俄国关系虽然未至甚大之破裂，但早晚不免酿成一大冲突……要是想避免冲突、阻止战争，唯一方法是从列强中找到反对俄国南下的国家。尽快试探英国并与之结盟是明智之选，这份盟约会给予日本在韩国（朝鲜半岛）的自由行动权。"

虽然这份同盟论之中同时提及英国与德国，但这是因为彼时德国驻英公使首先提出"德英日三国同盟"，不过也在 4 月 24 日，英国外相五世兰斯顿侯爵（5th Marquess of Lansdowne）抛开德国，单独与日本驻英国公使林董接洽，提出将三国同盟"德英日三国同盟"改为日英两国同盟，同盟谈判正式开启。

　　但问题在于，山县有朋的"日英同盟论"却遭到伊藤博文的反对，日本也进而在 1901 年下半年出现两条外交路线的争斗，即伊藤博文"对俄谈判论"与山县有朋的"日英同盟论"之争。

三、同盟？妥协？两大权臣的外交路线对抗

　　如前所述，1901 年前后伊藤博文的精神状态并不好，不仅在私下里对山县有朋等政敌恶语相向，更与他旧日盟友日渐疏远。于是 6 月 2 日，日本首相职位交给明治维新后的"第二世代"人物桂太郎，由于桂太郎是山县有朋派阀的关键人物，他的就任也在事实上意味着伊藤博文逐步失去对于政权的把控。

　　伊藤博文着实希望实现自己的设想，起码先与俄罗斯进行私下沟通。然而在 1900 年政友会成立前后，伊藤博文扔掉许多旧日盟友，试图打造自己政党首脑的新形象，这固然让他在后世享有美名，却也让他当时手下几乎无人可用。于是 9 月 18 日，伊藤博文借口美国康奈尔大学邀请演讲，决定从美国迂回至法国巴黎，再以元老身分亲自赴俄谈判。

　　出于对伊藤博文元老身分的尊重，包括山县有朋在内的其他元老并没有阻止，反而是为伊藤博文出国开了绿灯。一来伊藤博文拥有较强的外交能力，如果能在对俄谈判中取得突破并不是什么坏事；二来山县有朋派系已经形成强有力的基础，吸引众多人才来投，日英同盟以非常快的速度推进。

林董

　　9月21日，日本内阁更换小村寿太郎为外相，这位因为个子很矮而被讥讽为"老鼠公使"的外交官曾经在甲午战争前夕担任日本驻华公使，在北京一手主导对清朝开战事宜，拥有很强的外交手腕。从根子上说，小村寿太郎其实是伊藤博文的得意门生、甲午战争时期的日本外相陆奥宗光的门生，但在这个时候他却坦然接受外相一职，也从侧面说明伊藤博文的权势有所下降。10月8日，小村寿太郎任命日本驻英公使林董为全权谈判代表，具体负责日英同盟事宜；10月16日，林董与英国外相兰斯敦的谈判正式开始。

　　但是，日英同盟也不是毫无问题。事实上11月6日英国提出同盟第一次草案后，里面就存在一个关键问题：英国虽然愿意与日本缔结盟约，但他们并不愿意直接卷入两国战争中，因而在草案里面并没有提到日本最重视的利益，亦即认可日本对朝鲜半岛权益的"独占权"。所谓"独占"即是垄断之意，日本正是因为无法从俄罗斯获得认可，才会想到寻求英国的认可；但如今英国并没有主动提出相关建议，这也让整个日本政坛有些警惕。

林董更是如此。他拿到文书并电报日本外务省后，外相小村寿太郎立刻命令他启程前往巴黎，与刚刚从美国渡海抵达的伊藤博文会面，并从 11 月 14 日开始商谈四天。伊藤博文非常惊讶，他离开日本不到两个月，日英同盟居然都出了草案，再这么下去，不等和俄罗斯谈完，日英同盟恐怕就要达成了。但既然日英谈判有点小问题，那么他继续与俄罗斯谈判就是有希望的事情。于是伊藤博文抽空给日本政府发了电报，要求"余自此将立即去往俄都……希望给英国政府的最终回答能延展至彼时"。

11 月 25 日伊藤博文抵达圣彼得堡，并在 11 月 28 日拜会俄皇尼古拉二世。到达俄罗斯后，首相桂太郎迅速给伊藤博文发电，提出日本与英国的同盟乃处于"不可延迟之情势"，所以希望伊藤博文与俄方交涉"止于谈话上的意见交换"，以免干扰日英谈判大局。在这一时刻，伊藤博文似乎真的体会到缺乏"第二世代"

尼古拉二世

的继承者是何种无力回天之感，于是在拜会俄皇当日就给留守国内的盟友井上馨发电："除适应政府之意见外，别无他策"，这象征着伊藤博文在这个时点就已经默许签署日英同盟，而这也意味着伊藤博文在俄罗斯的任何谈判举动都已然无效。

但是，伊藤博文还是认为应该不虚此行，便在 12 月 2 日与俄罗斯外交大臣拉姆斯道夫会面，试探俄方的谈判条件。从一番交谈中，可以发现日俄两方围绕中国东北、朝鲜半岛两方的认知存在明显差异：日本认为俄军只要占领中国东北就会威胁朝鲜半岛，只要威胁朝鲜半岛就会威胁日本本土的独立，况且日本为了朝鲜半岛权益而拼尽全力战胜清朝，俄罗斯的半道杀出自然会引开日本舆论的仇恨；但俄罗斯却难以配合理解日本这种一厢情愿的"滑坡思维"，他们反而指出日本反复要求世界各国认可日本在朝鲜半岛的"自由行动权"，这反而会威胁到朝鲜半岛的独立性，与日本（起码在名义上）一直倡导的"朝鲜独立"思路严重不符。

俄罗斯外相拉姆斯道夫

　　某种意义上说，伊藤博文与拉姆斯道夫实际上都缺乏对于对方语言逻辑的理解。日本语可以看作一种表达感情的语言，那么无论是叫嚷着"朝鲜独立"还是让俄军从中国东北退兵，其想表达的核心思想都是不希望受到俄罗斯的军事威胁；但包括俄语在内的印欧语系当然无法接受这种感情化表态，如果坚持"朝鲜独立"，那就应该坚持朝鲜半岛中立化，或是日俄双方划定一条界线，至于中国东北的驻军则完全是另一回事。这种思维上的冲突让双方难以互相理解。

　　当然也不是完全理解不了。随后 12 月 3 日，伊藤博文与俄罗斯财相维特会面，伊藤博文提出如果俄方愿意让渡全部朝鲜半岛的权益，日本可以遵守三条主要原则：尊重李氏朝鲜独立、朝鲜半岛不用于军事目的、朝鲜半岛沿岸不修建任何军事设施，这很明显是伊藤博文在日本控制朝鲜半岛这一根本目的的基础上进行让步。由于伊藤博文与维特是两国的鸽派人物，都希望能与对方国家维持和平而不陷入战争，维特个人认为这三项条件可以接受，于是 12 月 4 日，伊藤博文基于三项原则给拉姆斯道夫修书一封，请求同意。

　　但有别于维特，拉姆斯道夫依然不认为伊藤博文的让步有什么意义。他认为这份协定或许可以让日本舆论趋于平静，但反过来却可能让俄罗斯的反日舆论高涨起来。于是乎，伊藤博文与俄罗斯要员的私下会谈没有收到实质成效，但双方起码都开始明白：在当时的国际环境下，能满足日俄任何一方的协议很可能都会以损害对方为代价，那么如此一来，就必须有更强大的外力来影响谈判。

　　12 月 6 日，伊藤博文来到柏林，见到日本驻英公使馆的特使，了解到日英同盟的进展飞速，他又一次发电表达"缔结日英同盟一事延迟至确认能否与俄国达成协定之后较为妥当"。只不过，这封电报直到 12 月 8 日才送到东京，而前一天的 12 月 7 日，日本元老会议已经决定与英国结盟，这就让伊藤博文的反对无效。

四、缔结同盟：一个限制战争扩大化的军事同盟

有趣的是，虽然在俄罗斯面前，日本反复要求获得朝鲜半岛的"独占权"，但面对英国，日本却并没有坚持这一点。

针对英国提出的结盟草案，日本在 11 月 28 日确定修正案，其中没有提到日本是不是应该在朝鲜半岛拥有何种权益，只是提到日本与英国均应"维持韩国不被任何外国吞并，防止占领其领土之一部"。很明显，与俄罗斯的谈判是一种针尖对麦芒的对抗，我之得利便是彼之损失，但与英国便全然不是如此。英国既然无暇顾及远东局势，那么也就不会对朝鲜半岛提出利益要求，而且既然俄罗斯是日本与英国两国的共同潜在敌人，那么日本也只需要先提出"共同保护"朝鲜半岛，那么权益的事可以通过后续条约加以确定。

12 月 7 日，桂太郎邀请留守日本国内的四位元老（山县有朋、松方正义、西乡从道、井上馨）来到私宅召开会议，商讨日英同盟修正案是否妥当。会议一开始，外相小村寿太郎发言，力陈日俄妥协的问题与日英同盟的利处："俄之侵略主义终究不满足于此（指中国东北），期进一步置支那全国于其势力下，故与俄国之协约原本就不足以永久维持和平"；与英国结盟则可以"（一）恒久维持东洋和平，（二）无须担心遭受列国非难，（三）增进我国在清国之势力，（四）有利于韩国问题之解决，（五）可得财政上之方便利益（指获得英国的财政支持），（六）通商有诸多利益，（七）保持与俄国海军力量之平衡"。

小村寿太郎此言一出，局势完全倒向日英同盟论，伊藤博文

小村寿太郎

的盟友井上馨看风头不妙，也就没有继续坚持。于是 12 月 9 日，这份日英同盟修正案正式成为日本政府案，并在 12 日全文传送英国。随后日英双方又在 1902 年 1 月进行一次重大修改，英国决定在文中加入"鉴于日本国……在韩国之政治上与商业上具有特别程度之利益"一句，在一定程度上承认日本对朝鲜半岛的特别利权，自然更让日本喜出望外。于是 1 月 28 日，日本驻英公使林董在伦敦与英国签署同盟条约，全文共六条：

（一）两缔约国互相承认中国（日语版称"清国"）、朝鲜（日语版称"韩国"）独立，声明在上述两国无侵略意图。然而鉴于两缔约国在清、韩两国均有利益：其中大不列颠国主要利益在清国、日本国主要利益不仅在清国，还在韩国政治、商业、工业方面拥有特殊利益。故若两缔约国受各国侵略行为；或因清国或韩国发生为了保护两缔约国臣民的生命财产而需要干涉的骚乱，而受到侵犯时，两缔约国承认，各自为了维护上述利益，可采取必要措施。

（二）若日本国或大不列颠国一方，为了防护上述各自利益而同各国开启战端时，另一方缔约国应保持严正中立，并努力防止他国与其同盟国交战。

（三）上述情况下，若其他一国或数国加入对该同盟国交战时，另一缔约国应予以援助并协同作战，讲和时也应在与该同盟国相互一致的基础上进行。

（四）两缔约国规定，各自不进行不与另一方协议而同他国缔约有害上述利益的其他条约。

（五）日本国和大不列颠国在认为上述利益受到威胁时，两国政府应该充分而无隔阂地通知。

（六）本条约自签订之日起，立即实施，五年内有效。若五年终了的十二个月以前，缔约国任何一方均未通知本条约作废时，则在缔约国一方表示本条约废止之日起，一年内继续有效。但至上述终了日期，若同盟国一方正处于交战状态，本同盟至讲和终了以前依然有效。

应该说，历史上军事同盟成百上千，有的为了共同攻守，有的为了国际竞争，日英同盟却非常奇怪——为了限制战争扩大化。日英同盟条约第二条写得很清楚，如果日俄开战，英国只需要保持中立就行，但如果第三国加入，英国就需要加入。如此看来，英国目光非常长远，不止考虑到俄罗斯本身的参与，也考虑到同一时期存在的俄法同盟。

如今日俄冲突日趋激烈，开战可能性很高。但真打起仗来，日本单挑俄国必然非常困难，要是法国再发动俄法同盟插一脚，日本不可能取胜。一旦日本失利，英国就会失去最后一个制衡俄国远东战略的棋子。考虑到在整个东亚，俄罗斯势力在中国东北，法国势力在广西地区，一旦日本失利，那么俄法同盟就会把英国的势力范围，即长江与珠江流域夹在中间，形成非常麻烦的事态。

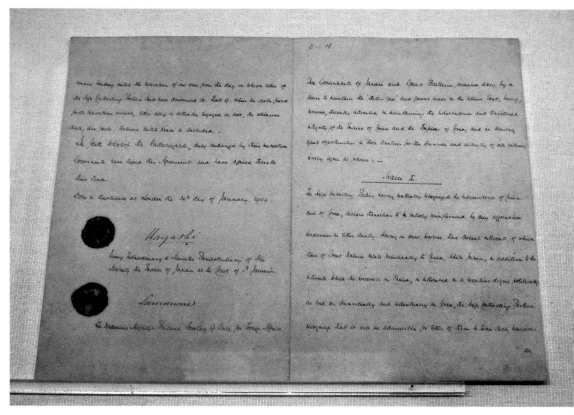

1902 年的日英同盟条约

所以限制战争扩大化是非常关键的。

但与此同时，英国也不能太激进。现在这个时点，日俄两国开战几率很大，一旦英国与日本签署攻守同盟，那也必须在日俄宣战以后向俄罗斯宣战，如此一来俄法同盟就必然会启动，那么在欧洲，英国就要立刻面对法国的进攻，而对英国有一定敌意的德国会加入哪边还未可知，这自然不符合英国的利益。所以有趣的是，在 1904 年 2 月日俄两国真的互相宣战后，政治上接受俄罗斯指导的门的内格罗公国（黑山公国）也对日本下达宣战国书，但由于这个巴尔干半岛的小国完全不可能对战争局势有任何影响，所以无论日本还是英国都假装不知道，以防英国真的被卷入到战争之中。

很明显，英国走了折中道路：如果日俄开战，我保持中立，如果法国加入，我就帮忙——这固然无法阻止日俄开战，却能有效阻止法国加入战争。日俄之战只会局限于远东，不会波及欧洲。通过日英同盟，英国虽然没能阻止日本与俄罗斯进入战争状态，却有效地限制了战争扩大化。

通过与英国结盟，日本的确获得巨大的军事支持。1902 年 8 月 7 日与 8 日，日本与英国陆海军联合会议商定关于共同作战与情报共享的协定，两份协定也在 1903 年初正式获得英国国王与日本天皇的批准此时英国国王非女王，系爱德华七世国王。日后日俄战争期间，英国在全球各殖民地建立起来的通信网络为日方源源不断输送情报，也成为日本军队准确判断俄方行动、取得胜利的关键要素。

五、日俄谈判：围绕东北撤军的交涉与妥协

日英同盟的效果可谓立竿见影。1902 年 4 月 8 日，俄罗斯与清朝签订东三省撤兵协定，约定俄军分为三个步骤撤出中国东北：首先在当年 10 月 8 日前撤出盛京将军辖地辽河地区（除奉天府），1903 年 4 月 8 日前全面撤出盛京将军辖地与吉林将军辖地，1903 年 10 月 8 日前撤出黑龙江将军辖地。

看到俄国从中国东北制定撤军计划，日本人不禁有些轻松，如果真能撤军，那中国东北、朝鲜半岛的局势就能回到 1900 年以前。靠着日英同盟的支持，日本想必会在接下来的谈判中占据优势，那么夺取朝鲜半岛的"独占权"便八九不离十了。事实上 1902 年 4 月 25 日，日本民间成立的反对俄罗斯出兵中国东北的"国民同盟会"宣布解散，领头人近卫笃麿发表演讲："日英协约明确约定保全清韩两国之独立，即现在终于见到满洲问题之完全解决。"很明显日英同盟与俄罗斯的撤军行动让日本一直以来高涨的民间舆论情绪得以缓解。

别佐布拉佐夫

　　为了保证当年撤军行动如期进行，维特在 9 月前往远东视察，在旅顺口、符拉迪沃斯托克等地对当地俄军将领开展大量工作，最终 10 月 8 号，占领辽河地区的俄军如约撤退。但就在维特视察远东期间，俄罗斯中央政府却对财政部进行一个小幅度的改革，即把财政部商船局独立处理，成立新的中央商船商港管理局，等于是趁着维特不在圣彼得堡的时期削弱了他的权力。

　　事实上对于出兵中国东北一事，俄皇尼古拉二世可谓全力支持，因为俄罗斯中央政府对远东地区的控制力太弱，如果能继续维持出兵，进一步控制远东不再是个梦想。所以对他而言，维特从中国东北撤军的设想简直不可理喻，但鉴于维特在政府内权力不小，于是尼古拉二世也想出一个新招，在 12 月底派遣身边的近卫骑兵大尉亚历山大·米哈伊洛维奇·别佐布拉佐夫（ Александр

Михайлович Безобразов）前往远东调查，考察修筑军事基地的可行性，还给他二百万卢布作为经费。回国后，别佐布拉佐夫提出一个崭新设想，即在鸭绿江附近建立木材公司，以便未来继续给公司配备军队。

这个举动极富导向性，也影响到了军方高层。1903 年 2 月中旬，陆相阿列克谢·尼古拉耶维奇·库罗帕特金（Алексей Николаевич Куропаткин）上奏：第二次撤军时日（4 月 8 日）已近，但俄军不能再撤，否则中东铁路根本保护不了。在尼古拉二世默许之下，俄军在 4 月 8 日不但没有撤军，反而在 4 月 18 日继续向清朝提出七条要求，主要内容有"满洲利权不能让与他国""不经俄国同意不能在满洲建港口"等霸道提案。日本得知消息迅速联系英美等国，联合抗议俄罗斯七条新要求。4 月 27 号，清廷也再一次拒绝俄国。

俄国强硬派干劲却未受打击。5 月上旬，关东州总督阿列克谢耶夫为了保护住自身利益，也派兵来到鸭绿江附近，开始建设军事基地；5 月 19 号，尼古拉二世提拔别佐布拉佐夫做宫廷顾问，维特实力进一步受到架空。

针对俄罗斯咄咄逼人的态势，1903 年 4 月 21 日，政友会党首伊藤博文、首相桂太郎、外相小村寿太郎齐聚山县有朋的京都私宅无邻庵，商讨对俄政策，四人在会议上基本确认"满韩交换论"：只要俄罗斯愿意承认日本统辖朝鲜半岛，日本可以把中国东北的权益让渡给俄罗斯。虽然伊藤博文与山县有朋先前围绕日英同盟、日俄协约孰先孰后有所分歧，但从日英同盟达成以后，对俄谈判事实上成为山县有朋与伊藤博文两大派阀的共同目标，那么双方确实也不需要有什么分歧。

6 月 14 日，俄国陆军大臣库罗帕特金访问日本，与日本军政要员展开数日谈论。面对桂太郎询问，库罗帕特金发言："我们修西伯利亚铁路，既是为联络远东、太平洋，也是为开垦西伯利亚不毛之地。后来修中东铁路，又加上一条南部支线，其实是要修旅顺军港。我本人反对修这条支线，但事到如今又能如何？西伯利亚铁路花了十三亿卢布，光利息就已经头疼不已，如果有意和平解决问题，不如把西伯利亚铁路、中东铁路的问题排除在外。"

　　库罗帕特金这番话其实意味深长。一方面尼古拉二世与各路激进派希望日本不再纠缠中国东北、朝鲜半岛利益，另一方面维特等妥协派又不希望对日开战。从派系上说，库罗帕特金与维特不睦，但从军人角度来讲，他在考察远东地形时意识到一旦发生战争，俄罗斯必然进入防守战态势，那么这必然会让俄军处于劣势。事实上在随后的日俄陆战中，日本正是迅速切断金州半岛与奉天一带联系，先是攻克旅顺，然后全军北上压缩俄军势力范围。

　　6月23日，桂太郎似乎明白了库罗帕特金的想法，便在御前

库罗帕特金

会议上力主日俄妥协论，最终形成国策。随后在 7 月初，库罗帕特金来到旅顺港，与正在这里的阿列克谢耶夫、别佐布拉佐夫两人聚在一起，十天内召开数次会议，确定三点远东事务谈判原则：（1）中国东北、朝鲜半岛两地不再同等重要，俄罗斯在鸭绿江附近以商业活动为主；（2）从中国东北撤军一事另行商议，目前占领地军队增加二十二个大队；（3）为了孤立日本，允许清朝向国际社会开放除哈尔滨外的中国东北各大城市。

时间发展到这里，日本与俄罗斯之间的和谈大门似乎重启，但在正式开启谈判前，日本却把鸽派人物伊藤博文封锁起来，他被迫在 7 月 13 日辞去政友会总裁职位，前去担任日本最高立法咨询机构枢密院议长，这个机构并不经常开会，所以伊藤博文的行动遭到元老阶层的封锁。某种意义上，这也预示着 1903 年的日俄谈判将会以失败告终。

六、谈判破裂：为什么日本与俄罗斯难以互信？

很有趣，从表面上看，日本与俄罗斯之间确实都想要谈判，两国各路人马，无论官方还是私下的表态都是"做好战争准备，但追求和平"，这让人非常疑惑，如果双方真是完全不想发生战争，那为什么又会在 1903 年的谈判中谈崩，最终在 1904—1905 年进入日俄战争呢？

还是要从双方谈判的起始阶段入手来分析。稍早一点的 8 月3 日，日本外相小村寿太郎向驻俄公使栗野慎一郎下达六条谈判原则，两天后，俄罗斯外相拉姆斯道夫回复"皇帝允许开始谈判"，这意味着日俄谈判正式开启。于是 8 月 12 日，日本正式把谈判草案交给俄罗斯，这份草案里面已经没有伊藤博文曾经提出的"朝鲜半岛不用于军事用途"这种说法，而是要求俄罗斯单方面认可

俄罗斯驻日公使罗森

"日本在韩国的优势利益"，但日本只承认"俄国经营满洲铁路的特殊利益"。应该说，这份提案根本上也违背了日本元老会议的"满韩交换论"，日本政府事实上想付出更少代价攫取更多利益。

　　然而这份提案提出后，俄罗斯却在近两个月的时间里全无回应。事实上就在8月12日当天，俄罗斯在旅顺开设远东总督府，任命阿列克谢耶夫为第一代总督，这意味着阿穆尔州（阿穆尔为黑龙江的俄语名称）与关东州的民政权力全部归属阿列克谢耶夫，包括中东铁路在内的远东政务不再归属财政部管辖。这个命令是由俄皇尼古拉二世直接下达的，没有与各部大臣商议，甚至也没有考虑阿列克谢耶夫本人的意见，所以财相维特、陆相库罗帕特金都是在政府公报上面看到消息，这也让这两位不想挑起战争之人备受打击。随后8月29日，维特"晋升"为大臣会议议长，这个职位名高权低，这等于是明升暗降，维特在得知这一消息后也愤怒地咒骂俄皇尼古拉二世。

　　俄罗斯中央政府发生如此重大的变故，很大程度上拖缓了日

俄罗斯远东总督阿列克谢耶夫

俄谈判步伐。直到 8 月 23 日，外相拉姆斯道夫才再度会见日本公使栗野慎一郎，提出远东总督职位已经设立，所以谈判本身也需要参考阿列克谢耶夫的意见，希望将谈判地点从圣彼得堡转移到东京。表面上看，这是俄罗斯外交部把责任推给远东总督，但事实上，如果谈判地点转移到东京，由于日本不可能接受阿列克谢耶夫频繁入境日本，那么左右谈判之人就是俄罗斯驻日本公使罗森，而罗森本身又可以直接与拉姆斯道夫进行直接联络，那么这就相当于保证俄罗斯的每一份谈判要求都是外交部来策划，不至于让俄皇眼前的红人别佐布拉佐夫插手。

　　但日本无法理解这个变化，他们只能从表面理解到：俄罗斯外交部已经不再掌管谈判，坐在自己面前的俄罗斯公使罗森只是俄皇尼古拉二世直接授权的远东总督阿列克谢耶夫的傀儡，那么俄罗斯完全可以一方面策划与日本军队开战，一方面用罗森与阿列克谢耶夫糊弄日本政府。日本虽然在 9 月初接受临阵更换谈判地点与谈判人员，但从谈判一开始，日本外交官就对俄罗斯抱有不信任感。

　　更关键的是，拉姆斯道夫、阿列克谢耶夫、罗森三人之间分别处于圣彼得堡、旅顺、东京三个城市，沟通成本陡然提升。事实上围绕谈判的基础条件，想法只有细微不同的拉姆斯道夫与罗森之间就进行过三轮沟通，分别发生在 1903 年 8 月 28 日（拉姆斯道夫发）、8 月 29 日（罗森发）、9 月 6 日（拉姆斯道夫发）；而想法大相径庭的罗森与阿列克谢耶夫更是用了 9 月前半个月的时间扯皮。虽然 9 月 22 日，罗森接受俄皇命令来到旅顺与阿列克谢耶夫联络并统一意见，但如此一来，俄国就等于是耗费近两个月的时间制定对日谈判原则。

　　要知道，在 1903 年这个节骨眼儿，除了政治家在思考，日本军部也在提意见。军部认为随着时间流逝，俄国会在远东大量屯兵，尤其是中东铁路已经在 1903 年 7 月通车，西伯利亚铁路也会在 1904 年内竣工，一旦拖下去，局势对俄国有利，那么他们认为必须"早期对俄开战"。如此一来，俄罗斯方面迟迟不回复，更让日本外务省受到军部的巨大压力。

　　10 月 3 日，罗森终于把俄方回复交给日本外务省（俄国第一次提案）。针对日本提出"俄国承认日本在韩国的优势（superiority）利益"，俄国改为"优越（advantage）利益"，无形中降低了日本要求。另外俄罗斯基于 1901 年伊藤博文曾提出的谈判请求，提出"日本不得将韩国领土用于军事目的、不得建立军事设施""北纬 39 度以北的韩国领土为中立地带""满洲及沿海不属于日本势力范围"等条款。这些条款都是伊藤博文在日英同盟之前提出的，旨在缓和日俄矛盾以不需要签订日英同盟；但如今日英同盟已经签署，国际局势发生很大变化，但俄罗斯还是提出伊藤博文彼时彼刻的提案，这就让日本外务省不免认为俄罗斯是在想方设法拖延时间。

　　于是日本以最快速度进行修改，10 月 14 日日本便将己方的第二次提案交给罗森。文中，日本原则上同意"优势"改"优越"，同时可以不在朝鲜半岛修筑军事设施；但对于中立地带，日本提出中韩交界处前后各五十公里；针对俄国在"满洲"利益，日本提出俄罗斯与清朝之间可以签订条约，但不得对日本商业、居民在"满洲"的权益造成损害。10 月 30 日，小村寿太郎在日本元老与英国驻日公使的建议下对这份提案进行补充。

　　但就在谈判过程中，远东总督阿列克谢耶夫认为日方第二次提案"对日本有利"，"在此之上的修改无论如何也不可能了"，于是在 10 月 28 日派遣军队重新占领奉天，并继续向中国东北其他城市布防军队。这让日本外交工作备受打击，日本军部与民间

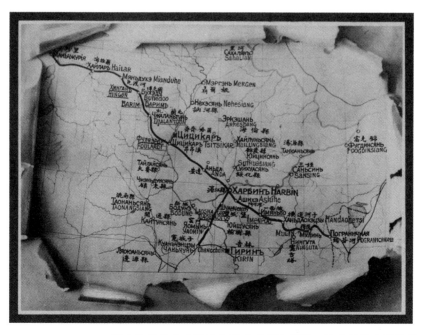

俄方绘制的中东铁路与部分南部支线图，这条铁路与西伯利亚铁路连接，成为俄罗斯帝国连通旅顺口的重要铁路

舆论更加认为俄军想要用外交谈判拖延时间，以获取更好的战机。于是无论日军还是俄军都开始想方设法动员手下可用之兵，以预防谈判破裂。

12月11日，俄方第二次提案送到日本，虽然其中删除一定敏感项目，但依然没有同意日本的修改，仍然大体维持俄方第一次提案要求，这就让日本感觉谈判可能难以为继。12月16日，日本召开元老会议，确定同时做好"和战"两手准备。根据这一点，小村寿太郎也给俄罗斯回复一份强硬提案：删除"日本不得将韩国领土用于军事目的"与中立地区相关条文，意在逼迫俄罗斯开战。

谈判到这里，日本方面已经不愿意继续等待俄方回复，而是开始整军备战。但有趣的是，12月底，俄罗斯递上第三次提案，在库罗帕特金力谏之下，对很多方面又少许松口，但日本已经决定开战，恰似箭在弦上，不得不发。1904年2月6日，日本宣布断绝日俄外交关系；2月8日，日本联合舰队偷袭旅顺港，日俄战争正式爆发。

七、小结

作为"亚洲民族在最近几百年中头一次战胜欧洲人"的战争（孙中山语），日俄战争给近代中国带来巨大震动，促进青年人积极求学日本，学习明治维新以来的先进经验，反哺国内革命。许多后世的中国革命者也先后前往日本，日本求学成为他们人生中的重要经历。

随着20世纪80年代"中日蜜月期"到来，《日本海大海战》《二百三高地》等日俄战争的影视作品逐渐引入，其浪漫主义的叙事风格伴随着中国青年人对于海洋文化的向往而广泛流传，大河剧《坂上之云》的热播更让东乡平八郎、秋山真之、儿玉源太郎、乃木希典等日方将领的形象深入人心。只是究其深处，这些战争类文艺作品的价值观依旧囿于中国人最早的认识，即：日俄战争是近代第一次黄种人战胜白种人的"自卫战争"。

但从开战过程而言，我们发现日本在对抗俄罗斯时，并没有什么"黄种人对抗白种人"的使命感，更多的是对中国东北与朝鲜半岛两片土地的贪婪欲望，日本并不是作为黄种人的代表，而是作为英国在远东利益的代表出现在俄罗斯面前。无论他们怎么在纸面上说维护"清韩两国独立"，但实际行为依然是把中国东北与朝鲜半岛的主权当作己物，放在桌面上堂而皇之地来回交换。也正因为如此，最终的日俄战争才会成为一场"主战场放在中国东北的战争"，无论日俄两国谁赢，中国都是输家。

当然，彼时的日本完全可以逻辑自洽。在福泽谕吉等一代日本思想家的启蒙之下，他们完全可以祭出"文明"大旗，行殖民侵略之实。

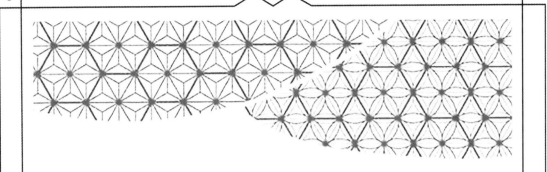

第七卷　日俄战争

日本军部首次独立完成的战争（1904—1905）

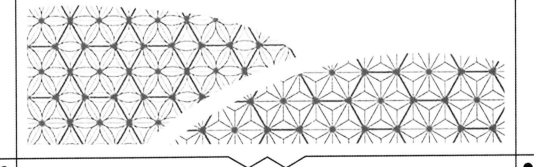

提到近代日本，军部是一个绕不过去的概念。

从字面意思看，军部是"军事部门"，换句话说，只要跟军队沾边，都应该叫军部。但这样一来，军部概念又太广，缺乏针对性。从二战前的实际看法来说，军部包括如下四个日本军队的高级指挥部门，即分别管辖陆军军务与军令的陆军省、参谋本部，以及分别管辖海军军务与军令的海军省、海军军令部（1932 年后改称军令部）。

虽然二战时期的日本军队嚣张跋扈，专断独行，但在日俄战争之前，由于有号召力很强的元老存在，日本军部总体来说还是可以做到令行禁止，一切行动都要听从元老的指挥。但由于日俄战争中的日本军队一步步走向成功，那么日俄战争的一场场胜仗都成为军部话语权增大的背书，日俄战争也成为日本军部从开始阶段就逐步策划，在战争期间逐步调整战争计划，最终完成战争的第一场重大战役。

一、军部图谋：日本军队如何推动战争爆发

1903 年 5 月 10 日周日，就在日俄外交谈判开始前不久，参谋本部总务部长井口省吾少将、第一部长（主管作战）松川敏胤

大佐聚在一起，召开紧急部长会议，激烈讨论对俄作战问题，大体拟定一份《充实军队意见书》。这份意见书没有什么实质性内容，只是提出一个严峻的问题："目前战略关系虽对我们有利，但随着时间推移，俄国会彻底逆转，韩国也会归附俄国之下，帝国国防如何能安全？"

参谋本部是日本陆军的最高指挥部门，总务部长与第一部长则是这个机构的核心中层人物，理论上说，这些人在没有得到上级指示时是没有资格提交自己的所谓"意见书"的，但由于日俄战火越来越近，他们一方面提出自身担忧，一方面也想借机增强自己的话语权。那么作为军人，增强话语权的最好手段自然就是迈向战争。

5月29日，井口省吾、松川敏胤两人与海军军令部第一部长富冈定恭、外务省政务局长山座园次郎等人聚餐于东京料亭"湖月"，各方官员互通有无，对国家前景表示担忧。这次聚餐很快传到日本高层的耳朵里，于是6月8日，身为参谋总长的元老大山岩召开内部会议，要求井口省吾、松川敏胤等"早期开战派"陈述观点。

陈述中，坚持"早期开战"的井口省吾提出："俄国能投入东亚的陆军不过二十三万。其中十六万属西伯利亚、阿穆尔（黑龙江）两军区以及关东州管辖，剩下七万归莫斯科军区管辖。这七万人若想到满洲，按西伯利亚铁路运力需一百二十余天；反观已在东亚的十六万人，虽然听起来多，但其中有大量辎重、要塞、铁道守备部队，野战军很少，一城一池屯兵更是少之又少"，"如若现在不开战，那么等到西伯利亚铁路与中东铁路全线贯通，俄国就更容易增兵满洲，再行开战便会非常困难。"

大山岩虽然当面训斥井口省吾，但随后却在6月22日向明治天皇提出《关于朝鲜问题解决的意见书》，其内容主旨与井口

井口省吾

省吾所言类似："如若给俄罗斯三四年时间，恐怕以日本军队之力难敌，交战必须尽早。"在元老大山岩的逼问下，首相桂太郎只好在 6 月 23 日召开御前会议，虽然会议上明治天皇还是首肯要继续与俄罗斯谈判，但大山岩并未气馁，参谋本部早已计算好开战所用弹药数目，命令大阪兵工厂加急，不足部分立刻购买。除此以外，参谋本部、海军军令部都开始制订战略，为战争打下基础。

　　对俄开战的论调在民间也重新点燃。6 月 11 日，曾经反对俄罗斯出兵中国东北的户水宽人、富井政章等七位拥有博士学位的教授在《东京日日新闻》联合提交一份意见书，提出"失去满洲与朝鲜，日本之防御便会出现危险"。这份意见书在当时引发舆论的轩然大波，数月之内，日本各大报纸的主流意见都转为对俄开战。

　　到 12 月，随着外交谈判越来越难以为继，日本参谋本部确

定两阶段对俄作战大纲：一是"鸭绿江以南之作战"，以"军事
占领韩国"为目的；二是"鸭绿江以北与满洲之作战"。在陆军
要求下，海军也在 12 月 28 日正式组成联合舰队编制，任命众人
熟知的东乡平八郎中将为司令长官，这个编制在过去只在甲午战
争时期出现过，可以认为日本军部已经不只是为可能到来的战争
做准备，而是已经开始主动推动战争爆发。12 月 30 日，日本陆
海军参谋部门召开联合会议，由于海军认为自己还未做好全部开
战准备，陆军便很鄙视地记录下一段话"（本想）向汉城派遣军队，
因海军之作战（未完备）而不可，故中止"。

　　为了配合军部的作战请求，首相桂太郎在 12 月 11 日众议院
开会期间突然解散众议院，这就让他意欲通过的增加军费临时法
令不会受到政党人士的攻讦。1904 年 1 月 3 日，陆海军再度举行
共同会议，海军仍然不做明确表态，于是陆军直接向第十二师团
下令出动临时派遣队准备随时前往汉城，希望海军能够配合；1

松川敏胤

月7日，日本内阁邀请参谋总长大山岩、海军军令部部长伊东祐亨参与会议，商讨对俄开战的实际问题，由于海军表示在1月20日以前无法做好开战准备，于是日本陆军单独决定"不受海军援助，单独向韩国派遣军队"。

在日本陆军的反复逼迫下，海军军令部为了不落下风而制订偷袭旅顺港的计划，准备相机而动。但在接下来的一个月的时间里，由于日本政府忙于履行外交手续而未能下定决心，直到2月3日日本驻芝罘（今山东烟台）领事一份情报的到来才让他们最终决定开战："俄国旅顺舰队全体出动，行踪不明。"

从俄军记载来看，这次旅顺舰队的出航目的仅仅是例行训练与巡逻，但这个情报在日本方面看来无疑是当头一棒，旅顺舰队规模庞大，若是率先出击，将日本舰队封锁在基地，黄海制海权必然落入敌手，到时候日军别说登陆不了朝鲜半岛，俄军恐怕会反过来登陆日本。于是2月4日15点，明治天皇召开紧急御前会议，伊藤博文、山县有朋、大山岩、松方正义、井上馨五大元老悉数列席，内阁中首相桂太郎、外相小村寿太郎、藏相曾祢荒助、陆相寺内正毅、海相山本权兵卫五人也全体到场。与之前那些冗长的会议有所不同，这次会议非常简短，大家意见一致——俄罗斯已经出动，日本必须迎战。

2月6日，外相小村寿太郎通电俄国驻日公使罗森断交。但随后，日本就暂时掐断俄国公使馆通往外界的电信线，这让罗森难以迅速与旅顺方向取得联系。而就在这日中午，日本联合舰队缓缓驶出佐世保军港，分兵两路，分别向旅顺与仁川两港开去，准备袭击在两港停泊的俄国海军。

二、安全困境：日本偷袭俄罗斯海军

日本之所以与俄罗斯之间互相不信任，另一个重要原因便是因为他们陷入 20 世纪的重要怪圈中，即所谓"安全困境"（security dilemma）：日本觉得俄罗斯是大国，陆军陈兵中国东北，随时威胁朝鲜半岛；海军屯驻旅顺，时刻威胁东北亚制海权。那么一旦开战，日本就认为自己必须要在开战初期就对俄罗斯实现一定程度的打击，才能在战争中取得一次开局优势，这种思路也一直影响到太平洋战争的对美思路。

正因如此，2 月 3 日俄罗斯旅顺舰队的出动才会让日本如临大敌，于是在 2 月 6 日日本与俄罗斯断交后，日本海军立刻出动攻击旅顺与仁川。2 月 8 日下午，日本海军第四战队（指挥官：瓜生外吉少将）四艘巡洋舰协同第二战队的装甲巡洋舰浅间来到仁川港外海，要求港内停泊的俄军炮舰瓦良格、高丽人号离开港口，遭到拒绝后于 2 月 9 日上午在仁川港外海展开作战，最终日本海军取得胜利；同样在 2 月 8 日深夜，日本海军联合舰队主力悉数来到旅顺港，趁着俄军庆祝俄历玛利亚节之日派遣十九艘驱逐舰进入旅顺港，偷袭俄罗斯旅顺舰队十六艘军舰，虽然日本海军发射的十六枚鱼雷只有三枚命中目标，且未造成太大伤害，但这依然又是日本军队一次不宣而战的尝试。

2 月 9 日 9 时，日本海军联合舰队来到旅顺外海，准备实施第二次进攻。旅顺港虽然易守难攻，但由于旅顺口出海口只有二百七十三米宽，大型军舰更是只能从中间九十一米的水道出去，这意味着俄军军舰只能一艘艘向外派遣舰艇，给了日本联合舰队各个击破的机会。但在当日海战中，俄罗斯海军仅出动战列舰彼得罗巴甫洛夫斯克号、装甲巡洋舰巴杨协同巡洋舰阿斯科尔德号、

旅顺炮台的俄军进攻日本军舰

诺维克号四艘军舰出航，依托旅顺岸炮优势对日本联合舰队展开攻击，收效明显，日本联合舰队无功而返。

2月10日，俄罗斯帝国政府公布宣战诏书，以尼古拉二世的口吻严厉斥责"日本政府没有通告中断谈判即意味着军事行动的开始，就令本国军舰突然袭击朕停泊于旅顺要塞外海的舰队"；同一日，日本政府发布宣战诏敕，指责俄罗斯"丝毫不以互让精神应对，旷日持久，徒延时局，表面倡导和平，暗中扩张陆海军备"。事已至此，双方已经进入实质交战阶段，宣战诏书上面写着什么理由已经不太重要。

针对旅顺的两次偷袭战中，日本海军固然取得了一定成果，但也没能一下干掉旅顺舰队，制海权仍在争夺。似乎是为了证明这一观点，2月11号，俄罗斯符拉迪沃斯托克舰队派出四艘舰艇在日本西北部击沉一艘日本商船，日本国内舆论顿时一片悲鸣。于是，日本第一舰队参谋有马良橘中佐提出，应按照1898年美西战争旧例开展所谓"闭塞作战"：在古巴圣地亚哥港一战中，为了不让港内驻扎的西班牙舰队出入港口，美军派了艘小船在港口内自沉，如同门闩一样，将西班牙舰队挡在港口内。虽然在实际战役中，这条"门闩"放置角度不太对，根本挡不住西班牙舰队，但由于日本海军参谋秋山真之中佐恰在现场观战，这次闭塞作战就成为日本希望借鉴的重要范例。

经过反复研究，日本认为旅顺口狭窄的出海口比古巴圣地亚哥港更具备闭塞作战的条件，于是在2月23日深夜，日本海军派遣五艘商船在主力舰队的保护下前往旅顺口外自沉堵口。但在俄军炮火的攻击下，日军只有一艘船只顺利沉没在预定位置，其余船只均在外海遭到击沉。

就在日本海军琢磨旅顺港闭塞作战的过程中，俄罗斯更换旅顺舰队与符拉迪沃斯托克舰队（两舰队的正式名称为太平洋舰队）总司令为史蒂芬·奥西诺维奇·马卡洛夫（Степа́н О́сипович Мака́ров）中将。马卡洛夫是俄罗斯帝国最具名望的海军军人与探险家，他曾在1886年、1894年进行过两次环游世界之旅，组织研发世界第一艘破冰船，他在1897年撰写的《海军战术论》也是对面的日本联合舰队司令长官东乡平八郎中将挚爱之书。

3月8日，马卡洛夫抵达旅顺，要求工人赶工修缮受损船只，加固旅顺要塞布防，并勒令符拉迪沃斯托克舰队积极南下牵制日本海军。接下来近一个月时间里，旅顺海军展开大量训练，准备出海与日本海军决战。3月22日，日本联合舰队进攻旅顺港外炮台，遭到俄军炮台反击，战列舰富士、八岛号受轻伤。

预感到马卡洛夫的到来会让俄军更加骁勇善战，日本联合舰队在3月26日凌晨再度组织四艘商船秘密前往旅顺口实行"闭塞作战"。本次作战中，指挥商船福井丸的广濑武夫中佐阵亡，由于他在出发前写下"七生报国，一死心坚，再期成功，含笑上船"

的四言诗，于是死后便被塑造为"军神"，甚至在东京秋叶原为他修建纪念铜像。不过在太平洋战争末期，由于资源紧缺，广濑武夫铜像最终遭到拆除。广濑武夫曾在俄罗斯帝国学习与工作长达五年时间（1897—1902），甚至与俄罗斯女子相恋，如不是战争到来，两人或许可以喜结连理，但最终战争还是毁掉了这一切。

　　4月12日，马卡洛夫派遣六艘驱逐舰出海侦察，由于大雾，驱逐舰可怕号、勇敢号与其余六舰走散，在外海遇到由十二艘日本驱逐舰组成的布雷支队。4月13日凌晨，日俄两支舰队交手，日军靠着数量优势击沉"可怕"，"勇敢"逃回旅顺港报告消息。马卡洛夫得知消息，亲率战列舰"彼得罗巴甫洛夫斯克""波尔塔瓦"、装甲巡洋舰"巴杨"一同出发，呈"人"字形冲向日本舰队；与此同时，日本联合舰队主力舰也来到旅顺外海助战，马卡洛夫闻讯决定撤退，但他们却不慎进入前一日日本布下的水雷区。9时34分，旗舰"彼得罗巴甫洛夫斯克"右舷触雷，水雷又

马卡洛夫

炸到了弹药库，不到九十秒时间，这艘俄国旗舰爆发两次巨响，舰首垂直向上，马卡洛夫中将与六百四十九名官兵一起迅速沉入海底。

马卡洛夫阵亡让俄罗斯海军的士气备受打击，也极大振奋了日军士气，于是日本联合舰队第三次进行旅顺口闭塞作战。5月3日凌晨，日本创纪录地派遣十二艘商船前往旅顺口，但由于海风非常大，最终由八艘商船散落在旅顺口外海，本次作战的成果比前两次还要差。经过两个月策划实施，三次实行闭塞作战，日本顺利在旅顺口附近沉没十四艘商船，虽然这并没有完全封锁旅顺舰队出海的路径，但为了躲避这些障碍物，旅顺舰队日后大致要用三小时才能全体出海，比最初的一小时要延长三倍，这让旅顺舰队日后再也没有主动出击，彻底沦为所谓的"要塞舰队"：绝对不出要塞，甚至都不去干扰日本巡逻舰队。

但在5月13日至17日间，日本海军接连发生数起事故，包括战列舰"初濑""八岛"、甲午战争时期著名的巡洋舰"吉野"等七艘舰艇因为触雷、误撞等非战斗原因沉没，这让日本海军在接下来近的一年时间也毫无建树，日俄战争的主要作战也基本都交给陆军完成。

三、初期陆战：鸭绿江与金州战役

研究甲午战争与日俄战争，由于两场战争的主战场基本都在中国东北南部与朝鲜半岛，这也让两场战争的初期陆战显得非常相似。日本采取的主要战略几乎与甲午战争完全一致，都是分兵两路，分别在朝鲜半岛与辽东半岛登陆，攻击鸭绿江、金州等战略重地，但由于对手从清军换为俄军，日本陆军的作战方式也发生显著变化，即从以步兵为主的作战模式转为由炮兵、步兵协同开展进攻的新模式。

日本陆军首先在朝鲜半岛实施登陆。2月12日至3月29日，日本第一军下设的近卫师团、第二师团、第十二师团从釜山、仁川等港口侵入朝鲜半岛，由于俄军在朝鲜半岛没有成建制军队，很快撤退回鸭绿江沿岸布置防线。日军本想尽快发动进攻，但由于平壤至义州之间的陆路缺乏修缮而泥泞难行，甚至许多马匹在拉大炮的时候陷入沼泽而溺死。日本陆军又用了近一个月时间才在4月21日将第一军四万二千五百人与一百二十门火炮集结于义州。

4月25号傍晚，日本海军第七战队出动二艘巡洋舰、二艘水雷艇、二艘武装汽船溯鸭绿江而上，炮击俄军。紧接着在深夜，工兵趁夜架设浮桥，近卫师团、第二师团轻松占领鸭绿江中游的两个重要的川中岛：九里岛、黔定岛。两岛也成为日军火炮阵地。4月30日凌晨，第十二师团迂回到鸭绿江上游，沿河下行，绕道攻击俄军后路，双方交战正式开始。10 点 48 分，日军一百二十二门大炮一齐作响，将炮弹倾泻到俄军九连城阵地上，俄军驻守九连城的军队只有十六门火炮，难以反击。经过一天的预备炮击，5 月 1 日凌晨，日军三个师团的步兵从不同方向进军，占领九连城与安东县城。

对于这场战役，在第一军现场观战的英国武官伊恩·汉密尔顿（Ian Hamilton）中将感慨道"真是纯粹的德式火力战"。所谓"德式火力战"，是指德国在 1888 年《步兵操典》中提出的一个重要概念，当时德意志帝国以普法战争经验为基础，认为陆军决胜

伊恩·汉密尔顿中将（左二）在现场观战，望远镜前为第一军司令官黑木为桢中将。日俄战争是一战前最后一次有着成批观战武官的战争

关键，并非近身作战，而在于将火炮火力集中于一点开展战役。普法战争中，德军创立"两阶段炮兵战术"，运用炮兵可谓出神入化：战役伊始，德军将全部炮兵集中在法军炮兵的死角，猛烈炮击法军炮兵（炮兵决战阶段）；消灭法军炮兵之后，德军炮兵迅速分散到前线，为步兵冲锋做掩护（近距离攻击阶段）。这个经验在 1891 年开始为日军所学习，到 1898 年日军正式仿照德国制定《步兵操典》，基本原则与德国原版别无二致。鸭绿江战役中，日军先用 4 月 30 日一天的时间进行炮火准备，接着在 5 月 1 日全军出击近战，是教科书一般的"火力战"演示。

　　就在鸭绿江战役取胜之后不久，日本陆军第二军第一梯队在辽东半岛开始登陆，由于俄军数量有限，日军又如同甲午战争时期一样没有遇到任何阻碍就在 5 月 5 日于大连湾猴儿石（日军称为盐大澳）登陆，之后到 5 月 14 日登陆结束整整九天时间，日军仅仅遇到数十名俄国巡逻骑兵。又到 5 月底，日本第二军五个师团与骑兵、炮兵两个独立旅团全部登陆辽东半岛。由于惧怕日军切断旅顺通往奉天的铁路，早在 5 月 5 日 11 时，俄罗斯远东总督阿列克谢耶夫乘坐火车北逃，随后 5 月 6 日 8 时，日军第三师团步兵第三十四联队攻占普兰店，切断中东铁路南部支线，剪断旅顺与外界联系的电信线。接下来，第二军将目光投向金州城、南山一带，只要切断此处，旅顺就是座孤城。

　　接下来，日军与甲午战争完全一样，继续派遣军队进攻金州县城。但俄军参考前一次清军的失败经验，认为金州县城无险可守，于是他们把主要防御点放在金州县城南部的南山（一百一十五米）高地。在这里，俄军设有十三座半永久炮台，布置了六十五门各类火炮、十挺机关枪、三千八百名士兵；金州城附近还有一万三千名士兵、十五门速射炮。这种高地防守是近代陆战一大基本功课，俄国当然是驾轻就熟，但对日军而言，高地进攻虽在参谋本部里详加研究过，也在课堂上详细讲演过，但实践上却是人生初体验。

5 月 25 日 5 时，日本第一师团、第四师团分别从东北、正北两个方向进攻金州县城，不到一天时间便将其夺取。而在金州战役还未完全收场之时，日军就继续打起战略要地南山。于是 5 月 26 日上午，炮兵旅团一百九十八门野战炮一同鸣响，海军第七战队派出四艘炮舰、二艘水雷艇前来助战，为步兵开路。但由于当时日本陆军主力火炮三一式野战炮的口径只有七厘米，无法有效损伤南山炮台，随后日军三个师团受到阻击，难以推进，一些军队甚至要求士兵上刺刀，展开白刃战。这么一来，日军本来从头到尾都想以火力战为基础，却不得不半路出家，开始原始的白刃战，死伤当然也是越来越大。

这时，海军第七战队炮舰"筑紫""赤城""乌海""平远"开始轰炸南山炮台，由于四艘炮舰的主炮口径都在二十一至二十五厘米，可以有效支援陆军作战。到 18 点前后，俄军南山堡垒出现缺口，第四师团步兵第八联队进攻南山西北部阵地，另外两个师团也继续突进，到 19 点 30 分前后，俄军全线溃退。日军终于彻底掐断俄罗斯军队在辽东半岛的"脖子"。

但在金州与南山战役中，第二军一共发射三万四千发各类炮弹，相当于日军在甲午战争中使用炮弹数量总和，这让并不富裕的日本后勤线更加捉襟见肘。火力战的重要基础就是充足的后勤补给支持，接下来的旅顺战役中，日军即将走上缺乏炮弹——用人命填补——作战目标难以实现的恶性发展路线。

四、进攻旅顺：国际国内局势对前线的影响

日俄旅顺战役前后耗时一百三十六天（1904 年 8 月 19 日至

1905 年 1 月 2 日），是日俄战争中耗时最久的战役，如果算上旅顺要塞的前哨战（1904 年 6 月 26 日至 8 月 9 日），那么整场战役几乎耗费半年时间。为了这场战役，日本陆军特地把攻击辽东半岛的第二军切割出一部分组成第三军，由甲午战争旅顺战役领兵的乃木希典中将率军作战。

　　日军最初的进展较为顺利。6 月 26 日开始，已经身处旅顺的第一师团与第十一师团协同攻克旅顺前沿第一道防线歪头山、老横山；待 7 月 21 日从国内驰援的第九师团抵达前线后，日军在 7 月 26 日上午发动外围阵地的总攻，用了不到五天时间拿下俄军第二道阵地鱼皮砬子高地与第三道阵地凤凰山；随后在 8 月 7 日与 8 日，第三军炮兵大举轰炸旅顺要塞西侧四公里的大孤山、小孤山两座高地，在海军第五、第六战队的支援下迅速占领，获得对旅顺要塞的炮兵基地。8 月 16 日，乃木希典把第三军司令部迁至旅顺要塞北部五公里左右的柳树房与海军联合舰队司令长官联

斯特塞尔

名写了劝降信，交给旅顺要塞司令官安纳托利·米哈伊洛维奇·斯特塞尔（Анато́лий Миха́йлович Сте́ссель）。

　　十年前，清军在旅顺要塞仅仅守备一天就宣告投降，为了加强防御，俄罗斯从 1901 年开始改造旅顺要塞，花了整整四年，耗资一千一百万卢布（日俄战争俄罗斯军费六十五亿卢布），截至 1904 年开战时，旅顺已建起近一百二十座炮台与堡垒。同时，俄军还储备足够四万军队吃约八个月（二百四十天）的军粮，从一开始就做好了与日本军队打持久战的准备。正因如此，旅顺俄军对守城战普遍很有信心，斯特塞尔也在 17 日正式拒绝日本的投降要求。

　　从地图来看，旅顺要塞主要布防阵地可以分为三部分：一是东北堡垒群，这也是俄军最为坚固的（从西向东）松树山堡垒、二龙山堡垒、东鸡冠山北堡垒三大堡垒，其混凝土厚度达九十厘米，外面还放上了二米厚的泥土、沙袋，据估算能够承受直径

乃木希典

二十三厘米榴弹炮的攻击；二是中部堡垒群，主要是水师营南部堡垒、龙眼北方堡垒；三是西北部高地，主要是大顶子山、南山坡山（日称海鼠山）以及旅顺战役中最为著名的二〇三高地。

乃木希典在 8 月 18 日确定主攻方向为东北堡垒群。东北堡垒群距离铁路最近。第三军补给都经大连湾转手，靠近铁路，更容易获得物资。况且，东北堡垒群是旅顺要塞最坚固的部分，如果能一举突破，必能振奋士气。随后乃木希典将主要目标确定为二龙山堡垒、东鸡冠山北堡垒之间的盘龙山堡垒与其附属的望台炮台。望台炮台东北部最高峰为一百八十五米，上面架设两门 152 毫米巨炮，可以直接把炮弹打向旅顺要塞，这也是对旅顺威胁最大的一座高地。

8 月 19 日凌晨 4 时 30 分，第三军集中二百八十门火炮对旅顺要塞实行准备射击，长达五个小时，随后第九师团担任起主攻盘龙山堡垒与东鸡冠山北堡垒的任务，第十一师团辅助进攻，与此同时，第一师团与后备第一旅团绕道西北堡垒群攻击大顶子山。战况十分惨烈，仅 8 月 21 日一天，第九师团第七联队长（团长）与数名大队长（营长）战死，第十一师团也有一个大队整建制阵亡，军队建制受到巨大冲击。到 8 月 22 日晚间，第九师团在涌现无数炮灰之后才终于夺取盘龙山堡垒，第十一师团步兵第十旅团在 8 月 24 日凌晨 1 点攻克望台炮台。截至这时，日军虽然完成既定作战目标，但总数五万余人的第三军已经阵亡五千零一十七人，伤亡总数超过一万五千人，战斗力损失接近三分之一，所以乃木希典判定望台炮台难以守住，主动放弃，第一次旅顺战役结束。

一般认为，旅顺战役死亡人数过多，是乃木希典要求官兵进行无脑的"自杀冲锋"所致，但这个说法明显回避了日本大本营的情报错误与决策失误。根据第三军参谋井上几太郎回忆，参谋本部配发的地图中，诸如南山坡山、龙眼北方堡垒、水师营南方

日军绘制的旅顺周围示意图

堡垒、二〇三高地等地区并未被标记为"要塞"，即认为没有任何防御设施；同时，防御最为坚固的东北堡垒群被标注为"临时筑城"（半永久工事）。这就让日本军队并没有把手中最精锐的305毫米克虏伯火炮配发给第三军，第三军火炮中最大口径为15厘米，大部分为9至12厘米，难以对禁得住23厘米火炮轰击的旅顺要塞形成实质性伤害。

意识到前线作战出现问题，乃木希典一度更改以强袭为主的作战策略，而是改用"正攻法"（迫近作业）。即在旅顺要塞每个堡垒的外部挖掘一人深的壕沟，士兵在里面跑动，直到接近要塞边缘的时候才开始散兵冲锋。9月19日至22日，第三军在一部分进攻壕沟挖掘完毕后进行一次尝试，在四天时间里同时向三个堡垒群发起冲锋，夺取中部的龙眼北方堡垒与西北部的南山坡山，整场"9月战役"（俄称第二次旅顺总攻击）中第三军仅仅伤亡不足五千人。如果按照这种战术继续作战，旅顺战役或许并不需要死亡如此多的士兵。夺取南山坡山以后，日本陆军从东京湾要塞拆除十八门280毫米榴弹炮，先期送来六门抵达旅顺前线，安装完毕后，在南山坡山设立炮兵观察哨，于10月初对旅顺港内的旅顺舰队展开轰炸，击伤多艘俄军主力舰。

只不过，这次击伤却让日本陆海两军之间出现严重矛盾。日本陆军高层接受第三军的建议，允许第三军以"正攻法"夺取旅顺要塞，尽可能减少人员伤亡；但同一时期，日本海军得到消息，俄罗斯波罗的海舰队将于10月16日从里加军港出发，预计于1905年1月抵达远东与日本海军决战，所以他们向大本营提出要求，让日本陆军必须在11月底之前夺取旅顺港，阻止俄罗斯波罗的海舰队与旅顺舰队合流。

两军不同的思考模式导致旅顺战役出现两种完全不同的作战倾向：按照陆军的想法，可以稳妥攻克旅顺要塞东北堡垒群，但很可能拖延攻占旅顺港的时间，造成旅顺港军舰还能够使用；按照海军的想法，陆军就要立刻对旅顺西北部的二〇三高地展开进攻，设立炮兵观察哨，引导重炮攻击旅顺港内舰船，消灭旅顺舰队，那么这就会极大拖延针对东北堡垒群的"正攻法"堑壕工程。

　　然而陆军也立刻上报：占领南山坡山以后，日本炮兵已经可以覆盖旅顺港四分之三的位置，俄旅顺舰队只能在白天躲入位于外港的死角（另外四分之一），晚上为了防备日本海军偷袭而再从死角出来躲入内港；另外根据俄军俘虏供述，旅顺舰队的所有舰船已将绝大部分舰炮拆除用于陆战，水兵也全体归入城防陆军建制，旅顺舰队在短期内并无作战能力，不需要过多费心。然而为了获得主导权，海军向大本营施压，大本营进行折中调停后，要求陆军无论是进攻东北堡垒群还是进攻二〇三高地，都要在11月前攻占旅顺要塞。

　　于是10月26日开始，第三军对旅顺要塞东北堡垒群再度发动总攻。第三军虽然进行了三天两夜的炮火准备，但在10月30日发动总攻时，俄军的机枪点仍然没有被拔掉，于是第三军士兵只能不停冲锋并倒下，帮助炮兵确定机枪点的位置再进行炮击。但此举收效甚微。战役进行到11月2日明治天皇生日当天不得不宣布暂停。这次所谓的"第二次旅顺总攻击"（俄称第三次）中，日军阵亡一千零九十二人、伤二千七百三十八人，共三千八百三十人，耗费子弹一百五十一万发，耗费炮弹四万四千九百发。比起第一次旅顺总攻击而言，这点损失都称不上损失，乃木希典明显是为了避免第一次总攻击的惨重伤亡而提前下达了撤退命令。

　　两次总攻击难以奏效，证明现阶段的散兵冲锋与炮火准备战术难以对东北堡垒群奏效，于是前线后方、陆海两军围绕如何进攻旅顺的问题展开漫长的辩论与争斗。乃木希典从11月初开始挖

二〇三高地

掘地道工事，预备在 12 月初（实际到了 12 月中下旬）挖到东北堡垒群的下方，用炸药炸毁堡垒；在海军的步步紧逼下，日本大本营认为乃木希典无能，要求撤换这位战将，但由于明治天皇的强烈反对而作罢；日本陆军"满洲军"总参谋长儿玉源太郎中将也同样认为不应该撤换乃木希典，同时主张乃木希典的地道工事与海军要求攻击二〇三高地的战术可以并行。一番争论后，日本大本营最终下令，如果在 12 月 10 日前不能攻克旅顺要塞，就将重心转移到攻占二〇三高地。

　　11 月 26 日 0 时，第三军颇具悲情地组织一支号称"白襷队"的三千人突击队，在第一师团步兵第二旅团长中村觉少将率领下对旅顺要塞发起进攻。经过一昼夜的进攻，白襷队减员三分之二，指挥官中村觉本人也负伤，于是乃木希典主动向上级请示将攻击目标转为二〇三高地。11 月 27 日 12 时，第三军炮兵将十八门 28 厘米榴弹炮的火力全部集中在二〇三高地，炮火准备后由第一师

白襷队

团发起主攻。战役中，二〇三高地反复易手，第一师团损失惨重，乃木希典的次子乃木保典也被炮弹炸死。于是 11 月 30 日，第三军只好让刚刚从日本国内赶来的北海道第七师团发起总攻。

由于担心旅顺战局，"满洲军"派遣总参谋长儿玉源太郎来到前线视察，临时接管第三军指挥工作，最终二〇三高地于 12 月 6 日凌晨完全占据。随即，日军在高地设立炮兵观察哨，在接下来的三天时间里向俄罗斯旅顺舰队发动炮火轰炸，击沉四艘战列舰与一艘装甲巡洋舰，俄军只剩下一艘战列舰"塞瓦斯托波尔"与十余艘轻型舰艇，随后没有武器的"塞瓦斯托波尔"立即外逃，遭到日本联合舰队攻击而搁浅。

攻克二〇三高地并不意味着旅顺要塞陷落，接下来的一个月时间里，第三军继续完成地道工事与迫近作业。最终 12 月 18 日、28 日、31 日，日军分别引爆位于东鸡冠山北堡垒、二龙山堡垒、松树山堡垒的近九吨炸药，将三座坚固堡垒攻破。1905 年 1 月 1 日 15 时，日本陆军攻克望台炮台，这意味着俄军已经无险可守，

12 月 31 日松树山堡垒爆炸

最终在当晚决定投降。

　　1 月 2 日正午，日俄双方代表在旅顺要塞北部的水师营一间农家会面，旅顺要塞的城防俄军与俄罗斯旅顺舰队宣布投降。1 月 5 日，日俄两军高官再度来到水师营会面，合影留念。恐怕在古今中外，交战过后还有机会合影的，只有这场旅顺攻坚战了吧。

五、奉天会战：如同关原之战

　　旅顺鏖战半年，日本陆军"满洲军"的另外三个军（日本第一军、第三军等为国际惯例中集团军的编制，"满洲军"为方面军编制）也同时沿铁路线北上进攻辽阳等地。日俄两军分别在1904 年 8 月 24 日至 9 月 3 日展开辽阳会战、10 月 8 日至 17 日之间展开沙河会战，之后日本占据辽阳，俄军占据奉天，双方在两城之间不足一百公里的距离中展开宽正面对峙。

　　在战争中，俄罗斯陆军"满洲军"司令官、原陆军大臣库罗帕特金显得非常保守。他从开战之前就认为，俄军应全体撤至哈尔滨等所谓"北满"地区，延长日军补给线，再与日军在四平街一带展开决战。这就让他对于奉天一带作战略有抵触，遇到麻烦就立刻撤军。与此同时，库罗帕特金长期坚持两个略显过时的军事守则：一是时常保留三分之一以上的兵力作为总预备队，二是坚持"攻击三倍原则"，即只有在局部战场形成三倍于日军的情况时才会发起进攻。两个军事守则让库罗帕特金始终无法找到对日军发起总攻的条件，于是从 1904 年 10 月中旬休战，等待援军抵达。

但等来的除去援军，还有一位元老将领奥斯卡 - 费尔季南德·卡济米洛维奇·格里本贝里（Оскар-Фердинанд Казимирович Гриппенберг，1838—1915），担任新设的第二集团军司令官。格里本贝里比库罗帕特金大十岁，是一位老资格战

旅顺战役结束之后的合影

格里本贝里，其家族原为瑞典贵族，迁入俄罗斯帝国，故音译参考瑞典语原文

将，他的到来也暗示着俄罗斯皇帝尼古拉二世对于库罗帕特金的表现不甚满意。如果日后库罗帕特金再无法有所突破，格里本贝里有可能代替库罗帕特金。于是 12 月 14 日，库罗帕特金召开军事会议，决定在 1905 年 2 月中旬对辽阳日军发起决战。

然而随着 1 月 2 日旅顺要塞投降日军，第三军有可能北上支援辽阳日军，库罗帕特金倍加急躁，要求骑兵队沿中东铁路南部支线巡逻。1 月 8 日，俄军第一集团军骑兵指挥官帕维尔·伊万诺维奇·米先科（Павел Иванович Мищенко，1853—1918）率领骑兵队绕过辽阳日军左翼，向营口方向进发，于 12 日夜袭击日军的营口兵站。这场偷袭虽然没有成功，但米先科骑兵队能悄无声息地越过辽阳日军左翼，说明驻守在黑沟台、沈旦堡的左翼日军存在人数劣势。于是在 1 月 19 日，库罗帕特金确立进攻黑沟台、沈旦堡的作战目标，由格里本贝里率领第二集团军为作战主力。

的确，西侧宽达四十公里的正面由不足八千人的日本"满洲军"秋山骑兵支队（指挥官：秋山好古少将）负责，难以对所有

俄军骑兵指挥官米先科

据点展开均匀布防，但他们并非没有发现米先科骑兵队，只是因为人数太少无法阻拦。于是当发现俄军后，秋山好古立即命令黑沟台、沈旦堡一带的日军加固工事，准备迎战。1 月 24 日，秋山支队抓到一名俄军俘虏，得知俄军将要进攻黑沟台，于是立即上报"满洲军"司令部，但司令部的参谋人员却认为俄军不会在冬季严寒中发动攻击，于是当日晚上俄军炮轰黑沟台的时候，日本"满洲军"司令部依然毫无反应，直到第二天俄军十万军队发动总攻才让日军如梦初醒，连忙派遣援军助战。

经过数日鏖战，日军到 1 月 28 日已经基本无力再战，但到 1 月 29 日，由于俄军主将库罗帕特金对于形势判断有误，认为日军即将发起反攻，于是下令全体撤军回到战役初期的位置。此举让格里本贝里气愤异常，于 2 月 1 日辞职回国，他的离开让远东俄军失去最后一次主动进攻的机会，而日军则反客为主，集结兵

日俄黑沟台会战中表现出色的日军骑兵指挥官秋山好古

——軍將古好山秋——

力打起日俄战争中规模最大的一次陆军会战——奉天会战。

　　战争开启一年，日本的战时财政已经难以为继，为了尽早结束战争，日本大本营要求前线陆军取得一次大规模胜利，进而寻机与俄罗斯议和。于是 2 月 20 日，日本陆军"满洲军"司令官大山岩大将召集四个军司令官开会，将接下来进攻奉天的会战称为日俄战争的"关原"，即决定天下归属的重要战役。

　　紧接着，大山岩对旗下各军进行部署：（一）第一军协同新编成的鸭绿江军，向俄军左翼发起突袭，尽可能击败对手；（二）从旅顺赶来的第三军从俄军右翼绕道后方切断奉天的退路；（三）第四军原地待命，准备参加正面作战；（四）第二军等待第三军绕道成功再发起进攻，攻击重点在第二军左翼；（五）第二军左翼后方设立总预备队。从这份作战方案可以看出，日本陆军"满洲军"是以第三军与第二军左翼为主攻方向，对刚刚攻克旅顺的第三军寄予厚望。

2月23日，日本鸭绿江军协同"满洲军"第一军攻击奉天东侧的清河城，由于鸭绿江军是由曾归属第三军管辖的第十一师团与后备第一旅团构成，而且日军前线一般只打出联队（团）旗，这就让俄军误以为前来攻击的是日本第一军与第三军（合计六万人），于是俄军立刻将总预备队步兵第十六军调往东侧作战，甚至从西侧抽调西伯利亚第一军支援东线，这就让本就不甚稳固的西侧防御变得空虚起来。2月27日9时，真正的第三军离开驻地，

法国画报中的日俄奉天会战

EPISODE DE LA BATAILLE DE MOUKDEN
Résistance acharnée des Russes, abrités par des Cadavres de Soldats japonais

分五路支队向奉天俄军的右翼（西侧）进发，迂回到奉天正西侧，俄军疲于应付。东西两侧发起进攻后，位于中路的第四军也在3月2日发起总攻，然而此举过于鲁莽，第四军遭遇强势阻击，当日伤亡超过四千人。

于是3月3日，奉天日军进行战术调整，将整个布阵进行"左旋"，第二军取代第三军原本的攻击位置，第三军进一步向西侧深入，争取继续绕到铁路线正后方，切断俄军离开奉天的道路。俄军意识到情况不妙，在3月5日抽调十五万军队攻击日军第三军后备第十五旅团所占据的沙岭堡，此地位于奉天西侧二十公里，如若夺取，那么第三军北上计划将会遭到毁灭性打击。于是围绕这个据点，第三军相继投入第一师团与第七师团主力进攻，甚至借来隔壁第二军一部予以配合作战，才在3月7日勉强守住阵地。

但到3月8日，局势又出现逆转，日军左翼的第三军第九师团逼近奉天北部的重要铁路枢纽虎石台，右翼的第一军近卫师团更是抵达护山堡，左右两翼的直线距离只有不足三十公里。3月9日深夜，库罗帕特金担心后路遭到切断，于21时断然下令放弃奉天。这时的日本军队也已经无力再战，3月10日21时，在目送俄军全体撤退后，日本陆军"满洲军"司令官大山岩大将进入城池，宣布战役结束。这场20世纪远东第一场大型陆战，以日俄两军伤亡十六万人为代价最终结束。

六、对马海战：波罗的海舰队全军覆灭

接下来便是日俄战争的最高潮，亦即日俄对马海战。

1904年10月15日，为了援助旅顺要塞的俄军舰队，波罗的海舰队派出八艘主力舰的七艘与其他轻型舰艇组成"第二太平洋

舰队"从里加军港出发，这支舰队经历数月航行后绕过好望角，在 1905 年 1 月抵达马达加斯加岛休整。随后传来旅顺要塞陷落的消息，俄罗斯海军部立刻调整战略目标，从"援助旅顺"更改为"驰援符拉迪沃斯托克"，于是在 2 月 15 日派出波罗的海舰队剩余的一艘主力舰与其他轻型舰艇组成"第三太平洋舰队"。两支"太平洋舰队"分头出发，行动迟缓，俄罗斯海军因此丧失了在远东争取制海权的机会，本来预计于 2 月抵达远东的计划泡汤，最终俄罗斯海军直到 5 月 9 日才在法属印度支那完成会合。

最麻烦的还不只是时间拖缓，俄军士气与作战能力也有所不足。在马达加斯加休整期间，1 月 24 日，巡洋舰"纳西莫夫"发生水兵暴动，要求改善伙食条件。俄军司令官济诺维·彼得洛维奇·罗热斯特文斯基 (Зиновий Петрович Рожественский) 为了稳定军心，曾尝试举行军事演习，然而水兵由于操作不熟练，战列舰"亚历山大三世"与"波罗季诺"险些相撞，随后便不再举行训练。对马海战中，日本海军一百二十七门舰炮仅使用 12 吨炮弹即获得胜利，而俄罗斯海军九十二门舰炮却使用了 14 吨炮弹还是最终失败。俄军用更少的炮发了更多的炮弹，这说明俄军瞄准仓促，训练不足。

另外远航过程中，英国作为日本的盟友拒绝开放自己的港口给俄罗斯海军，同时由于英国与法国早在 1904 年 4 月 8 日就签订《英法协约》，针对北非殖民地达成一定程度的谅解，于是法国为了争取英国信任也只给盟友俄罗斯帝国海军一些必要的煤炭补给，而且依然不允许俄罗斯海军入港休整。军舰不进港，就没时间检修，也无法去除船底粘上的大量贝壳，不仅拖慢军舰速度，也白白浪费燃料。罗热斯特文斯基在航行中逐渐放弃与日本海军决战，而是在各艘舰艇上面堆满煤炭，甚至连会议室、浴室、客厅都堆积煤炭，希望一口气冲到符拉迪沃斯托克。

罗热斯特文斯基

　　5 月 19 日，俄罗斯波罗的海舰队抵达菲律宾沿海，进行最后一次补给，随后北上接近日本。25 日晚，数艘俄国补给船来到上海吴淞口，这说明俄罗斯舰队已经抵达附近，正向着日本对马岛与朝鲜半岛之间的对马海峡驶去。27 日 4 时 45 分，日本巡洋舰"信浓"向日本联合舰队司令部发来电报："发现敌舰！"日本联合舰队立刻全军出击，布阵于对马海峡北部五至十海里处，准备在波罗的海舰队渡过对马海峡最为狭窄之处后予以痛击，以免俄军逃跑。

　　27 日 13 时 39 分，日本联合舰队由东向西航行，联合舰队司令长官东乡平八郎中将站在甲板上，清楚看到波罗的海舰队呈双纵队航向东北，两支舰队的行进方向构成一个"イ"字形。如果按照这种航向，那么俄军将会从日军身后逃走，日军将被迫陷入追击战。所以这时，东乡平八郎要求全军实行"敌前大回头"，经过一个"U"形转弯从正西改为向正东航行。如果成功，那么日军将会与俄军平行航行，拦住俄军去路并开始交战。

但这种战术也很有风险，因为"掉头"意味着舰队在接下来的十五分钟时间里面几乎是围着一个点在转，方便俄军炮击，且日军前舰会挡住后舰的炮击线路无法射击。如若俄罗斯海军孤注一掷，全线压上，这短短十五分钟，足以让整支日本联合舰队全军覆灭。14时2分，东乡平八郎正式宣布十二艘主力舰做好战斗准备，立即转向，五分钟后，日军旗舰"三笠"完成转向，同时也遭遇到俄军双纵队中西侧纵队旗舰"奥斯利亚比亚"的攻击，双方战役正式开始。

俄军看到日军送来这个天赐良机，并没有立刻抓住，这是因为东侧纵队的四艘新锐战列舰被西侧纵队挡住了炮击线路。于是罗热斯特文斯基下令双纵队变单纵队，西侧纵队减速，让东侧纵队的四艘战列舰突入前列。这番变动耗费俄军数分钟时间，到14时10分，日本联合舰队第一舰队的四艘战列舰就全部转向完毕，

日俄战争结束后，东乡平八郎名震世界，也受到美国邀请在1911年前往西点军校演讲

"三笠"也迅速向俄军旗舰"公爵苏沃洛夫"开出第一炮，一轮齐射把"公爵苏沃洛夫"表层设施轰了个遍，不仅掀翻了前烟囱，更有炮弹径直飞入指挥塔，炸了个七荤八素，塔内官兵伤亡过半。

随后，日军旗舰"三笠"、四号舰"朝日"集火攻击俄军旗舰"公爵苏沃洛夫"；二号舰"敷岛"、三号舰"富士"集火攻击刚刚的西侧纵队旗舰"奥斯利亚比亚"。短短五分钟，"奥斯利亚比亚"燃起熊熊大火，舰上官兵有的跳海，有的灭火，十分慌乱，顾不得开炮。由于俄军在舰艇甲板大量存煤，再加上日本军队广泛使用爆炸规模较大的黄色炸药，使得俄军舰艇一经炮击便会起火。虽然起火本身不一定对舰艇有所损害，但烟尘四散很容易影响甲板上的士兵作业，更容易让船舱内的士兵窒息而死。14 点 17分，"奥斯利亚比亚"表层设施全部遭摧毁，厚厚的铁甲开了巨

对马海战中的日本旗舰"三笠"

大口子，军舰失去战斗能力，不久以后退出队列。

随后在 14 时 24 分，日本联合舰队十二艘主力舰全部调头完毕，双方形成了标准的同航决战队形。虽然"危险十五分钟"里面"三笠"身中十余弹、装甲巡洋舰"浅间"更是舵机中弹，只能脱队整修，但这十五分钟毕竟还是过去了。俄军既然没有抓到机会，那么接下来就是日本人占据优势了。15 时 6 分，"公爵苏沃洛夫"舵机受伤，脱队自行；7 分，身负重伤的"奥斯利亚比亚"沉没，俄军士气受到重创，日军则不停地收割一艘又一艘军舰。到当天晚上，俄军最为精锐的四艘主力舰之三"公爵苏沃洛夫""亚历山大三世""波罗季诺"全部沉没，战役胜负已定。

当晚，俄军波罗的海舰队重新集结十艘军舰北航，希望能趁着日军大意而逃至符拉迪沃斯托克。但从当晚 19 时 30 分开始，日军派遣二十一艘驱逐舰、二十四艘水雷艇分头出击，把俄军残部打得七荤八素。当 5 月 28 日的阳光洒在俄国军舰之上时，俄军只剩下五艘舰艇，其中有一艘还是 1890 年竣工的古董战列舰"尼古拉一世"。最终俄军在 5 月 28 日 11 时前后升起白旗以及一面由桌布临时绘制的日本国旗，宣布投降；至于主将罗热斯特文斯基，因为受伤在前一日离开战场准备逃走，结果却遇上日军巡洋舰，也在当日 16 时 45 分宣布投降。

日本海海战，波罗的海舰队几乎全军覆没，只有两艘驱逐舰、一艘巡洋舰逃出虎口，来到符拉迪沃斯托克。除此之外，剩下几十艘舰艇沉的沉、投降的投降、扣留的扣留，没有一艘能得以善终。相比之下，日本联合舰队只损失了三艘水雷艇，主力舰未损一艘。俄罗斯失去这些舰艇后，海军总吨位排名一夜间从第三降至第六，日本海军则从第六升至第五。

至此，日俄战争的主要战役全部结束，包括日本与俄罗斯在内的全世界列强都在等着停战媾和。

七、小结

日俄战争无疑让日本军部喜出望外，他们最初无论如何也想不到，自己居然能获得如此程度的胜利。借助胜利带来的荣誉，日本军部一个接一个地开启造神运动，攻克旅顺要塞的乃木希典，在对马海战中获得大胜的东乡平八郎，再加上战争中阵亡的一个又一个军人都被塑造成天资聪颖、久经沙场、为天皇矢志不渝的武士，以日俄战争为题材的歌曲也广为传唱，日后日本人对于"大和魂"充满信心，乃至于愿意投身于一场又一场的战争中，都始源于此。

与此同时，许多二战前后的日本著名军人也在这段时间崭露头角。如1928年皇姑屯事件时期的日本首相田中义一，在日俄战争中就是"满洲军"总参谋部的一名参谋；如参加对华、对美开战决策的陆军高官杉山元，也在奉天会战中担任中佐；如在1941年发动珍珠港偷袭的联合舰队司令长官山本五十六大将，在1905年是装甲巡洋舰"春日"的水兵高野五十六（后改姓山本），他在对马海战中被炸断一根手指。应该说，日俄战争正是这些二战策源者与指挥者的启蒙战争。

有很多人奇怪，为什么明治时代的军人相对还有理性，懂得见好就收，步步蚕食，但到了二战时期的昭和军人却变成"猪突猛进"呢？原因其实就在于这次日俄战争：因为明治时代的军人无一例外都是从幕府末年的屈辱之中成长起来，他们很清楚日本实力的边界与上限，知道哪些东西能够争取，哪些东西不能强求；但二战中的日本军人却大多来自日俄战争这个"荣光的明治"时代，那么他们自然会认为只要自己足够拼命，就一定能够克服困难达到某一个高度，却忘记了自己曾经的路途有多么艰难。

的确，日本军部虽然取得不俗的战果，但在接下来的停战谈判中，他们依然没有占到便宜，甚至被认为是输掉了谈判。

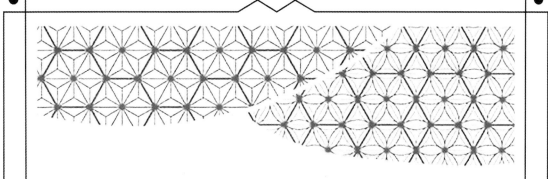

第八卷 日俄协议

日俄关系变动与日本进占欧亚大陆（1904—1910）

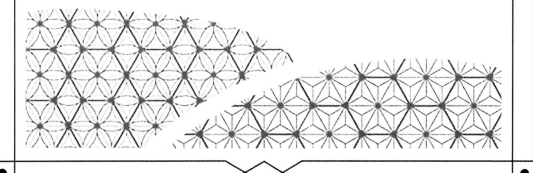

十年前日本能战胜清朝中国，在时人眼里就已经很不可思议了，如今又战胜俄罗斯帝国，那么在世界各国眼中就不仅是不可思议，更是传奇。靠着日俄战争的胜利，日本正式被欧美列强接纳为"远东盟友"，日本从明治维新开始就心心念念的"脱亚入欧"也以日俄战争为节点正式完成。

但也需要时刻注意，日俄战争的本质仍然是俄罗斯帝国与大英帝国"代理人"之间的战争，这种战争模式决定日本与俄罗斯的开战过程受到国际局势的影响，也同样决定日俄战争的战争过程乃至停战过程都会受到国际局势的影响。

对于这一点，日本政治家也认识得非常清楚，早在1904年2月日俄开战之后，日本元老伊藤博文就派遣当年制定帝国宪法的得力干将金子坚太郎作为特使前往美国。金子坚太郎为了宣传日本帝国宪法而在1891年加入国际公法会，成为该组织历史上第一位日本成员，他留学哈佛大学时曾经见过面的西奥多·罗斯福（Theodore Roosevelt）更是成为了当时的美国总统，派遣金子坚太郎前往美国，正是看中他强大的人脉与外交能力。一旦对俄作战不利，金子坚太郎就可以成为日本直接连通美国总统的人物。

不仅伊藤博文，当时的日本政界名流都在想尽办法争取英美国家的支持，"满洲军"总司令大山岩大将的夫人大山舍松女士便是一例。大山舍松少年时期曾在美国学习，是日本最早派遣来到美国学习、获得美国护士资格的女留学生之一。日俄战争期间，大山舍松用华美的英文给美国各大报纸投稿，为日本打响日俄战争大加辩护，同时陈述日本因战争而导致的财政困难，以争取美国舆论支持。这为日本获得美国金融界支持打下深厚基础。

一、战争融资：高桥是清在欧美国家的努力

对于高桥是清，很多人的印象是 1936 年 "二二六事变" 中遭到刺杀的大藏大臣（财相），但在 30 多年前的日俄战争中，这位后来非常重要的财政专业政治家就已经崭露头角，承担起为日本筹借军费的重要任务。

高桥是清

1904 年 2 月 12 日，战争刚刚爆发四天，日本银行（即日本的中央银行）副总裁高桥是清受命前往外国筹钱。筹多少钱呢？按甲午战争数据，日本需要四亿五千万日元军费，其中需要价值一亿五千万日元的外币用于向国外购买军备。考虑到当时日本银行所藏黄金只有五千二百万日元，还剩下一亿日元价值的外币需要想办法筹集。

2 月 24 日，高桥是清踏上征程，但他首选之地并非老牌金融中心伦敦，而是先去了美国，然而他却发现"美国同情我国处境，但为了自身发展，美国更希望引入外国资本，而不是对外投资"（高桥是清回忆），只好离开纽约前往当时的世界金融中心伦敦。由于美国方面不贷款的消息传到伦敦，导致本想给日本贷款的巴林银行、汇丰银行也双双拒绝贷款，高桥是清遇到非常难堪的局面。

当然，高桥是清也不是全无准备，他找到任职于珀斯银行的老友亚历山大·尚德。说是老友，实际上高桥是清十二岁（1866 年）就在横滨给当时在日本经商的尚德打工，后来高桥是清发达了，1898 年初次访问伦敦，依然是尚德接待了他。靠着尚德的人脉与广泛游说，高桥是清终于在 5 月 3 日为日本签订了第一份日本国债预售合同，珀斯银行与汇丰银行折价 93%、6% 的年利率发行五百万英镑（约五千万日元）的贴现国债（第一次战时公债），日本政府出具的抵押物为海关税收，但不需要由外国人到日本海关任职监督。但即便如此，高桥是清还需要另发五百万英镑才能完成任务。

机会很快到来。就在 5 月 3 日签订合同当天，高桥是清受邀参加一场银行家之间的晚宴，席间与美国银行家雅各布·希弗（Jacob Schiff）相谈甚欢。希弗是德裔犹太人，对于俄罗斯帝国镇压国内犹太人的举动非常不满，他从 19 世纪 90 年代就开始为

库恩雷波投资银行总经理雅各布·希弗

俄裔犹太人提供资金支持，1900 年更是阻止俄罗斯在纽约发行国债。日俄战争打响后，希弗认为日本能够削弱俄罗斯的势力，于是专程来到欧洲寻找投资日本的机会，但这就没有遇到当时身处美国的高桥是清。一番错过后，希弗发现高桥是清已经在英国发布第一次战时公债，便主动要求帮忙发行另外五百万英镑的国债。5 月 11 日，第一次战时公债同时在纽约与伦敦两个金融市场发行，由于日本在 5 月 1 日鸭绿江之战中表现抢眼，国债迅速被抢购，纽约的应募金额就达到定额五倍，伦敦更是创了纪录，达到二十六倍。

虽然希弗是日本的贵人，但作为银行家，他也不可能做赔本生意。随后 11 月 12 日，希弗帮助日本发行第二次战时公债时，借口日本军队在旅顺久攻不下，多次要求压低发行比例，最终一千二百万英镑的日本国债以折价 86.5%、年利率 6% 的条件发行，这让日本承担了非常高的借贷成本。更麻烦的是，虽然当时也有其他美国投资银行为日本开出相对低廉的价码，但高桥是清还是不敢轻易甩开希弗，担心一旦没了这位巨头就无法继续开展以后的融资工作，于是还是硬着头皮承受下来。可以看出，虽然希弗对俄罗斯颇有微词，但从国际地位来说，日本还是无法与俄罗斯相提并论，这也让日本国债在国际市场的表现不那么抢眼。

之后随着日本在战争中走向胜利，日本国债发行也逐渐获得更好的条件。1905 年 3 月 29 日，在攻克旅顺要塞后，希弗主动为日本承销三千万英镑的国债（第三次战争公债），这比起前两次国债的总和还要多，但希弗依然给出折价 90%、年利率 4.5% 的优惠条件。不到一年光景，西方银行已将日本和其他西方国家放在同等地位，可以说日本的军事成功有效提升了自身的国际地位。

对马海战结束后，日本又接连在伦敦、纽约、柏林等地发行两次国债。五次国债一共为日本募集八千二百万英镑，相当于八亿多日元，占日俄战争日本总军费的 47%。战争借贷让日本财政在短时间内背上大量负担，却也给日本打赢战争打下坚实基础，从借款力度可以看出，日本确实是倾举国之力试图完成明治维新以来最大规模的战争。

在英国银行家与外交官的运作下，1905 年 7 月 31 日，英国国王爱德华七世特地在白金汉宫接见高桥是清与英国驻英公使林董。高桥是清虽然也见过日本天皇，但受外国国王接见，这还是第一次，他自己也说："意识到这是国王，我真是惊恐之至。"

也算是投桃报李，日俄战争结束后的 1907 年，高桥是清也运作日本官方邀请希弗携全家来到日本与朝鲜半岛旅游，同样也安排日本明治天皇接见希弗，当面感谢他对于日本的支持。这次借钱的经历让日本高层明白，如果不跟英美银行家搞好关系，日本不可能在列强之林中屹立不倒。此后，日本与英美等国开始了数年的蜜月期，双方经常互派留学生，搞各种交流，一直持续到二战前夕。

二、政战两略：日本高层对于战争结束的设想

早在奉天会战结束后，看到日本军队取得辉煌战绩的日本政界高层已经开始思考如何结束战争。1905 年 3 月 20 日，伊藤博文的特使金子坚太郎就出面找到美国总统罗斯福，希望美国能作为中间人，斡旋日俄战争。

元老伊藤博文有所动作，那么另一位元老山县有朋当然不能没有表示。3 月 23 日，山县有朋以参谋总长身分撰写《政战两略概论》，对首相桂太郎、外相小村寿太郎明确下达指示：战争分为开战、鏖战、议和三个阶段，现在日俄战争已经进入第三阶段，为了在与俄罗斯的议和中占到优势，政治策略（政略）、军事策略（战略）必须联系起来考虑才行。"一是敌人在其本国尚有强大兵力，而我国已经用尽有限兵力；二是敌人不缺乏中基层将校，而我国自开战以来已损失许多将校，今后不能轻易补充"，所以他认为今后的重点不能继续放在军事层面，更应该放在政治与外交方向。

除去山县有朋之外，日军前线也派来使者。3 月 28 日，日本陆军"满洲军"总参谋长儿玉源太郎中将回到东京汇报工作，提出如今日本陆军虽然占领奉天，但已经无力再前进一步，希望大本营迅速议和。政治人物要讲和，军事人物也打不下去了，那就该议和了。

但对于日本的斡旋申请，美国并没有在第一时间接受。因为在奉天会战后，日本处于优势，如果在这个条件下开启谈判，那么必然导致日本在东北亚的利权分配中占据优势，结果很有可能

金子坚太郎

会把中国东北的利权全部让给日本，这一点是主张在中国东北"门户开放"的老罗斯福不愿意看到的。事实上从 1900 年前后开始，这位极富远见的美国总统便提出所谓的太平洋战略，即美国的战略重心从大西洋一侧转移到太平洋一侧，相继吞并夏威夷与菲律宾等地区，那么对于太平洋西海岸的另一大重点地区——中国东北与朝鲜半岛，美国自然也要小心行事，避免日本与俄罗斯任何一方占据过多优势。

于是 4 月 20 日，老罗斯福第一次给金子坚太郎发来消息，提出美国斡旋日俄谈判的前提条件是日本放弃在中国东北的特殊利权，恢复中国东北的"门户开放"地位。25 日，外相小村寿太郎回电表示同意。但随后老罗斯福又不做进一步表态，他希望能通过双方进一步的作战互相消耗实力，直到双方军力达到一个均势再主持谈判。

但老罗斯福没有想到，日本海军在 5 月 27 日对马海战取得大胜，这让俄罗斯海军再无可战之兵，也让日俄谈判对比进一步失衡，这反而让老罗斯福担心日本会借优势地位强迫俄罗斯让出更多利权，那美国在东北亚的利益就难以保障。恰在此时，日本驻美公使高平小五郎主动拜访老罗斯福，正式表达自己的要求："日本政府希望美国总统直接且自发建议日俄两国为直接会谈而相互接近。"这个就坡下驴的举动获得老罗斯福的认可，于是他以美国总统的身分致电尼古拉二世，表示愿意居中斡旋停战事宜。

6月7日，尼古拉二世接见美国驻俄大使，表达对于美国总统的信任，并愿意与日本探讨和平条约问题。随即，美国政府以官方形式给日俄两国发布协议，希望安排和谈，之后数日，日本与俄罗斯政府分别以官方形式认可这一要求。不久之后，美国政府邀请日俄两国的全权谈判代表于8月9日在美国新罕布什尔州朴茨茅斯军港开启正式谈判。这个位置与日俄两国提议的中立谈判地芝罘（日本提议），巴黎（俄罗斯提议）都很远，两国代表想通信都得用美国的电信线路，而且朴茨茅斯军港距离附近最大

西奥多·罗斯福

城市纽约也有四百公里距离，到时候美国就很容易掌握双方谈判进程，更容易控制任何一方的狮子大张口，尤其是日本。

　　日本得知消息以后，明白留给自己的时间不多了，于是赶在谈判之前继续对俄罗斯远东领土萨哈林岛（库页岛）发起攻击。7月4日，日本陆军新近组建的第十三师团从日本本土出发，于7日登陆萨哈林岛南部。守备俄军只有一个步兵营与两个炮兵连，总人数不超过七千人。这个规模对比日本第十三师团一万四千人的规模确实难以相提并论，于是日军推进速度非常快，7月16日与31日，萨哈林岛南部与北部的两股俄军先后投降。

　　看到日本在短短一个月时间里又夺取一座战略要地岛屿，英美等国彻底坐不住了。于是7月29日，美国政府派遣国防部长威廉·塔夫托（William Taft）来到东京，与日本首相桂太郎签署协定，双方互相承认日本在朝鲜半岛、美国在菲律宾地区的利权；不久之后的8月12日，日本与英国更新同盟条约，本次双方将

威廉·塔夫托

军事互助同盟更改为攻守同盟（第二次日英同盟），换言之，就是双方未来再遇到任何战争必须共同进退，条文中英国也认可"日本有权在朝鲜半岛采取正当而必之指导、监理与保护措施"，这意味着日本已经在对俄罗斯的谈判中抢占先机。

但即便如此，日本在谈判桌上依然没有获得多少利益。

三、议和条约：小村寿太郎是赢是输？

1905 年 9 月 5 日签订的《朴茨茅斯和约》其实并不复杂，一共六条：一是俄罗斯承认日本对朝鲜半岛有优先权，基本上等同于认可日本独霸朝鲜半岛；二是日俄两国军队全体从中国东北撤出，但守备中东铁路及南部支线的铁路守备队可以驻留；三是俄罗斯割让北纬 50 度以南的萨哈林岛领土；四是俄罗斯向日本转让长春至旅顺之间的铁路线附加的煤矿开采权；五是俄罗斯向日本转让旅顺口与大连湾一带的租借权；六是日本人可以进入俄罗斯滨海州沿岸打渔。

不过问题在于，日本当时媒体一致认为小村寿太郎在谈判中失败了。因为他既没有让俄罗斯赔偿一分钱，日本军队还必须把已经占领的萨哈林岛交还一半，如此一来，战胜国历来享有的"割地赔款"权也就被大打折扣，这一点让日本国内舆论非常不满，具体怎么不满，下一章谈。这一章主要谈论一个关键问题，那就是作为日本全权谈判代表的小村寿太郎在美国的表现到底是成功还是失败呢？

评论成败，首先要从是否满足日本政府的谈判要求入手。1905 年 6 月 30 日，就在日本决定开启和平谈判前，日本元老通过首相桂太郎发布《对日俄议和谈判全权委员的训令案》，里面把谈判条件分为三大部分，分别是：（一）绝对性必要条件，分

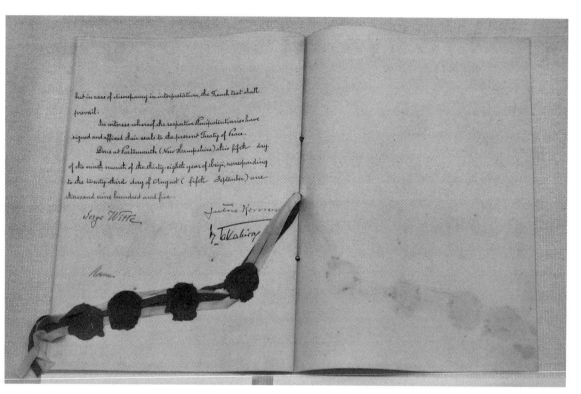

朴茨茅斯和约

别是俄罗斯认可日本占领朝鲜半岛，日俄两军共同撤出中国东北，俄罗斯出让辽东半岛与哈尔滨至旅顺铁路给日本；（二）比较性必要条件，分别是俄罗斯向日本赔款、将逃亡中立国的军舰引渡给日本、割让整个萨哈林岛、日本渔民可以在俄罗斯远东沿海捕鱼；（三）附加条件，分别是限制俄罗斯远东海军规模，以及把符拉迪沃斯托克改为商港。

　　如果逐条对照可以发现，最终的《朴茨茅斯和约》基本达成日本政府的"（一）绝对性必要条件"，同时还达成"（二）比较性必要条件"四项中的一项半（割让萨哈林岛的一半，渔民活动）。换句话说，小村寿太郎不仅完成既定任务，也完成一部分超额任务，所以只从条文来看，日本这次谈判非常成功。相反对比起来，尼古拉二世在和议期间明确下了"一个卢布、一寸土地也不给日本人"的死命令，然而最终俄罗斯全权谈判代表维特却还是赔了萨哈林岛的一半给日本，这其实说明俄罗斯的谈判并不成功。

只不过，从当时世人的印象来看，俄罗斯打了这么惨的败仗却只是赔了一个远东荒岛的一半，日本打了这么漂亮的胜仗却是一分钱战争赔款也没拿到，这么看来似乎日本在谈判技巧上是差了一些。当然，这种先入为主的观点并没有错，事实上和约签署前夕，小村寿太郎也把自己关在房间里哭了一个晚上，多少说明他对这件事情无法心甘情愿。然而也需要注意，日本虽然在这场战争中击败俄罗斯，但其国力仍然没办法与俄罗斯抗衡，如果俄罗斯下决心与日本杠到底，那么日本的结局不一定会比四十年后的太平洋战争好多少。毕竟四十年后的太平洋战争中，日本在1941 年 12 月开始的一年半时间里也是占尽先机。

小村寿太郎的另一大失策，也来源于他们不擅长应付美国媒体。维特与俄罗斯代表团来到美国后，几乎一有时间就会与美国媒体联络，力陈自身所提出的谈判条件并反复论证其正当性；然而反观小村寿太郎，他把更多精力用于如何在谈判桌上谈来更多利益，几乎与美国媒体不接触。一动一静，美国舆论必然偏向于俄罗斯一方，那么"割地赔款"这种大家都在干却好说不好听的 19 世纪常例自然不会受到舆论支持。

事实上就在日本坚持"割地赔款"要求的时候，正是美国总统老罗斯福在 8 月 22 日告诫密友金子坚太郎：日本必须放弃战争赔款才有可能达成和平。正是这项要求让日本内阁正式决定放弃战争赔款，而作为达成和平条约的补偿，小村寿太郎才提出将萨哈林岛南部割让给日本。8月30日，英国《泰晤士报》对日本愿意放弃战争赔款的"仿佛传统的骑士道精神"表示赞扬，提到"日本人一直觉得只为钱而战是有损名誉的不洁行为"。

考虑到十年前日本从《马关条约》中获得两亿两白银的战争赔款，《泰晤士报》这番赞扬自然是虚伪的。但之所以在当时发表这种"高见"，其主要原因便是欧美列强都不希望日本在财政上过度挤压俄罗斯。毕竟当时的俄罗斯爆发的轰轰烈烈的1905年革命，有任何闪失都是欧美列强所难以接受的。

而且关键在于，随着俄罗斯势力逐渐缩小，与英国的矛盾也越来越小。1904年，英国地缘政治学家哈尔福德·麦金德（Halford Mackinder）在英国皇家地理学会宣读其著名报告《历史的地理枢纽》（The geographical hub of history），明确提出英国的主要敌人已经不再是俄罗斯。按照他的说法，世界并不是单纯二分为"陆权国"与"海权国"，而是应该三分为：（一）"心脏地带"（heartland）（即占据西伯利亚与东欧的国家）；（二）"陆海两属国家"，即围绕在"心脏地带"外围的"内新月"圈（如中东、中国、西欧、南欧、北非）；（三）海洋国，即英国与美洲、大洋洲等"外新月"圈国家。

按照这种理念，大众认为的典型陆权国家，比如德国，事实上应该归类为陆海两属国家，需要在陆地与海洋两个方向防备敌人或开疆拓土。一旦强大，必然会对大陆国家与海洋国家同时产生威胁，促使两方联合起来加以绞杀。麦金德的这份报告深远影响了后来的历史：事实上日后的两次世界大战中，无论殖民地分割或意识形态纷争多么激烈，英美等海洋国家都会与身处心脏地带的俄罗斯帝国（或苏联）联手，剿灭崛起于欧陆中央的德国。换句话说，英国已经把主要目标转移到德国身上。

至于日本，在麦金德另一本著作《民主的理想与现实》中，

朴茨茅斯会议现场

日本的设定是与英国相似的"滨外岛"（off-shore island），即
欧亚大陆外围岛国。作为太平洋西侧面积最大的岛国，日本正处
于美国与欧亚大陆最繁忙的航线之上，所以海洋国家决不能接受
日本江户幕府闭关锁国。但反过来说，日本一旦愿意打开大门，
也会受到英美两国的高规格礼遇。日本能够击败俄罗斯，就是由
于英美等国对于俄罗斯成为"陆海两属国家"的恐惧，只要俄罗
斯愿意缩回去，大家就都还是好朋友。

但以日俄战争为开端，日本悄然开始改变自身单一的"海洋
国家"属性，向着大陆方向进发而去。

四、日韩合邦：日本帝国鲸吞朝鲜半岛

　　1904 年 2 月 23 日，日俄战争刚刚开启，日本不容许朝鲜半岛中立，于是迅速强迫李氏朝鲜签订《日韩议定书》，明确"大日本帝国政府确实保证大韩帝国之独立及领土完整"（第二条），同时日本拥有在朝鲜半岛"临机使用军事战略上之必要地点"的权力。由于这一时期的日俄战争尚处于起始阶段，日本没有太多政治资源考虑李氏朝鲜的政权组建问题，于是便先行夺取其军事据点以为己用。

　　随着战事进展逐步顺利，日本也开始对朝鲜半岛施加政治影响。5 月 18 日，元老伊藤博文来到汉城，敦促李氏朝鲜废除与俄罗斯签订的一切条约；8 月 22 日，日本政府强迫李氏朝鲜签订第一次《日韩协约》，规定李氏朝鲜政府必须雇用由日本推荐的人选担任财务与外交顾问，任何外交事宜必须与日本协商。取消外交自主权是吞并朝鲜半岛的重要步骤，随后朝鲜外交机构逐渐从汉城转移到东京。

　　很明显，日本在战争进行过程中就已经把朝鲜半岛视为囊中之物。1905 年 1 月 25 日，日本驻美公使高平小五郎也特地向老罗斯福提出："朝鲜半岛已自然成为日本帝国之国防外围，因而我帝国政府认为，在该国完全维持帝国之优越势力，对于帝国之康宁静谧不可或缺。"这番要求得到老罗斯福的默许，也就有了后来 7 月桂太郎与美国国防部长塔夫托签署的备忘录。老罗斯福甚至表示"即使日本单方面宣布在韩国设立保护权，也予以支持"。

　　日俄《朴茨茅斯和约》签署后，日本对于朝鲜半岛的"优越权"得到盟友英国、斡旋方美国、敌对方俄罗斯三方的共同认可。11 月 17 日，日本驻朝鲜公使林权助逼迫李氏朝鲜政府签订第二次《日韩协约》，这一次的协约比起上一次要更加严苛，不仅剥夺李氏朝鲜独立的外交权，还要"设置一名统监作为代表，驻在汉城，并有谒见韩国皇帝陛下之权"。随后的 12 月，元老伊藤博文被任命为初代"朝鲜统监"，这也成为日本吞并朝鲜半岛的过渡形态。1906 年 3 月，伊藤博文来到汉城赴任。

　　由于朝鲜半岛抵抗日本的运动越来越频繁，伊藤博文首先开始扶持亲日朝鲜人组织一进会作为统治工具。一进会由原东学党干部李容九在日本成立，李容九原本是持反日倾向的朝鲜人，但由于东学党起义受到李氏朝鲜政府打压，再加上日本势力强大而投靠日本。1905 年 11 月，一进会宣布承认两次《日韩协约》合法有效，在谍报、军事运输、铁路建设等方面支持日本，同时约

第一次《日韩协约》

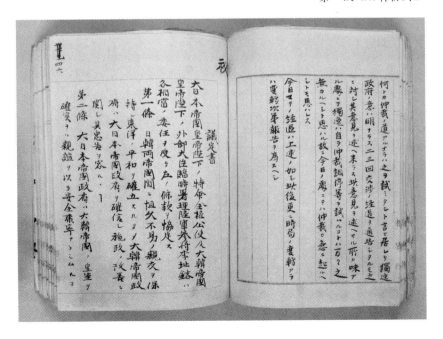

定帮助镇压反日运动。

一进会幻想利用日本人的支持发起暴动，废黜韩皇李熙，由自身成员组建内阁，在伊藤博文为首的朝鲜统监府的率领下实施渐进改革，组织"日韩合邦"。1907 年 2 月 2 日，一进会的日本顾问内田良平向伊藤博文致函，提出利用一进会逼迫皇帝退位，之后再由朝鲜统监府代替李氏朝鲜政府施政，布告免税两年，最终再把一进会解散，如此便可以利用朝鲜人内部暴动瓦解李氏朝鲜体系。对于这个想法，伊藤博文并不完全支持，他依然认为日本应该处于"超然"地位，组建一个由朝鲜人领导的政府，以防朝鲜半岛民众把怒火对准自己。

不过一起"韩皇密使事件"却严重动摇了伊藤博文的决心。1907 年 7 月，韩皇李熙密使来到海牙，准备以独立国家代表的身份参加第二次国际和平会议，遭到欧美列强集体拒绝入场。这起事件让伊藤博文非常警惕，于是主张"缔结更进一步的条约，让渡一些内政权利于我国"。于是在他的推动下，韩皇李熙在 7 月 19 日让位于太子李垠，同时 24 日签订第三次《日韩协约》，这一次李氏朝鲜政府明确提出"在改善施政方面接受统监的指导"，把内政治理权、法律法令颁布权全部让渡给日本。7 月 31 日，朝鲜统监府除留下不足七百人的近卫步兵队外，韩军整体解散；8 月，又任命一批朝鲜内政官员，包括内务部次官、农商工部次官、学部次官、法部次官、警务总长等人在内的职位均由日本人出任。

这起事件不仅动摇了伊藤博文的决心，也动摇了他在朝鲜半岛的地位。由于伊藤博文在日本逐渐被桂太郎等人架空，这一时期的伊藤博文力求在朝鲜半岛实现政治理想，即采取渐进手段让朝鲜半岛逐步纳入到日本的统治下。韩皇密使事件后，在朝鲜的日本各团体开始策划让伊藤博文下台，这个举动获得日本元老山县有朋的支持。于是 1909 年 6 月，伊藤博文辞去朝鲜统监职位转任枢密院议长，最终 10 月 26 日在哈尔滨火车站遭到朝鲜独立人士安重根袭击而去世。

伊藤博文退出历史舞台让日本吞并朝鲜半岛的速度进一步加快。1909 年 11 月，一进会提出所谓的"日韩合邦"请愿书，这一点最初由当时的第二任朝鲜统监曾祢荒助驳回，首相桂太郎知悉情况后，迅速将他撤掉，任命内阁里的陆相寺内正毅在 1910 年 5 月成为第三任朝鲜统监，并迅速接受请愿书。

最终在 1910 年 8 月 23 日，韩皇李坧宣布接受合并，签署《日韩合并条约》，其中第一条即宣布"韩国皇帝陛下将关于全韩国之一切统治权全部及永久让给日本国皇帝陛下"。根据条约要求，韩皇家族以"李王家"身分进入日本贵族体系，并成为日本贵族体系中介乎于日本皇族与华族之间的"王公族"。

伊藤博文身穿朝鲜民族服饰的照片

当年 9 月 12 日，在"日韩合邦"中起到关键作用的一进会遭到解散，日本政府发放十五万日元遣散费给九万二千名会员。对于这一点，李容九深感后悔与受骗，他拒绝日本政府给予的侯爵之位，最终在第二年 5 月郁郁而终。1910 年成为朝鲜半岛历史上彻底沦为殖民地的起始之年，直到 1945 年二战结束为止，朝鲜半岛一共度过三十五年的被殖民时光。

五、日俄协约：日本突入满蒙与国际地位变动

在策划吞并朝鲜半岛的同时，日本侵略铁蹄也突入中国东北，这也让日本触到美国的逆鳞。

早在 1905 年 3 月，美国铁路大亨爱德华·哈里曼（Edward Harriman）来到日本，希望与日本政府建立合资公司，共同管理刚刚从俄国人手中接收来的中国东北南部铁路（所谓的"南满铁路"），这既是一种示好，也是一种考验。由于日俄两国谈判由美国斡旋，日本外务省便在 10 月 12 日私下与哈里曼草签协议，表示愿意合作；但随后的 16 日，小村寿太郎回到东京，非常生气下属与美国达成的这个协议，于是在 1906 年 1 月，当国际外交局势逐步稳定下来，小村寿太郎亲自撕毁这项草案，之后单独设立"南满洲铁道株式会社"（即"满铁"）管辖具体运营工作。

得悉这一消息，协助调停日俄战争的美国总统老罗斯福非常生气："日本人傲慢又好战，还在日俄战争中取胜，美国必须以日本为假想敌扩张海军。"从表面上看，日美两国是围绕铁路问题出现纷争，但从深层次角度看，日本独霸中国东北的战略已经很难再说是一种海洋国家战略，而是日本人自己所说的"大陆战略"，这就让美国开始警惕：这个本来只是欧亚大陆"滨外岛"的国家，是否会进一步深入内陆，成为陆海两属国家呢？

　　这一点在日本 1907 年 4 月制定的《帝国国防方针》里第一次获得体现。从第二次山县有朋内阁（1900 年前后）开始，海军曾主张所谓的"海岛帝国论"，认为四面环海的岛国，国防应以建设强大海军为主，陆军协同海军发展。然而这份《帝国国防方针》却明确提出"我帝国虽四面环海，但从国是与政策而言，国防断不可偏重于海陆中之一方，何况今日已在隔海相望之满洲、韩国获得利权。"无论英美等国是多么想把日本拖入单纯的海洋国家阵营中，日本本身都已经向着"陆海两属国家"的方向进发，这也成为日本日后与英美等国交恶乃至开战的关键原因。

　　但需要注意，日本虽然决定朝大陆方向进发，但这并不说明他们就放弃建设强大的海军。事实上也是在这份《帝国国防方针》里，日本海军也确定了所谓的"八八舰队"计划，即建设一支由舰龄八年以内的八艘战列舰、八艘装甲巡洋舰组成的海军舰队，并以美国为假想敌。这份扩军计划被认为与德国在 1900 年通过的第二次《舰队法》有着异曲同工之处，目的均在与身边的海洋大国（德国对英国，日本对美国）发起战略挑战。这就对美国的太平洋战略形成巨大冲击。

　　为了缓解美国方面的压力，日本反而采取对俄主动的外交态度，在 1907 年 6 月、7 月分别与法国、俄罗斯签订《日法协约》与《日俄协约》，互相达成谅解。在《日俄协约》的秘密条款中，日本与俄罗斯对于东北亚利权进行划分：首先，俄罗斯承认日本在朝鲜半岛的优越权，作为交换，日本承认俄罗斯在外蒙古的特殊利益；其次，两国针对中国东北划定利权分界线，即"以俄韩边境之西北端为起始点，经珲春及必尔腾湖（镜泊湖）北端至秀水站划一条直线，自秀水站沿松花江至嫩江河口再上溯至嫩江水路至托罗河河口，后沿托罗河水路至托罗河与格林威治东经 122度之交叉点"，这条分界线的南部为日本所占据的所谓"南满"，

南满洲铁道株式会社总部旧址

北部为俄罗斯所占据的所谓"北满"。

之后到1912年7月8日，日本与俄罗斯又第四次签订协约，这一次不仅把中国东北分为"北满"与"南满"两部分，更把前一次未能达成协议的内蒙古地区也进行瓜分。条约规定："以北京经度(格林威治东经116度27分)将内蒙古分割为东西两部分"，俄罗斯与日本分别以"西部内蒙古"与"东部内蒙古"为势力范围。此后日本将自身在中国东北的利权通称为"满蒙"问题。

美国当然不愿放弃中国东北利权，1909年11月6日，美国国务卿诺克斯提出"满洲铁路国际管理计划"，要求各国提供资金给清朝，赎买中国东北所有属于外国的铁路，再由各资金提供国设立委员会共同管理中国东北铁路。如此一来，美国便可以"在日俄中间创建一个缓冲带，并将保证和平与门户开放"，亦即保证美国在中国东北的利权。

对于这个所谓的"诺克斯计划"，日俄两国联手抗议，并在1910 年 7 月 4 日于圣彼得堡签署第二次《日俄协约》，明确提出两国在中国东北的铁路经营"不进行一切有害竞争"，以求共同反对中国东北铁路中立化的方案。除去日俄两国外，英国对这个建议的态度也不积极，他们更关心当时中国西南部的川汉铁路事宜，而且还在 1911 年 7 月与日本缔结第三次日英同盟协约，英国出于担心日本与美国开战，便不再把"对美开战"作为这份攻守同盟的义务；作为交换，条约中也明确提出"保持两缔约国在东亚及印度地区之领土权"，这就意味着英国事实上默认了日本在中国东北与朝鲜半岛的势力范围。

毕竟 1911 年这个时点距离第一次世界大战的爆发只有不足三年，欧洲各国剑拔弩张，英国也需要把更多精力投入到欧洲大陆，同时也需要协约国阵营中的俄罗斯帮助其制约德国、奥斯曼帝国等同盟国势力。那么在英俄两国同时要面对已经在欧洲崛起的"陆海两属国家"德国时，日本这个刚刚兴起的"陆海两属国家"尚不足以构成威胁，于是就得到欧美列强的集体放任。

六、小结

早从日俄战争时代开始，日本与英国、美国的交往就愈发紧密，靠着欧美金融体系艰难战胜俄罗斯。然而在日俄战争结束后，欧美列强却并没有满足自己的远东代理人日本所觊觎的利权，这就让日本开始与旧日敌人俄罗斯签署数项协约，这说明日本经过甲午战争与日俄战争两场胜利后，已经具备了独立开展外交工作的能力，懂得通过欧美列强之间的内部利益斗争而左右逢源，加速日本在朝鲜半岛与中国东北的侵略步伐。

不久之后的 1912 年 2 月 11 日，日本又与美国重新签订 1894 年 11 月签署的《日美通商航海条约》，随后 1912 年 7 月又与英国改订《日英航海通商条约》，将关税自主权重新收回本国政府手中，这意味着日本彻底废除自 1854 年以来签订的所有不平等条约，日本的国际地位获得显著提升，从一个远东边陲小国升格为世界大国。但也正因如此，日本帝国的存在也逐渐成为世界其他国家的威胁，也为其本身的覆灭埋下隐患。

第九卷 民众崛起

民众运动掀翻藩阀政府（1905—1919）

1905 年 7 月 8 日，日本外相小村寿太郎离开东京新桥车站，准备出国谈判。他看到前来目送的民众，由衷感慨："等我回来，如今在新桥的欢送者恐怕都要骂我啊！"

　　为什么会骂？因为他在出发之前就意识到，自己无论怎么谈，都谈不来日本民众希望的结果。毕竟在他出发前，户水宽人、富井政章等七名日俄战前主张对俄开战的法学专家又发高论：日俄如若议和，必须赔款三十亿日元并割让萨哈林岛、堪察加半岛乃至包括符拉迪沃斯托克在内的滨海州。

　　这番鼓动让民众非常高兴，他们觉得日本在隐忍数十年以后终于可以从白人手中夺取土地与钱财，但小村寿太郎却非常明白，七名法学专家的建议不可能让俄罗斯接受。

　　于是 9 月 5 日，《朴茨茅斯条约》签订的消息传来，日本民众当得知本国仅得到萨哈林岛一半土地的时候，非常气愤，反对修约的国会议员佐佐友房、河野广中等人在国会附近的日比谷公园举办"反对媾和国民大会"，聚集民众反对签约。由于日本政府为了日俄战争筹集九亿日元的内债与临时税收，更承担八亿多日元的外债，国民普遍承受战争带来的生活水平下降，但最终日俄战争的结果与甲午战争完全不同，俄罗斯一个卢布也没有赔付，这就让日本国民群体非常气愤，数千人参与到集会中。

随后，数千愤怒的民众开始在整个东京进行游行，他们突破了三百五十名警察的封锁，向着银座方向行进，参与暴动的人越来越多，三万余人先后袭击国民新闻社、美国驻日本公使馆、基督教会与各处警察署，据说有七成的交番（警察岗亭）遭到砸毁，市内十三处地区遭到纵火。日本政府迅速在9月6日以紧急敕令形式宣布戒严令，并动用陆军近卫师团发起镇压，抓捕两千多人。

这一次"日比谷烧打事件"中，民众同时喊响两个口号，分别是"伸张国权"与"打倒藩阀"。所谓"伸张国权"是指要在国际谈判中获得更多利益，扩张领土与势力范围；"打倒藩阀"则是要推翻以萨摩藩、长州藩出身的元老把持国家政坛的形态，让国内政治进一步透明化与民主化。这就让国内政治民主化与国际政治殖民化两个概念绑定在一起，也成为二战日本国民支持战争的始源：只有愿意对外扩张的政府，才是代表民意的政府。

一、桂园时代：藩阀与政党领袖的交替执政

身处当代回顾近代史，我们确实需要借用很多概念：比如"藩阀"，用来指代伊藤博文、山县有朋等元老控制的，由桂太郎、寺内正毅等人物实际控制的政府。但也需要非常明确地意识到，"藩阀"概念来源于当时拥有鲜明反藩阀态度的新闻媒体，并不为当事人所接受，事实上如前所述，伊藤博文与山县有朋之间的矛盾并不比两人的相同点要少，伊藤博文本人甚至也是近代日本政党——立宪政友会的创立者。而且即便是"山县阀"中，首相桂太郎反而对政党抱以宽容态度。

早在1904年12月8日，日俄战争激战正酣之际，首相桂太

郎与政友会总务委员原敬进行了一次私密会谈，秘密表示自己愿意与政友会组建联立内阁，或是干脆把首相职位让给政友会总裁西园寺公望。之后 1905 年 4 月 16 日，日俄战争大部分战事已经结束，桂太郎担心民间人士不会赞同日俄两国的停战条件，于是对原敬表示"国民不会满意议和条件，本人已有牺牲自身一身之思想准备，本人退出内阁，欲以战后经营为由辞职，其时决心奏荐西园寺"。这基本上说明，早在日俄战争期间，桂太郎就已经意识到民间存在不满情绪，希望以自身辞职以及政党首脑上台做首相来缓解民间情绪。而 9 月 5 日的日比谷烧打事件无疑加速了这个进程，12 月 21 日桂太郎内阁总辞职，他也按照约定将首相职位交给西园寺公望，这也就开启日本历史上藩阀与政党首相交替执政的"桂园时代"。

　　不过，山县有朋本人的思维却依然停留在"政党只顾自身党

桂太郎

西园寺公望

派而不顾国家大局"的偏见上面，对政党内阁极为不信任。1906年3月，众议院通过立宪政友会一份关于简化国内行政区划层级的法案，但到了贵族院（上议院）这份提案却屡经审议也未能通过；第二年2月政友会再度提出这份法案，同样是在众议院获得多数通过，却因为山县有朋的阻挠而在贵族院遭到反对，于是法案只得废除。

1908年6月22日，日本社会主义者在东京神田召开欢迎遭到逮捕的山口义三出狱大会。由于日本社会主义者普遍主张废除君主制，与日本天皇统治国家的"国体"不符，日本官方多次对社会主义者展开抓捕。而在欢迎山口义三出狱大会尾声，激进派社会主义者大杉荣举起绣有"无政府主义"的红色旗帜冲上街头游行，与警察发生冲突，引爆了所谓的"赤旗事件"。之后大杉荣被判有期徒刑十八个月。借助这起事件，元老山县有朋在6月23日上奏天皇，认为首相西园寺公望对于社会主义者镇压不力，成为推倒西园寺公望内阁的导火索。随后7月4日西园寺公望辞职，12日，第二次桂太郎内阁成立，内阁成员均为官僚出身，并无政党人士。

第二次桂太郎内阁成立后，一度打出"一视同仁"旗号，表面上是促使政府与国会政党的合作，实际上却是想要弱化曾经执政的政友会的地位。但谁承想政友会以外的宪政本党、大同俱乐部等议会党派互相之间意见分歧很大，有的虽然愿意与政府合作，却不愿意与其他政党合作，于是桂太郎只能与国会中最大政党政友会（总数三百七十九名议员中有一百八十七名政友会成员）重新合作。在这个过程中，首相桂太郎与政友会总务委员原敬之间进行多次接洽，双方虽然表面上有着矛盾，但私下已经确定了桂太郎辞职之后继续由西园寺公望接任的具体条件。

这种情况的出现便与伊藤博文最早为帝国议会设置的权力有着密切关系。事实上在日本帝国宪法的蓝本普鲁士宪法中，议会只是一个"协赞"机构，亦即只能审核政府的法律提案，不能自主提出提案；然而伊藤博文在日本帝国宪法中却明确为议会设定法律法令的"提案权"，而且政友会本身又是伊藤博文成立的党派，那么即便是伊藤博文已经远赴朝鲜半岛、极少关注国内政务，政党势力依然能有效遏制政府。当然反过来说，比起伊藤博文在1894年两次解散议会酿成甲午战争之举，桂太郎却已经对首相地位非常淡然，他完全不介意在自己任职期间完成许多脏活累活（如第二次桂太郎内阁任期内签署第一次《日俄协约》），然后等政党人士聚集许多不满情绪的时候，便让位给西园寺公望；等到藩阀元老山县有朋也对政党人士有所厌倦，那么到时候再让本来就对首相地位非常淡泊的西园寺公望辞职，自己重新就任首相。

如无意外，这种太极拳还可以打很久。1910 年 12 月 14 日，桂太郎又一次与原敬会面，桂太郎明确提到："现今之元老已经衰老，如山县等元老在伊藤死后已无话可说……如此下去，将来推荐首相时，我想只有我与其他几个人负责了。"的确从实际情况来看，山县有朋已经年过七旬，如果没有桂太郎的帮助便无力统辖陆军，这就事实上让桂太郎的权力逐渐上升。随后桂太郎把内阁里每一个成员都点评一遍，认为他们"不是这种材料"，自己退出政坛以后会"让位于政友会"。1911 年 8 月 25 日，第二次桂太郎内阁辞职，随后继任人选第一次没有经过元老会议咨询，就由桂太郎直接内定给西园寺公望，让他直接获得首相接任权。

日俄战争后为期八年的桂园时代对于日本官僚制度的发展也有着重要意义。随着上层建筑不断更换，为了维护国家稳定，那么官僚系统就必须更加专业化。桂园时代中的 1908 年，日本高等文官试验（相当于现代日本高级公务员试验）行政科的及格人数首次突破一百人（一百一十六人），其中华族出身二人、中低层武士出身三十四人、平民出身七十人，这意味着由底层平民组成的职业官僚队伍已经初具规模。第一次西园寺内阁中，帝国大学出身的官员首次同时就任大臣与次官（大藏大臣阪谷芳郎、大藏次官若槻礼次郎，均为东京帝国大学出身），帝国大学出身且高等文官试验及格的官员也爬升到内务省警保局长的位置；第二次桂太郎内阁中，连警视总监这个历来由萨摩藩把持的位置也首次让给帝国大学出身的官员。很明显，明治维新以后由帝国大学培养的官员已经逐步走入这个国家的中高级官员行业，比起前一辈人，这些人不再有出身之别，更重视学习成绩的好坏，整个国家也从所谓的"藩阀政府"逐步向着专业化官僚过渡。

但就在国家趋于稳定时，陆军却又成为不安定的势力，直接导致桂园时代的稳定遭到破坏。

二、大正政变：护宪运动爆发

　　1912 年 8 月，第二次西园寺内阁的陆相上原勇作中将根据刚刚吞并朝鲜半岛的实际情况，要求新设两个常备师团。所谓师团不仅是一个军事作战单位，同时也是一个地方军政单位，师团部一般会设在一个地区性大城市，并在周边中小城镇设置联队部、大队部等机构，负责兵员招募、士兵训练、武器装备等军队运营事宜，还需要士兵营地、操练场地等。所以新设师团一般都需要对一个地区进行重新规划。

　　当时日本尚未摆脱日俄战争带来的巨额债务，所以内阁非常

上原勇作

为难。西园寺公望分别在 8 月至 11 月间三次找到元老山县有朋请求调停，不过山县有朋的前后态度却完全一致，那就是"反正要让上原陆军大臣不为难才好"。在 11 月 10 日的会面中，山县有朋甚至搬出刚刚去世的明治天皇来压他："陆军二十五个师团与海军五十万吨乃是先帝陛下钦定。"另一方面，原敬在 11 月 11 日也找到了已经就任内大臣的桂太郎，内大臣是一个在内廷专职服务天皇的职位，一般出任这个职位就意味着职业生涯进入尾声，所以桂太郎也不愿意过多干涉这个问题。

更关键的是，当年日本海军也重提军备充实计划，旨在接下来的六年时间里连续拨款三亿五千万日元建造七艘战列舰与二艘装甲巡洋舰，获得西园寺内阁的首肯。这一点彻底激怒陆军，12 月 2 日，上原勇作发动武官的所谓"帷幄上奏权"，直接面见大正天皇并宣布辞职。在日本帝国的体制下，所有内阁成员都拥有同等地位，首相并不是所有阁僚的领导，而是协调人，所以一旦内阁阁僚宣布单独辞职，首相想保全内阁的唯一方式就是兼任该职位。但由于 1900 年日本政府确定"军部大臣现役武官制"，没有军人身分的西园寺公望无法兼任陆相，于是 12 月 5 日第二次西园寺内阁宣布总辞职。

从个人性格来讲，西园寺公望长期不从事政治事务，更多的是以其公卿出身的背景成为元老与政党人士之间的调停人，他本人在任期间也几乎没有通过什么有意义的法律法令。所以对于担任首相执政之事，西园寺公望本就没有什么留恋，再加上上原勇作逼迫太紧，首相自然萌生退意。宣布辞职后，西园寺公望推荐桂太郎作为继任首相，这明显是承继桂园时代的传统。桂太郎早就不愿意担任首相，但经不住反复劝谏还是担当首相职位。

不过桂太郎确实没想到，自己此番执政会创下日本在二战以前最短的内阁执政纪录。

虽然西园寺公望有主动让位之意，但由于陆相单独辞职引发内阁崩溃，新闻媒体还是更愿意把这件事解读为"藩阀颠覆政党内阁"，许多国会议员带头反对。12 月 19 日，就在新内阁建立之后两天，各党派议员数十人在东京歌舞伎座召开护宪大会，以"打破藩族，维护宪政"为口号，吸引听众超过三千人。听众不仅有议员与记者，甚至一些路过的普通市民也参与其中。毕竟这些人亲身经历日俄战争带来的苛捐杂税，苦不堪言，正好借机宣泄情绪。

不过，第三次桂太郎内阁如此迅速倒台还另有一大原因，即桂太郎准备仿效伊藤博文成立一个由亲政府议员组成的党派，而不再与议会中既有的政友会等政党合作，这也就有了当年成立的立宪同志会。1913 年 1 月 20 日，桂太郎召集记者阐述自己的基本观点："余历次内阁已不知多少次与既成政党磋商，以促使国务之实施无阻，宪政之运作圆滑。而今洞察当前时局，顿觉不该再重复此类事情。"也就在这一天，桂太郎以印制预算方案有所延迟为由，判令议会从 1 月 21 日休会。

另立新党之事让包括政友会在内的既成政党非常警惕。从当时的媒体宣传来看，护宪运动是神圣而不可逆转的浪潮，桂太郎也被当成藩阀核心人物。但从实际情况来看，桂太郎成立的立宪同志会与伊藤博文成立的立宪政友会有着非常接近的一面：都是由政府首相领导，以官僚为核心人物，吸收一些原民间政党人士组成。换句话说，与其说政友会等党派是为了"护宪"反对桂太郎，不如说是为了反对桂太郎而找了"护宪"做理由。

为了稳定形式，桂太郎动用自己担任内大臣时的政治资源，运作由大正天皇发布《和衷共济诏书》，要求国会内部在明治天皇付丧期间（1912 年 7 月开始的一年）禁止内斗，这件事立刻让政友会的反桂太郎人士找到突破口。2月5日，政友会著名议员、在民间有着"宪政之神"美誉的尾崎行雄在众议院会议上批判藩阀："他们开口就是忠君爱国，好像忠君爱国是他们的专利，但真到做事，他们却狐假虎威，躲在龙椅后面偷偷干掉政敌"，"他们拿龙椅作挡箭牌，拿圣旨做炮弹，把政敌一个个打倒。"在这番演讲后，尾崎行雄正式在国会提出对第三次桂太郎内阁的不信任案。

桂太郎在当天立即休会五日，并决定在2月10日商讨是否重新开幕众议院会议，找到政友会总裁西园寺公望让他压回这项提案。然而2月8日下午，在西园寺公望出席政友会本部会议时，强烈的反桂太郎声浪把他的主张压了下去。他也只好在当天向桂太郎坦承："不是我想怎么样，这个两百几十人的政党就会完全

尾崎行雄

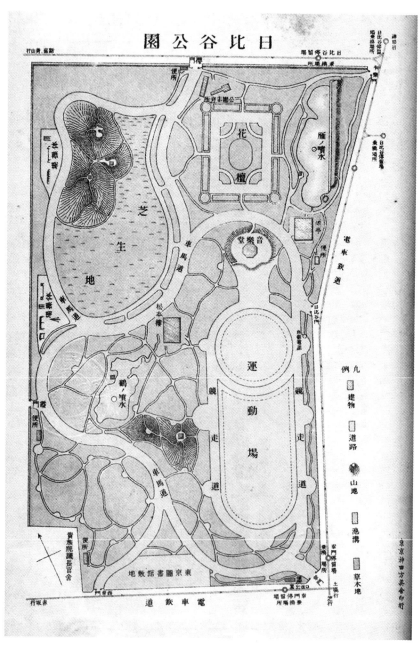

日比谷公园1907年内部示意图，该地也成为日本民众运动"圣地"

听我的。"事实上后面西园寺公望也确实在 2 月 9 日召开党干部大会，宣布接受大正天皇发布的"停战"诏书，结果却遭到政友会普通成员的无视。

2 月 9 日，各党派议员在东京召开第三次护宪大会，吸引超过两万人聚集，这让他们备感国民支持。随后 2 月 10 日，政友会的众议院议员召开全体大会，表决是否同意国会继续召开。西园寺公望与原敬看到群情激愤就想要推迟一天，谁承想现场议员强行通过一份《本党依然要采取预定行动冲刺》诀议，要求会议必须在当日召开。

这时日本近代史上颇具象征意义的一幕出现：国会议员佩戴白玫瑰勋章，手挽着手冲向众议院，要求会议必须马上召开：数万民众在日比谷公园聚会，簇拥着国会议员冲进众议院，随后在国会之外停滞不走，继续要求桂太郎立刻下台。眼见天皇圣旨没用，桂太郎一度试图解散议会重新大选，但却遭到当时的众议院议长大冈育造反对：如今解散国会，很可能会出现如同 1905 年日比谷烧打事件的暴动。

于是 2 月 11 日，仅仅延续六十二日的第三次桂太郎内阁宣布总辞职，日本民众运动第一次成功推翻当政内阁，这也为大正时代日本民众运动的勃兴打下基础。

然而民众并没有因为桂太郎下台就停止骚动，事实上在东京市中心的二十六家新闻社与四十八个警察岗亭就又一次遭到袭击，桂太郎成立的许多立宪同志会成员私宅也成为民众袭击的要地，最后甚至连政友会高层原敬等人的宅邸也成为攻击对象，全国各大城市的暴动持续数日才逐渐消退。2 月 19 日，原敬在日记中写道："招致如此局势之原因，毋庸置疑是桂太郎定错方针，以及民心在日俄战争后逐渐起了变化。"所谓"定错方针"，自然是指桂太郎成立立宪同志会，而所谓"民心起了变化"，则是在说许多日本政治家与新闻媒体人士都发现：城市暴动可以把自己的愿望上达天听，逼迫高层做出反应。

三、鳗香内阁：山本权兵卫内阁解体与首相人选困难

整个大正政变中，最大获益方无疑是日本海军。

日本陆军的扩军方案遭到国民舆论抵制，进而演变成一场对陆军军人出身的桂太郎内阁的批判与颠覆；立宪政友会表面上是赢家，实际上却反而体现出西园寺公望无法掌控政党中基层议员的事实。在桂太郎辞职后，山县有朋、松方正义、西园寺公望三人召开元老会议并商讨继任首相问题。前两人本想继续按照桂园时代的传统推举西园寺公望担任首相，但考虑到政权更迭速度太快，西园寺公望便转而推荐当时的海军元老，亦是日俄战争时代的功勋重臣山本权兵卫大将，而政友会也顺势与山本内阁形成合作关系。

1913 年 2 月 27 日，众议院重新开会，海军军人出身的山本权兵卫一上来就展现出抢预算的本事，在不到一个月的时间里把 1913 年海军预算增加七百四十万日元；随后在 1913 年底的国会中，山本权兵卫又一次为海军在 1914 年预算案中争取到新计划拨款七千万日元。这些金额莫说成立两个陆军师团，即便是新设立十个师团都还会富裕，也足见一件事情本身究竟怎么样，与新闻媒体口中的评价完全是两码事。

而且，山本权兵卫还进行了一次非常重要的改革，即把 1900 年山县有朋推行的"军部大臣现役武官制"进行调整，改为"军部大臣武官制"，亦即不仅现役的大将、中将可以出任陆相、海相两个官职，预备役与后备役的大将、中将也可以出任，而由于

山本权兵卫

当时日本军队对于预备役与后备役将官基本上不甚管辖，如此一来就等于缩小陆海两军对于内阁政治的影响。陆军为了对这一决定表示报复，故意把山本权兵卫内阁的陆相木越安纲中将从现役转为预备役，这位本来位列桂太郎、寺内正毅之后的陆军三号人物也无缘升任陆军大将军衔。

或许正是因为山本权兵卫对于陆军既得利益阶层削减太多，随后海军与内阁也出现丑闻。1914 年 1 月 21 日，路透社报道一名德国西门子公司雇员里希特盗取公司机密文件，并以其中涉及行贿丑闻一事勒索西门子东京分公司负责人，遭到德国法院判处恐吓未遂。虽然这件事表面上与日本无关，但里希特公开的资料却明确记载西门子公司曾向日本海军高官行贿。

1 月 23 日，立宪同志会议员岛田三郎在国会质询这起"西门子事件"，然而首相山本权兵卫的回答却不甚清晰，随即有关海军腐败的新闻遍布街头巷尾。2 月 10 日，立宪同志会弹劾山本内阁，虽然这起弹劾案遭到否决，但一些愤怒的民众又像前一年一样包围国会，甚至闯进外围护栏，要求山本权兵卫下台。

山本内阁本就摇摇欲坠，没想到屋漏偏逢连夜雨，3月12日，司法系统又发现与西门子存在合作关系的三井财阀也曾向海军高官行贿。两件事情加在一起，海军势力受到重大打击，由山县有朋把持的日本贵族院迅速否决日本海军的预算增加方案，这也逼迫山本权兵卫在3月24日正式宣布辞职。

对于山本权兵卫的继任人选，元老会议又商讨多次，先是决定由贵族院议长德川家达担任首相。但由于德川家达正是江户幕府德川宗家的传人，于是德川家达提出"切不可让德川重掌政权"，固辞不出。于是3月31日，元老会议将这个位置交给山县有朋派阀的一位老臣清浦奎吾。

然而得知清浦奎吾即将出面，4月2日，议席最多的立宪政友会、立宪国民党两党同时表示反对，并宣布决不与清浦奎吾合作，以防他成立所谓的"超然内阁"。"超然内阁"一词最早用于第二次山县有朋内阁，意指内阁与政府施政完全不考虑众议院的意见。的确，在很长一段时间里，日本政府都是靠内阁成员与元老本身发挥力量，不把众议院放在眼里，"超然"于议会之上。

除去受到议会的反对之外，清浦奎吾还受到海军的反对。为了找到海相人选，清浦奎吾特地找到日俄战争时期的联合舰队参谋长加藤友三郎中将，希望他能够出任这一职位。加藤友三郎代表海军提出一个要求，即重新恢复1914年日本海军军费方案。这一点算是戳中清浦奎吾与整个日本陆军的痛处。毕竟无论是西门子丑闻之后的政治操作，还是山本权兵卫内阁辞职，重要目的便是把海军军费投入陆军使用。一旦给海军重新增加军费，陆军一直以来的努力就等于泡了汤。

　　于是 4 月 6 日，清浦奎吾拒绝海军的要求，而加藤友三郎也拒绝就任海相，由于缺失海相人选，清浦奎吾只好对记者抱怨道："我好似站在大和田（东京著名鳗鱼料理店），只闻得到香味，却吃不到美食啊！"这句话也让清浦奎吾未能成形的内阁被媒体挪揄为"鳗香内阁"。

　　经过反复商讨，元老山县有朋与井上馨同时想到一个过渡性人物，即 1898 年曾担任首相的大隈重信，时年七十七岁。在 1898 年宪政本党崩溃后，大隈重信便淡出政坛，成立早稻田大学以笼络学子，总体而言是处于赋闲状态。于是井上馨特意找到大隈重信，两人捐弃前嫌，聊起三十多年前为订立宪法、修改不平等条约而努力的壮年时代，共同决定抑制"政友会之横暴"。于是 1914 年 4 月 16 日，第二次大隈重信内阁成立，日本也随之进入下一个充满党争的时代。

清浦奎吾

四、政党相争：政友会与同志会（宪政会）之间的派系争斗

第二次大隈内阁选择与立宪同志会合作。外相加藤高明、财相若槻礼次郎、农商务相大浦兼武三人全部出自立宪同志会。而且加藤高明是三菱财阀创始人岩崎弥太郎的女婿，若槻礼次郎与大浦兼武两人则是官僚出身，足见这届内阁是专门为了对抗政党势力，特别是立宪政友会而产生。

对于大隈重信与山县有朋派系来说，最重要的议题就是打击立宪政友会。事实上在与井上馨的对话（1914 年 4 月 11 日）中，大隈重信就已经丝毫不掩饰自己对于政友会的厌恶："政友会就像寄生虫，离开政权马上就要死。"这种表述对于一向温文尔雅的大隈重信而言实属罕见，也足见他始终认为政友会是破坏政局之党派。

上位之后不久，元老会议就盘算着解散议会重新大选，不再让政友会把持国会中的最多席位（三百八十席中的二百零二席）。随即，第一次世界大战爆发，元老会议与第二次大隈内阁认为这是一个好机会，便借助出兵德占青岛港的机会重谈增兵两个陆军师团。然而到了当年 12 月 5 日国会开幕之后，政友会议员却借助优势地位高呼"议会占绝对多数的党怎能支援少数党的内阁"，"凡是政府的提案一律反对"。这件事刺激到第二次大隈内阁，于是议会旋即遭到解散，定于第二年 3 月重新大选。

虽然过去几次大选都是政友会独占鳌头，但大隈重信对于1915 年这一次大选可谓势在必得。为了抢票，大隈重信以伯爵身份亲自登上火车，从车窗向外发布竞选演讲，开创了首相直接下场拉票的先河；不仅如此，靠着外相加藤高明的商界钱财支撑，

他还把竞选演讲制作成录音带，分发到全国各地播放，在那个通信基本靠吼的时代，立宪同志会无疑抢得先机。大隈重信与内阁阁僚集体出动动员一大批原本不参加投票的地方豪农走出来投票。

有了巧妙的手段与资金的支持，大隈重信与其阁僚还不满足，1915 年 1 月，日本外相加藤高明向中国递交《二十一条》，旨在独占在华利益，也从另一个层面笼络国内民心。最终当年 3 月 25 日，同志会单独获得一百五十席位，此外支持政府的中正会为三十五席、大隈伯爵后援会为二十七席，这就让支持政府的议席超过二百席。即便是政友会立刻提出内阁不信任案，也因为只有一百零九席而在投票中惨遭失败；反而第二次大隈内阁却顺势通过 1912 年以来悬而未决的增设两个师团计划。

晚年的大隈重信

　　打压了共同的敌人，元老与大隈重信确实一度额手相庆，也形成较为友善的合作关系。虽然政友会随即举报转任内相的大浦兼武在1915年选举中曾受贿，但最终元老也只是把外相加藤高明、内相大浦兼武等人赶出内阁，首相大隈重信还是留了下来继续执政。

　　不过这种蜜月关系终于在不到一年时间里走到终点。大隈重信年近八旬，包括他自己在内的所有人都知道他只是一个帮助元老打压政友会的过渡性人物。现如今任务已经完成，留着他确实也没有什么太大意义。然而接下来后继者到底是谁，这就直接关乎下一阶段日本政局的走向。而且，大隈重信非常青睐已经退任的外相加藤高明，山县有朋派系却希望能拥立朝鲜总督、陆军军人出身的寺内正毅担任首相，以求实现内阁的"不偏不党"，这就让两者之间产生对立。

　　于是从1916年3月开始，大隈重信的想法是建立加藤高明与寺内正毅的联立内阁，这样可以照顾到元老与政党双方的利益和面子。不过在7月26日大隈重信向大正天皇递上辞呈的时候，却出乎意料地获得大正天皇的挽留。其原因主要是因为大正天皇不谙政治，对于大隈重信有所偏爱，不愿意看到这位时常能给自己带来欢笑的首相离任，但这个举动却客观上打断后任首相的选择流程，所以山县有朋非常反感。9月27日，山县有朋愤怒地向西园寺公望吼道："大隈企图玩弄把戏，做出来不及向元老咨询而直接让大命（天皇宣布的首相人选）降下于加藤（高明），实在是一个严重问题，不得不防。"

　　由于大正天皇不谙政治的表态，山县有朋与大隈重信两人的矛盾也到达顶点。10月1日，山县有朋与大隈重信进行最后一次谈判，但双方依旧各持己见，无法谈拢。随后10月4日，大隈重信正式辞职并推荐加藤高明为继任首相。然而也在当日，山县有朋等四名元老拜见大正天皇，提出由寺内正毅接任首相。为了不让天皇说错话，山县有朋还特意把写有"今因大隈总理大臣提出辞呈而任命其后任，后任必须励精图治"的文件交给天皇，让他照本宣科。

随后 10 月 9 日，寺内正毅内阁建立，他亲自兼任财相与外相两个职务，同时不吸收任何政党人士进入内阁，这也让他的内阁被媒体揶揄为"非立宪内阁"。由于当时日本各地流行美国卡通吉祥物比利肯（Billiken），而比利肯的发音又与非立宪（Hiliken）很相似，所以寺内正毅直接被讽刺为"比利肯首相"。

由于大隈重信推荐的加藤高明没有成为首相，这下子轮到立宪同志会的议员愤怒不已。10 月 10 日，立宪同志会联合关系紧密的中正会、公友俱乐部等议员组成新的政党宪政会（一百九十七名议员），并推举加藤高明担任总裁。这一次宪政会来到当年政

美国漫画形象比利肯

寺内正毅

友会的地位上，自然也想像政友会一样启动内阁不信任案。为了防止这一点，寺内正毅内阁干脆选择在1917年1月解散议会再度大选。

　　1914年4月的大选结果也是日本历史上首次出现，即政友会获得一百五十九席，宪政会获得一百二十席，同时支持政府的立宪国民党等党派获得九十席，如此一来任何一个党派都不会占据绝对多数，而且支持政府的党派也获得四分之一的议席。那么未来当政友会与宪政会围绕某个具体议题相持不下时，政府派的票数就会成为重中之重，那么政府就可以居中调停。正因如此，无论是元老山县有朋还是政友会总裁原敬、宪政会总裁加藤高明，都对这个结果感到满意。日本政治也进入一个相对平稳的状态中。

　　随着一战走向终结，寺内内阁这个"超然内阁"也随之走向终点，但谁也料想不到，推翻寺内内阁的始源竟然是一粒米。

五、粟米骚动：1918 年的社会动荡与政权更迭

1918 年 7 月 22 日，富山县下新川郡鱼津町。

丈夫白天工作，主妇喜欢在井边聊天，这就叫"井户端会议"。一般而言，井户端会议议题都是家长里短，但今天，大家神色凝重，因为她们得知一个重要消息：一艘名为"伊吹丸"的商船，将满载大米开向其他城市。当时米价飞涨，百姓难以负担，7 月又是休渔期，渔家简直要断粮——就在这时，一艘船满载大米，不就地售卖，却要跑出去，当然是囤积居奇，谋求更高利益。

于是井户端会议做出决议：第二天早上去港口阻止装船。

7 月 23 日早上，四十六名渔妇跑到港口。说是阻止，但毕竟是妇道人家，也不可能有什么暴力行为，只是一味恳求。先求船家，再求米家。每到一家，大家一齐行礼，希望米店老板能可怜可怜自己。不过，生意人到底是铁石心肠，不同意也就算了，还叫来警察，生生驱散了这些主妇。这件事情立刻被报纸以"渔妇袭击米店""渔家大暴动"等煽动性标题大肆报道，到 8 月 6 日，附近两个町的一千多名村民也加入运动，他们强行用一石三十五日元的价格，买走了一石五十日元的大米。

一战开启以后，欧美列强急需进口军需品，日本商人为谋求暴利，将大量产品送到欧美市场，资源匮乏的日本更加缺少产品，物价上涨也在所难免。1914 年至 1916 年两年间，物价上涨情况如下：毛织品 40%、纸四倍、食用碱六倍、锅一倍半、铝制品二倍、菜刀五倍。到 1918 年，最重要的大米价格也开始突飞猛涨，1918年 1 月，大阪堂岛市场米价为一石十五日元，到了 6 月超过二十日元，紧接着 7 月攀过三十日元大关，8 月 7 日"米骚动"闹得

"米骚动"期间被砸毁的商店

最欢之时，一石米已超过四十日元。

　　这还不要紧，就在 8 月 2 日，首相寺内正毅宣布：俄国十月革命之后脱离协约国，为了惩罚他们，日本要出兵西伯利亚。这一举措更抬升了米价：8 月 9 日，神户米店价格达到了一石米六十点八日元。短短八个月时间，米价上升四倍多，当时一般百姓每月收入也就是十五至二十五日元，生计根本无法维持。前述新潟县渔妇暴动更是成为导火索，激怒日本全国的情绪。

　　8 月 10 日，名古屋出现二万人规模的大型集会，要求米店降价售米；8 月 11 日，大阪、神户闹了起来；8 月 13 日，东京大规模游行。暴乱遍布日本一道（北海道）三府（东京、京都、大阪）三十二县三百六十九个地区，先后数百万人参与，从米店、港口到警察岗亭、政府机关都遭到愤怒的民众砸毁，日本官方出动十余万军队镇压，直到 9 月 12 日，米骚动才大体告一段落，而余波一直持续到年底才算结束。

有别于之前两次民众运动是以政党议员作为领导者，这次米骚动几乎看不到任何政党人士或所谓"危险思想持有者"（亦即社会主义者）领导的迹象，应该看作民众本来就对时局有所不满，再加上看到新闻媒体登载的文章，于是自发聚集起来，而事态又在人群聚集之后进一步失控，酿成全国性的暴动。

发现这个特点以后，寺内内阁立刻要求各大媒体禁止报道米骚动相关信息，进一步激怒新闻媒体，许多报刊不顾政府禁令而继续报道相关消息。与此同时，寺内正毅本人的身体情况每况愈下（事实上他也在一年后去世），难以维持繁重的首相工作，便要求辞职退出政坛。

寺内正毅难以为继，这让山县有朋非常忧心。面对日本国内前所未有的民众暴动，他深知如今不能把首相位置交给自己派系里的任何一个人物，只能交给政党人士；但如果选不好政党人士，又难保政党首脑不会借助民众情绪对整个山县有朋的派阀进行反攻倒算。

他的第一个想法便是西园寺公望，此人既是元老身分，又是政友会前总裁，自然是上佳人选。1919 年 9 月 21 日，西园寺公望拜谒大正天皇。但这个时候，大正天皇又做出一个惊人举动，他拿着一张便签逐字逐句念起来，向西园寺公望下达组阁命令，这就让西园寺公望疑虑大正天皇背后是不是其他人在指挥。于是他以"容臣思考一两天"为由退出，随后向内大臣、元老松方正义表示："陛下这张便签我理解为一份备忘录，不认为这是圣旨圣谕。"

很明显，大正天皇的背后便是山县有朋等人。当西园寺公望明确表示要拒绝时，山县有朋便突然制止，并将他答复天皇的时

大正天皇，其一直不甚稳定的精神状态成为当时日本最大的变数

间推迟数日，并提出"干两三个月后若想退出随时可退"。这种模棱两可的态度让西园寺公望感觉自己又被当成如同大隈重信一样的过渡性人物，再加上他已经六十九岁，更不愿意蹚这浑水。于是转而推荐自己的后辈，亦即当时的政友会总裁原敬担任首相。

　　于是9月27日，原敬担任首相组阁，除了外相、陆相、海相之外，内阁全部启用政友会成员，这个内阁一般也被认为是日本第一个真正意义上的政党内阁。而且由于原敬是日本从1885年开始的十八任首相中第一个没有华族爵位的人物，他也享誉"平民宰相"之称。

　　上任以后，原敬立刻更改选举法，将选举资格要求从缴纳直接国税十日元以上下降为三日元以上，这个改动让拥有选举权的二十五岁以上男性国民从一百四十二万二千增加到三百零六万九千，翻了一番还多。随后原敬在1920年解散议会再度大选，凭借着民众支持与更改选举法带来的舆论红利，政友会在这一次选举中获得二百七十八个议席的狂胜成绩。而且更重要的是，1920 年大选中新当选的议员占据 53.6%，新鲜血液的加入让议会的政治生态焕然一新，原敬也顺利在这个崭新的政权中获得独一无二的地位。

六、小结

从 1905 年日俄战争结束到 1919 年原敬当选首相，这段时间在日本史学界被看作从藩阀政治向政党政治的转换期，而中国史学界也一般以 1918 年米骚动的爆发作为日本从近代向现代转换的标志。

对于这个转换，其实可以从年鉴学派所谓"漫长的 19 世纪"与"短暂的 20 世纪"角度来解读。所谓"漫长的 19 世纪"是指从 1789 年法国大革命开始到 1914 年一战爆发的一百二十多年历史，这段时间由于全球气候急剧变冷，农作物歉收，导致各国城市资产阶级普遍出现对国内现有体制的不满与反抗，欧美国家为了获取更多利益而对外掠夺殖民地，继而形成"国内政治民主化"与"国际政治殖民化"的根本矛盾。越是当时发达而文明的国家，越是拥有最多的殖民地与势力范围；而越是有众多殖民地人口可以剥削，国家的发达与文明就越是可以得到保障。而日本也恰好加入到这个队伍中，重复着"国内政治民主化"与"国际政治殖民化"的矛盾。

然而 1914 年爆发的一战从根本上扭转了这个时代。旧时代贵族在战争中普遍受到毁灭性打击，德意志帝国、奥匈帝国、奥斯曼帝国、俄罗斯等君主制国家一夕之间土崩瓦解，君主制已经不再是资产阶级的主要敌人；另一方面，大型工业企业的诞生促使农村人口大量集中于城市，欧美日等发达国家从"八成农民社会"过渡到"五成农民社会"，城市工人阶级陡然增加，但他们因为收入低微而无法参加选举，只能以民众暴动形式表达诉求，这就让他们普遍对新生的社会主义思想有着强烈信仰，这也就催生以国际社会主义运动为主轴的"短暂的20世纪"（1914年一战爆发至1991年）。

1918年米骚动可以说是一起非常偶然的事件，事先没有任何组织与个人引导，完全是自发兴起，靠着新闻媒体的宣传互通有无，最终成为全国性政治运动。这一点让米骚动与1905年日比谷烧打运动及1913年大正政变截然不同，成为民众运动勃兴的重要代表性事件。

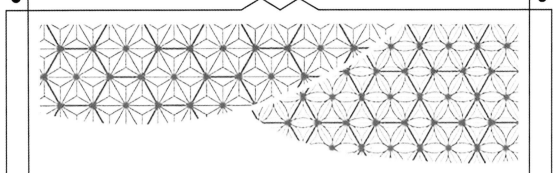

第十卷　大战之侧

一战日本的东北亚攻略与国际协调（1914—1921）

1914 年一战爆发时，包括日本人在内的国际视角并不认为这是一场世界大战。欧洲视角普遍认为这是"超大型战争"（The Great War），日本则干脆称其为"欧洲大战"，这也比较符合这场战争在当时的影响程度。直到第二次世界大战爆发，大家才在溯源时发现，原来这场大体局限于欧洲的战争却对国际环境有着如此深远的影响。

那既然是"欧洲大战"，日本又为什么要参与呢？

从起因来说，这件事与 1914 年时任外相的加藤高明有着密切关系。按照长期以来的惯例，内政外交重大事项均应汇报元老商议后进行，尤其是涉及参战与否的重大问题更是如此。但 1914 年 8 月 7 日，当日本外务省接到英国发来请求日本"驱逐德国武装舰船"要求时，加藤高明竟直接决定对德国宣战。事后即便是山县有朋、首相大隈重信等人要求他再三思考，即便是连英国都一度尝试阻止日本参战，也未获得加藤高明接受，他反而是在 8 月 15 日天皇临席的御前会议上坚决要求开战。最终山县有朋虽然骂骂咧咧地说加藤高明"简直是个英国人"，但最终还是决定接受开战要求。

所以说，加藤高明之所以受到元老山县有朋等人的忌惮，除去他是政党人士之外，更重要的原因就在于他做事经常不同元老商议。不过连加藤高明自己也没料想到，自己的参战决定给日本带来很大变化。

一、青岛南洋：日本攫取德国在远东的势力范围

其实早在加藤高明接受英国的请求前，日本陆海军就已经开始准备作战。1914 年 8 月 2 日德意志帝国向俄罗斯帝国宣战后，海相八代六郎向第二舰队司令长官下达准备出击的命令；随后 3 日，参谋本部与海军军令部以击溃德占青岛军队为目标开始制订作战计划。两个参谋部门的文书系统早已有着相关备案，于是不到一天时间，日本陆海军就分别拿出详细的作战计划，准备对德宣战。

8 月 15 日，日本向德国发布最后通牒，即"胶州湾交还中国，德国舰船撤出中国海域"的要求，这一点当然遭到德国的无视，于是一周后的 8 月 23 日，日本正式向德国宣战。由于这一次日本的主要目标仅仅是一个青岛要塞，所以陆海军都认为不必像甲午战争与日俄战争一样成立大本营，转而直接由军队负责攻城。

对于青岛要塞的城防德军，日本估计为四千至八千人，按照当时日本陆军作战守则中的"三倍攻击法则"要求，日本总共动员以第十八师团为主的战斗人员近三万人，同时还雇用两万余人作为兵站部队与铁路警备队。而在炮兵方面，由于德军把先进火力都配备在本土，青岛德军只有一些义和团运动时期甚至普法战争时期的老旧火炮一百二十二门，日军则配备有日俄战争之后生产的一百三十八门轻重火炮，相对而言更有优势。此外，英国也派遣驻扎北京的华北守备军第二营一千余人前来支援。

为了不让德占青岛港的岸炮对日本海军形成威胁，日本陆军这一次从山东半岛北侧的龙口地区登陆。由于德军并不占领这一

德占青岛港

地区，日本顺利在 9 月 1 日登陆。但由于控制山东省的中国北洋政府对青岛战役采取中立态度，所以日本为了跨越山东半岛耗费近一个月的工夫，直到 9 月 24 日才将主力作战的两个混成旅团送抵青岛北部的即墨。

9 月 26 日开始，日本第 18 师团长神尾光臣中将命令军队从即墨出发，沿着胶州湾与崂山湾两条海岸线向青岛要塞推进，到 9 月 28 日正式占领要塞外围的孤山、浮山两座高地，同时日本军队还切断铁路线，将德军彻底困死在要塞中。

但随后，日军并没有发动任何快速攻击，反而是在 10 月整整一个月时间里只采用炮击。究其原因，从军事角度讲主要是指挥官神尾光臣中将吸取旅顺战役教训，集结重炮对青岛要塞做炮击准备，同时耗费一个月修筑散兵壕；至于政治角度，便是欧洲战场在第一次马恩河战役结束后迅速进入僵持，德国迅速灭亡法国的战略计划已经难以实行，那么结果就是日军也没有迅速攻克青岛要塞的紧迫性。如此一来，青岛战役反而可以踏实下来慢慢打。

其实从消耗炮弹量来看，青岛战役日均消耗量反而要更小：青岛战役期间（六十六天），日军一共发射了四万三千零一十九发炮弹（日均六百五十二发），总重量一千六百零一吨（日均二十四吨）；而旅顺战役期间（一百四十八天），日军一共发射了二十一万零五百一十一发炮弹（日均一千四百二十二发），总重量四千吨左右（日均二十七吨）。但由于充分进行火力准备，反而收效奇佳。

10月31日，日本步兵以事先挖好的散兵壕作为基础，继续向着德军青岛要塞的核心区域，即海岸、台东、中央、小湛山北、小湛山五个菱堡进发。五个菱堡均以二米厚的水泥建筑物为中心，周围三角形断面（外壕）底部有六至十米宽的铁丝网，每个菱堡还配有四十挺机关枪，菱堡周围还有四百五十多个地雷。

日军采用旅顺要塞战役后期起效的"正攻法"，即从散兵壕到敌军菱堡之间挖掘一条曲折前进的壕沟，底宽两米，到11月2日凌晨基本挖掘到距离五个菱堡五百到一千米左右的距离。不过由于2日与3日连续下雨，再加上德军炮火与飞机的轰炸，挖掘作业变得异常艰难。最终到11月6日夜间，日军付出伤亡一千人的代价，将五个菱堡的距离缩短到二百米以内。

围困多日以后，德军守备军队的锐气也逐渐耗尽。当日军在11月7日凌晨发起冲锋时，德军的台东、小湛山北、中央三个菱堡不战而降，随后抵抗顽强的海岸菱堡与小湛山菱堡则在日军重炮攻击下于早上7时投降，日军取得胜利。

从纯粹的军事角度来说，青岛战役可以算是日本军队从明治时代到二战的所有战役中作战最为合理的一场战役。有鉴于旅顺要塞攻击战的伤亡惨重，日本军队从一开始就选择步兵与工兵结合作战的模式，让炮兵成为火力输出，工兵缩短作战距离，最终由步兵一举拿下，这种三级兵力配置在军事作战角度确实是教科书一般的范例。如果青岛战役的军事战术能够得到充分重视，想必日本陆军不会在昭和时代的陆战中"猪突猛进"，甚至会因为了解到作战规则而放弃在许多战场多点开花式地打响侵略战争。但很可惜，由于青岛战役前期用了一个月的时间进行准备，日本国内媒体普遍把这场战役揶揄为"神尾慎重作战"，意思是说指挥官神尾光臣贪生怕死，这也造成当世军人普遍对神尾光臣的能力抱有怀疑态度，却没想到他或许才是新时代军事作战的奠基者。

青岛战役指挥官神尾光臣（前排中坐者）与各国参战武官合影

与青岛战役同时进行的还有南洋诸岛作战。1914 年 10 月，日本海军第一舰队在山屋他人中将率领下，先后占领德属新几内亚的马绍尔群岛、马里亚纳群岛（关岛除外）、加罗林群岛，由于同一时期澳大利亚海军也进攻德属新几内亚，德国远东舰队由于实力不济而被迫离开。这些岛屿也在日后托管给日本，形成日本所谓的"南洋诸岛"，这也成为二战时期中太平洋作战的路线。

1914 年的军事胜利让陷于苦战的欧洲各国颇为眼红，他们自己在欧洲前线捉对厮杀，却将远东后方完全让予日本，自然分外不满，便要求日本出兵欧洲协助战争。然而加藤高明这一次却显露出很高明的一面，面对英法俄三国数度邀请，日本以"日本采取全民皆兵的兵役制度，不参与与国家利益没有直接关系的远征行动"而拒绝，仅担负过一些护航任务。

欧洲各国无暇东顾，也给了日本干涉中国事务的机会。

二、侵略思路：从《二十一条》到西原借款

一战期间，日本对中国最大的侵略举动便是臭名昭著的"对华二十一条要求"。1914 年 12 月 3 日，外相加藤高明向日本驻华公使日置益传达一份五项二十一条训令，其中针对日本在山东半岛、"南满"、"东蒙"三地利权进行明晰化，要求独占三地利权，这意味着日本已经有了独霸中国北部领土的野心。

这份谈判纲要一经提出，连驻华公使馆都认为会引发巨大纷争。但外相加藤高明正在想办法为 1915 年大选捞取选票，对外强硬自然会成为他们的招牌，于是加藤高明强压一线谈判人员，在 1915 年 1 月 8 日，日置益将《对华二十一条》要求交给北京的袁世凯，并要求历来与袁世凯交往密切的日本陆军军人坂西利八郎大佐侧面劝说袁世凯接受要求。

在《对华二十一条》要求的五大项要求中，加藤高明把第五项做了保密处理，即只发给袁世凯，而不公开发表给其他欧美国家看。这一项一共有七条要求，分别要求中国：（一）中央政府聘请日本人作为政治、财政、军事顾问；（二）承认日本在华医院、寺院、学校等土地所有权；（三）必要地区的警察由日中联合招募或以日本人为多数；（四）在中国设立日中合办的兵器厂；（五）日本获得华南铁路建设权；（六）福建省的铁路、矿山、港口开发利权如让渡给外国，必须与日本协议；（七）承认日本人在中国的传教权。

这七条项目不仅对中国而言极具侵略性，也自然是与欧美列强在华利益有所抵触，如若这七条项目公之于众，那么想必欧美国家会在第一时间把日本定性为"陆海两属国家"，进而如同夹击德国与奥斯曼帝国一样夹击日本帝国。然而到了一战时期，随着新闻媒体的发展，国与国之间的谈判不可能再有什么秘密条款可言，英国驻日公使很快前来责难日本方面的疯狂举措。于是加藤高明只得推脱说这是单纯的"希望"，没有任何强迫之意。

为了促成谈判，日本元老参与内阁会议，亲自审核这项提案。在5月4日的会议上，山县有朋对加藤高明已经非常不满，但也明白他的对外强硬态度引起舆论好感，一旦撤掉他就会激起国民对元老的不满。于是乎，山县有朋只留下一句"诸君妥善评审再做决定"就离席，随后日本内阁感受到元老压力，便将第五大项大体删除，只留下一条福建省利权事项。袁世凯政府则在5月9日基本同意这个要求。

随后的1916年1月1日，袁世凯称帝，遭到全国各地军阀反对，不得不在3月22日正式撤销。在这出称帝闹剧上演期间，在日本关东军任职的参谋小矶国昭少佐提交一份《满蒙举事计划始末》，开始奔走于旅顺、奉天、哈尔滨等东北大城市之间，联络各地军

向中国提出《二十一条》要求的日本驻华公使日置益

阀准备在东北"举事"以逼迫北京。这个所谓"满蒙独立"的分裂中国计划甚至已经得到外相石井菊次郎与参谋次长田中义一中将的同意，定于6月10日至15日间"坚决举事"。不过随着袁世凯去世，继任的黎元洪宣布与南方各军阀重新谈判妥协，田中义一也在6月7日发电宣布中止"举事"。虽然这起"满蒙独立"计划在1916年没有付诸实施，却成为十五年后九一八事变的蓝本。

随着第二次大隈内阁倒台，新上台的寺内内阁希望在欧美列强中维护一个良好的海洋国家形象，于是在1917年1月9日内阁会议决定了《关于对华政策》五条，明确要求"帝国要对中国的任何政治系统或党派均采取不偏不倚的态度，不干涉中国一切内政上的纷争"，但作为交换，还是要确保日本在"南满、东蒙、福建省"的特殊利益，并在未来想办法将德国在山东半岛的权益转交给日本。这就等于是放弃一口气吃掉中国或是直接"举事"
分裂中国的做法，回到日本先前的蚕食中国路线。

于是，寺内内阁选择支持北洋军阀黎元洪、段祺瑞政府，并
派遣日本政商西原龟三作为中间人前往中国游说，从 1916 年至
1918 年之间六次到访北京，与段祺瑞、陆宗舆、曹汝霖等北洋
军阀代表人物展开多次谈判，数次为北洋政府提供八次总计一亿
四千五百万日元的贷款，亦即"西原借款"。这个举动的主要目

为了争取美国的支持，石井菊次郎（右三）在 1917 年 11 月与美国国务卿罗伯特·兰
辛（Robert Lansing，右二）达成协议，约定保证中国大陆地区的"门户开放政策"，
美国认可日本在中国东北与东部内蒙古的"特殊权益"。

的一是要支援当时处于内部纷争的北洋军阀，以防北洋军阀被南方各军阀消灭，只要继续保持中华民国的分裂形势，对于日本就有利无害；二是防止中国拒绝加入协约国而加入同盟国，事实上北洋政府也确实在 1917 年 8 月参加协约国对德宣战，并在 1918 年 5 月与日本签订一份《共同防敌协定》，共同防备来自西伯利亚的"敌人"。

虽然这一时期日本国内各党派对具体如何操作有所争议，但本质上依然是想要以某种恰当手段掠夺中国利权，而不是帮助中国走向统一与发展。事实上即便是当时主张让中国"南北妥协"的政友会总裁原敬也向首相寺内正毅表示："说中国应成为统一国家，成为走向文明的富国强兵的国家等等，不过是表面的国际外交辞令，这一点当然不能向他国而且也不应向国内公开说。从我国的利害出发，中国不成为文明国和无法富国强兵，均没有多大关系。反而真正富国强兵以后，就能对我们有好感吗？从中国人的气脉来看，这是没有把握的事。"（1917 年 9 月 28 日）原敬日后在一战巴黎和会对于山东半岛利权的态度也更加说明了这一点。

三、干涉革命：日本出兵西伯利亚与失败

日本所谓的"西伯利亚敌人"，便是指 1917 年 11 月俄国"十月革命"后新生的布尔什维克政权。

布尔什维克政权的诞生不仅对于资本主义世界是一次意识形态的沉重打击，更从战略上解放了德意志帝国。随着 1918 年 3 月的《布列斯特—立陶夫斯克条约》签署，德国终于在与英法等国鏖战四年后结束两线作战，转而可以发动春季攻势，试图一举歼灭盘踞在法国的协约国军队。

　　这种情况当然是英法等国不愿意看到的，于是他们开始在远东寻找盟友以限制乃至消灭布尔什维克政权，以保留从远东延续至东欧的唯一大动脉西伯利亚铁路。对于这个要求，美国首先表示拒绝，随后北洋军阀段祺瑞政府派遣军舰"海容"整装待发前往符拉迪沃斯托克"护侨"。这对日本无疑是一种刺激，毕竟日本正想确立自己在中国东北的特权，结果中国却先发制人，确实打了日本一个措手不及。

　　但对于日本出兵西伯利亚干预俄国革命一事，美国总统伍德罗·威尔逊（Woodrow Wilson）在3月7日亲笔写下反对提案，这个举动让日本国内对于出兵备感慎重，支持出兵的外相本野一

日本等协约国联军在符拉迪沃斯托克阅兵

郎愤然辞职。不过随着时间推移，德国春季攻势受到阻挠，美国也慎重考虑起俄国革命事宜。7月9日，总统威尔逊同意以援助捷克斯洛伐克军团为名义，由美、日两国各出兵七千人到符拉迪沃斯托克干涉俄国革命。8月中旬，日本与美国分别宣布派遣军队前往符拉迪沃斯托克。之后英、美、法、意等协约国军队也纷纷参与进来，好似一个"八国联军进海参崴"。

不过刚到西伯利亚，日本陆军就开始不受节制。首先是军队人数从最早的七千人逐渐上升至由三个师团五万人组成的大军，占据协约国干涉军的八成以上，同时另有一万多名日本陆军士兵越过日俄在中国东北的势力分界线，占领原本由俄罗斯控制的"北满"；随后日军打破"只占领符拉迪沃斯托克"的约定，在1918年9月通过一连串军事行动占领赤塔、尼古拉耶夫斯克、布拉戈维申斯克等城市。

但美国却也是有苦难言，毕竟日本帝国与新生的布尔什维克政权哪个威胁更大，这一点美国在短时间内确实难以判断。当时协约国的主要设想，是依靠1918年11月由俄罗斯海军军人亚历山大·瓦西里耶维奇·高尔察克（Алекса́ндр Васи́льевич Колча́к）成立的"临时全俄罗斯政府"（即"白卫军"）军队从东向西进攻俄罗斯中央区，随后协约国再依靠东欧地区的军队东进夹击布尔什维克红军。

但协约国对待高尔察克政权的态度却并不统一。比如法国认为高尔察克是英国人扶植的傀儡政权，不愿协助，美国也对高尔察克本人的独裁作风不甚满意，所以协约国的总体态度变成期待高尔察克政权能打赢一场胜仗，再谈是否帮助一事。这种态度让高尔察克政权受到冲击，1919年6月红军攻克西伯利亚重镇乌法，逼得高尔察克在11月逃出鄂木斯克。

红军逐步踏上统一俄罗斯全境的道路，这让协约国大失所望，逐步撤走军队，只剩下日本一支军队固守。日军见没有大仗可打，便逐步撤回辎重武器。这段时间，日本军队主要麻烦出在三州敌后战场上。远东当地居民对日本所扶持的傀儡政权非常不满，明里对日本军队毕恭毕敬，暗地里却支持红军游击队渗透。针对游击队势力，日军不仅全力清剿，也定期屠杀"赤色"乡村。1919年2月25日，在布拉戈维申斯克郊外清剿游击队过程中，日本第十二师团第七十二连队第三大队长田中胜辅与全大队全部战死沙场；3月22日，为了报复，日军将附近村落的四百名村民无论男女老幼全部杀死。

大规模屠杀不仅败坏军纪，也降低了日军风评，更促使红军游击队进一步反扑。1920年3月至5月，在当地中国军舰与中国侨民倒戈配合下，苏联游击队占领日军驻守的尼古拉耶夫斯克。日军第十四师团步兵第二连队第三大队二百余人认为红军严重侮辱他们，掀起反攻，却激起更大规模屠戮，最终杀死日本军民共七百三十一人，日本驻尼古拉耶夫斯克领事全家遇难，是为尼港事件。

这起事件之前，首相原敬就在1919年末正式开始策划撤军事宜，但在参谋本部的强烈反对下亦步亦趋。到尼港事件过后，原敬借助国内舆论的反对而开始撤军行动：1920年8月，日本军队从外贝加尔州与哈尔滨西北部撤军；随后9月，日本遣散驻扎在符拉迪沃斯托克的捷克斯洛伐克军团，这等于是放弃出兵时的名分；到了1921年5月，日本军队正式发布撤军宣言。不过由于原敬在当年9月遇袭去世，日本国内政治又一次陷入混乱，撤军事宜再度暂缓。

不过另一方面，随着布尔什维克政权逐步走向胜利，协约国也不得不承认苏联这个新兴共产主义国家的存在，反而是数万日本军队在远东赖着不走让美国颇为不满，进而怀疑日本是否

尼港事件之后的日本领事馆

要借机独霸中国东北乃至外兴安岭地区。于是 1922 年 10 月，在凡尔赛——华盛顿体系正式确立下来以后，日本陆军才灰溜溜从西伯利亚返回，这张"西伯利出兵"试卷上写着日本投入四亿五千万日元巨款、死去士兵三千余人，却什么也没得到，自然受到日本国内各方势力痛斥，日本陆军逐渐在大正年间成为人人讽刺的过街老鼠。

之所以迟迟不从西伯利亚撤军，日本也不是没有歪念头：尽可能影响 1919 年巴黎和会与 1921 年至 1922 年的华盛顿会议，以求为日本外交争取更多利益。但日本人却没能意识到，时代变了。

四、巴黎和会：日本夺占山东半岛与所谓的"吃亏"

1919 年 1 月 18 日，协约国各国首脑会议在巴黎召开，这便是著名的巴黎和会。也就在同一天，日本原敬内阁制定《关于由单独利害关系之讲和条件条约案》，要求日本继承德国在远东包括租借、铁路、矿山在内的一切利权，这就涉及中国山东省以及赤道以北的德占南太平洋岛屿。其中山东半岛的利权转让问题成为中国五四运动的导火索。

围绕山东半岛利权，中国代表主张自己对德、奥等国宣战以后，意味着与两国缔结的一切条约协定都属无效，所以理应回收两国在华的租界与利权。日本没办法反对这个正当要求，于是原敬内阁想出一个"两阶段"处理方法，即如今日本靠着青岛战役占领山东半岛，那么应由日本先从德国"获得"胶州湾租借权与山东半岛利权，再将利权还给中国。4月22日，担任日本次席全权代表，也是实际谈判负责人的前外相牧野伸显正式提出两阶段要求，并称未来"日本约定在某种条件下将胶州湾归还中国"。

正如大多数中国人所熟知，中国代表顾维钧在会场上多次发言陈述自身要求的正当性，然而由于日本在1917年就先与英法等国达成密约，最终英国首相劳合乔治还是认可日本的要求，继而引发中国代表拒绝签署和约。不过当年6月28日达成的《凡尔

日本首相原敬

赛条约》中，日本还是"无偿且无条件"取得德国在山东半岛的利权。

但让人匪夷所思的是，虽然在巴黎和会中获得实实在在的利益，但日本并不完全满意，因为日本代表团提出的《废除人种差别提案》并没有得到通过。这份提案虽然与"种族平等"现代价值观接近，但在当时，日本提案的主要目的是要求美国等西方国家停止对日本移民的歧视法案。

对于《废除人种差别提案》美国总统威尔逊反对将其列为"少数服从多数"的"一般议案"，反而是将其上升为需要"全体一致"的"重大议案"，要求与会各国代表一齐投票。最终这份提案以十一票赞成、五票反对的结果流产，很明显，如果不是威尔逊这番操作，那么这份提案就要通过，而美国必须废除各项种族歧视法律，这对于威尔逊总统乃至美国政府来说都是很不利的事情。

恰恰威尔逊还是对巴黎和会与一战后政治形态影响很大的政治人物。他早在 1918 年 1 月提出"十四点原则"，其中的废除秘

出席巴黎和会的日本代表团主要成员：（前排左起）次席全权代表牧野伸显、首席全权代表西园寺公望、日本驻英国大使珍田舍巳。（后排左起）日本驻意大利大使伊集院彦吉、日本驻法国大使松井庆四郎。除去这些人以外，后来在日本政坛名声显赫的近卫文麿、松冈洋右乃至战后首相吉田茂、芦田均也出席了巴黎和会

密外交、海上航行自由、取消经济壁垒、裁减军备、民族自决、建立国际联合机构等原则至今仍然是处理国际关系的重要理念，如今回头来看，巴黎和会所处的时期正是世界从"漫长的19世纪"向"短暂的20世纪"过渡的交汇点，以贵族式民主、殖民主义、丛林法则构建起来的19世纪规则逐渐被以民族自决、国际主义、广泛民主等崭新思想所代替，逐步向着一个更为开放、进步的世界进发。

但问题在于，威尔逊本人仍处于传统的欧美社会中，本身有其很强的局限性。虽然十四点原则承认民族自决，但其所针对的对象主要是欧洲，其所承认的"民族"也就只有东欧各民族，并没有给予世界所有民族以同等待遇。如对于亚洲、非洲广大殖民地仅以一句"公正处理殖民地问题，充分考虑当地居民的利益与要求"（十四点原则第五条）一笔带过，并没有给予如同"允许奥匈帝国各民族自治"（十四点原则第十条）这样的权利，于是这份十四点原则就变成海洋国家肢解德意志帝国、奥匈帝国、奥斯曼帝国这三个拥有东欧领土的陆海两属国家的原则。

之所以如此，一方面是因为十四点原则主要针对德国，更重要的是因为欧美社会或多或少具有"欧美中心主义"思想，所以对待欧美国家可以用国际主义思想，但对待其他人种建立的国家就依然持殖民主义思想。正因如此，日本代表团一位年轻的公卿家族出身者，亦即全面发动侵华战争的近卫文麿日后回忆："在和会举办地巴黎，首先感受到的是实力支配这一铁律。""实力支配"四个字在日语中的意思恰似"成王败寇"。日本看到三大战败国的土地被英法等国毫无廉耻地瓜分，深感世界仿佛还是停留在殖民主义盛行的19世纪。

出于这种认识，再加上《废除人种差别提案》在号称"民族自决"的美国干预下没有通过，日本便更坚定一个观念：无论欧

伍德罗·威尔逊与夫人伊迪斯

美列强嘴上怎么说国际主义的漂亮话，实际上还是在走殖民主义这条路。日后如果西方列强不允许日本扩张殖民地，那就是"白人对于有色人种的歧视"。

正如甲午战争后的"三国干涉还辽"让日本认为自己"吃亏了"一样，这一次巴黎和会，日本由于自己的《废除人种差别提案》没有得到通过，又一次觉得自己"吃亏了"。

应该说近代以来，日本精英也存在另一种形态的"欧美中心主义"，即面对欧美列强采取"协调外交"，通过谈判解决问题；但面对近代中国等亚洲落后国家，却是"看见尿人搂不住火"，存在以武力代替谈判、以国内决议管辖国外事项的作风。比如面对中国国内的军阀混战，原敬内阁在 1921 年 5 月 13 日发布《对满蒙政策》，直接表明"在满蒙扶植我国势力乃是我国对满蒙政策之根本"，原敬内阁期间召开的"东方会议"更成为日后日本侵犯满蒙的基础性会议。

　　而且要知道，原敬是近代日本第一位平民宰相，是日本从藩阀独裁转向政党政治的关键人物，他本人受到日本元老、官僚、政党乃至舆论界的一致支持。这在某种程度上也说明，近代日本一直存在的"国内政治民主化"与"国际政治殖民化"的政策组合也深深影响到原敬内阁的行事风格。究其思想根源，还是与福泽谕吉时代就构建起来的"文明国"理论有关系：只有"文明国"之间才有文明交往的必要，而近代中国则不必采用这种方式。

　　不过日本刚刚在巴黎和会"吃亏"，又接着在1921年至1922年的华盛顿会议期间再次"吃亏"。

五、决战华府：日本海军在华盛顿会议的冲突

　　国际联盟建立后，1920年11月召开的第一次大会便以军备裁减作为减轻人类负担的重要途径。但由于美国拒绝加入国际联盟，世界列强为了探讨多方都能接受的军备裁减条约，决定在美国召开国际军备裁减协商会议，美国为了解决一些太平洋地区的未尽事宜也接受了这个要求。1921年11月12日，一战后与巴黎和会同等重要的华盛顿会议正式召开，包括美、英、日、法、意、中等九国商讨海军军备缩减问题。

　　对于海军裁军问题，原敬内阁海相加藤友三郎大将表示支持。在1907年《帝国国防方针》制定以后，日本海军的胃口一步步扩大，几乎年年要求增加海军建设投资，力求建设一支"八八舰队"，之后按照这个方针每年继续砸钱，到1920年日本海军军舰建造费用增至二亿九千万日元，超过当年政府总预算（十三亿六千万日元）的20%，也就是说日本耗费国民每年至少两成税收专门用于建造海军军舰，这就让日本政府在陆军以及其他民生相关领域

无法投资。而且加藤友三郎发现，即便保持如此巨额的投资，也只能刚好完成"八八舰队"的修建计划，后续维持费用难以保证。按照大藏次官西野元在给五十多名海军军官演讲的话说："日本财政之生死皆系于贵海军……日后即便好不容易建起房子，但想住还需要桌子、椅子、窗帘，这时候如果没钱也就没办法了。"

虽然建设一支强大海军是日本夙愿，但海军规模必须与国家工业能力、经济实力相匹配，盲目开展军备竞赛必然会对国家百害而无一利，所以加藤友三郎了解到实际情况以后，决定以日本全权代表身分出席华盛顿会议。对于派遣加藤友三郎的举动，当时的日本议员曾揶揄道："裁军会议居然让军人加藤（友三郎）出席，这不是要让他以婚礼姿态参加葬礼么？"不过加藤友三郎用一句简单话语回复质疑："国防并非军人之专有物。"亦即表明军事发展应充分考虑到政治格局。

来到华盛顿以后，加藤友三郎发现美国对日态度有了巨大转变。首先是 11 月 12 日开会当天，美国国务卿查尔斯·休斯（Charles Hughes）发表所谓"打破常规的演说"，直接提出美国将放弃三十艘在建与已建主力舰，并希望英国与日本两个海军大国也各自废弃二十三艘与十七艘主力舰，最终保证美、英、日、法、意五个主要国家之间的主力舰吨位比例保持在 5 : 5 : 3 : 1.5 : 1.5 的水平。

随后的 11 月 16 日，华盛顿会议特意允许中国全权代表施肇基发表关于中国问题的十项"一般原则"，明确提出"各国当尊重中国领土完整及政治独立""各国如不预先通知中国则不得缔结关系中国之条约"等要求，同时进而提出八项具体事项：（一）中国关税自主；（二）撤销外国领事裁判权；（三）退还租借地；（四）撤退外国军警；（五）撤销外国在华邮政；（六）撤废外国在华无线电台；（七）交还山东；（八）废除《二十一条》。

加藤友三郎

华盛顿会议的两项主要议案均是美国试图削弱日本力量的举动，这对于日本而言既是威胁也是试探。如果日本继续保留一支与美国吨位相似的强大海军并占据山东半岛，那么美国就会认定日本是朝着"陆海两属国家"的方向发展而去；但如果日本愿意接受裁军并放弃山东半岛的利权，那么美国依然可以认为日本是一个不会影响美国在华利益的"滨外岛"。

对这份要求，日本的主要设想是以接受裁军为代价，换取美国支持日本继续保留一定山东半岛的利权。但就在加藤友三郎接受美国要求的时候，另一位随行海军首席随员加藤宽治中将却向美国媒体宣布"如果达不到对美七成，日本便退出会议"。

所谓"对美七成"，是日本海军根据日俄战争对马海战的作战经验制定的"渐减邀击作战"的一部分。所谓"渐减"，就是"逐渐减少"敌军战斗力，对应英语 Attrition（消耗）；"邀击"是英语 Interception 的翻译，更贴切的汉语翻译是"截击"，换言之，是一套寻求消耗对方有生力量、伺机决战的战术体系。日本海军经过兵棋推演确定这套战术后，认为日本海军吨位至少应在美军的 70% 左右才有把握打赢太平洋上的决战，但美军这一次提出的 5∶3 要求，却是让日本海军吨位只有美军的 60%。

日本海军内部出现不一致，立刻招致美国媒体的关注，于是加藤友三郎立刻宣布"这只是加藤宽治君之个人见解，代表团从未想过退出会议"。随后对于碍事的晚辈加藤宽治，加藤友三郎

按照《华盛顿条约》要求，日俄战争功勋战舰"三笠"必须退役，在日本强烈要求下，这艘军舰得以拆除武装以"纪念舰"形式留下来，目前永久停泊于横须贺港三笠公园

更是直接训斥："如果日本退出会议就要担负会议崩盘的责任，就要蒙受打乱和平进程的军国主义者恶名……如果以后再这么干就自己回国！"

当然，表面上虽然骂了加藤宽治，但海军强硬派还是要得到安抚。于是加藤友三郎向美国提出双方应各自从太平洋各大军事基地对等撤出：美国从关岛与菲律宾吕宋岛等西南太平洋大型岛屿撤军，停止在北太平洋的阿留申群岛与南太平洋的萨摩亚岛建设军事基地；作为回报，日本则从小笠原群岛、琉球群岛等外围岛屿撤军。双方剑拔弩张的局势一度得到缓解，也正因这次撤军，太平洋战争初期的日本军队才能轻松占领关岛与菲律宾各岛屿。

但由于日本海军内部的态度反复，美国并没有因为日本海军最终让步而妥协，反而是从12月1日开始进一步要求审议废除《二十一条》事项。国务卿休斯在1922年2月2日的会议上明确提出："美国政府对于中日两国政府间订立足以侵害美国及其国民在中国之条约所定权利，以及侵犯中华民国政治或领土安全，或关于中国之国际政策即普通所谓门户开放政策之任何协定或事项，无论是否成立者均不予承认。"

这番强硬表态让日本不得不考虑对华妥协，于是2月4日，中日两国签署《解放山东悬案条约》，宣布将"前德国胶州租借地归还给中国"，撤退全部"驻屯于青岛济南铁路及其支线的日本国军队（包括宪兵）"，并让渡一切资产与文书。虽然在实际操作中，位于山东的一部分铁路与矿山利权仍然以中日合资公司的形式保留在日本政商人士控制下，但巴黎和会以来悬而未决的山东问题在华盛顿会议得以告一段落。

在美国的进逼下，日本短时间内暂停对华侵略的步伐，这也让欧美列强少许放心。于是2月6日，美、英、日等五国签署限制海军军备条约，随后与会九国共同签署关于中国问题的《九国公约》，这也标志着华盛顿会议结束。

六、小结

一战对世界格局的影响极其深远，欧陆各民族之间的仇杀与革命让人类意识到靠着 19 世纪式的殖民主义，靠着打一场"终结一切战争之战争"不仅不会终结战争，反而会让战争变得更加剧烈。于是 20 世纪式的国际主义思想逐步形成，巴黎和会与华盛顿会议所签署的条约组成一套"凡尔赛—华盛顿"体系，虽然这套体系在欧洲导致绥靖政策并最终以纳粹德国崛起、在亚洲因为遏制日本不力而失效，但其富含的国际合作思想却一直延续到二战以后，国际联盟也成为现代联合国的重要基础。

只不过，这种国际主义的初期发展确实是亦步亦趋，而且也充斥着英美海洋国家对于欧亚大陆这座所谓"大陆岛"的争夺。

由于翻译原因，我们常把一战英、美、俄组成的军事集团称为"协约国"，而把二战英、美、苏等反法西斯联盟称为"同盟国"或"盟军"，但在英语世界里，两者称呼均为 Allies（盟国），换言之，两次同盟在思想意识上具有明确的继承关系。两者的主要建立者都是两大传统海洋国家，都主张自由贸易与自由航行，支持欧亚大陆以民族自决方式解决矛盾。这些原则与政策导向不仅是英美自由主义的意识形态要求，更是要阻止各大海岸形成横跨陆海、容纳多民族共生的统一国家的强权，以防有任何陆海两属国家封锁自己的海岸，阻碍自由航行。

所以到了二战时期日本幻想建设所谓的"大东亚共荣圈"的时候，美国就不再容忍。毕竟如果"大东亚共荣圈"真的形成，必将是一个拦截东北亚到东南亚、掐断马六甲海峡与台湾海峡的地区性贸易体系，"大东亚"很容易从世界政治版图之中切割出来，成为一个以日本为中心的、与世界贸易规则不甚相符的"自留地",阻碍其他海洋国家心心念念的自由贸易。美国作为一个旨在要求自由航行权的世界级强国,永远不能允许任何一个地区保留这种"自留地":一战之后,美国设法摧毁了德意志帝国、奥匈帝国、奥斯曼帝国,保障了波罗的海、东地中海、红海与波斯湾的航行权;二战之后,盟军又剥夺了日本的全部大陆占领区,使日本再也无力阻止太平洋两岸之间的自由航行。

也正是因此,当日本在 1922 年选择退出山东半岛、接受海军裁军要求时,美国也在一定程度上放任日本在朝鲜半岛甚至于中国东北的侵略,也让日本政治进入一个相对稳定的态势中,日本国内政治也在一战前后实现一定程度的民主化发展。

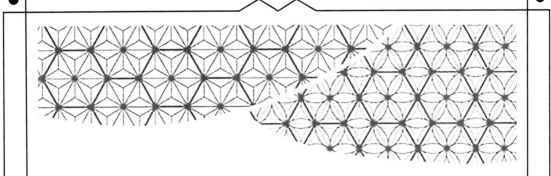

第十一卷 大正浪漫

日本近代民间思想变动与政局动荡（1914—1925）

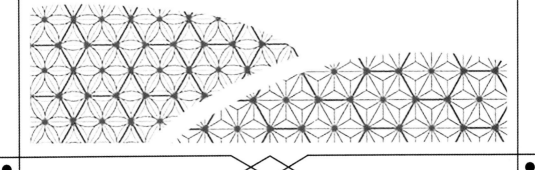

近年来网络上长期流传一句有趣的话，叫作：明治养士，大正养国，昭和养鬼，平成养豚。

这句话试图对日本近代以来的发展作出一个偏于大众化的解读：明治维新培养一大批国士，日本也得以打赢甲午战争、日俄战争，实现历史性飞跃；大正日本掀起民主浪潮，经济快速腾飞，民众运动的勃发让高层政治不得不加以重视；昭和自然是军国主义袭来，日本一个个好战之"鬼"打响侵略战争，并把日本帝国导向灭亡之路，但在二战结束后，日本又凭借着"鬼"一样的精神完成战后复兴与经济腾飞；至于平成，则因为太安逸，培养出许许多多的对社会没什么作用的"豚"（猪）。

当然，笔者并不同意用"士""国""鬼""豚"四个简单汉字来形容四个时代，事实上用日本年号来分割近现代史也有失简略。登录亚马逊日语网站搜索日本历史丛书，对于近代的分界基本是幕末维新期、明治大正期、大正昭和期、太平洋—亚洲战争四个阶段，四个阶段分别以近代改革、民众运动、军部暴走、战争灾难为主题，换言之，"大正"这个词语在与"明治"一起谈论时，更多的是在讨论民众意识的觉醒与民众运动的勃兴，而在与"昭和"一起谈论时，便直接是在谈论日本是如何从大正民主浪潮突然滑向战争深渊的。

　　所以本章探讨大正时代，正是想谈论一个可能稍许深刻的话题，那就是大正时代的日本社会形态到底发生何种变化，民间思潮又如何助推整个日本走向昭和年间的战争？

一、成金荣华："大战景气"与日本社会形态的变化

　　数年前中国网络重新流行土豪这一词汇，也引得日本媒体关注。2013 年 12 月初，日本偶像明星樱井翔在日本电视节目中介绍了大量中国流行语，介绍"土豪"一词时，他引用了一个日本概念"成金"，这也正是日本大正年间火爆一时的流行语。

　　所谓成金，是从日本传统棋类游戏将棋衍生出的概念。"成"有成为之意，"金"指将棋金将，常伴在"王将"（玉将）身旁。在游戏过程中，一旦某一方的步兵、香车、桂马、银将四类棋子进入到敌阵第一列至第三列，便可翻面变为成步（と）、成香、成桂、成银四种棋子，并与金将地位相当，四种变化在民间统称成金。正因如此，成金也衍生出暴发户之意。

　　一战时期日本进入所谓"大战景气"，靠着为协约国集团出口各类军用、民用物资牟取利润。这种情况让日本商船价格飞速增加，如 1913 年一艘商船价格约为五十日元、整船租赁价格为三日元；到 1917 年，商船价格暴涨至每艘六千七百日元，租船价则是国内航线三十日元，欧洲航线四十五日元。船价大幅增加塑造了一批所谓的"船成金"，意指通过海运业兴旺发达的富豪，比如新晋富商内田信也在 1914 年凭借一艘破船、不到二万日元资本金起家，两年就挣出了十六艘船，并占据日本国际海运市场份额的 60%，1919 年公司资产更是达到七千万日元；海运巨贾山下龟三郎凭借着与海军内部的关系迅速得到欧洲大战的详细情况，从

而可以迅速找到商机，他的公司每年净利润有二千九百万日元，要知道，当时日本首相的年薪也就是一万日元，他一个人相当于当了二千九百个首相。

巨额财富聚集，使得当时日本出现了类似当今中国的暴发户现象：山下龟三郎一人就在全国修建了一百多个高级会所；内田信也在神户建了一座占地一万五千平方米的巨大庄园，还仿照皇家园林冠名为"御殿"；山本唯三郎甚至组团前往朝鲜半岛猎杀各种野生动物，还把虎皮、虎肉带回东京帝国饭店展示与享用。成金在庭院池子中倒满牛奶，出高价找艺伎夜夜笙歌……

不过，在大正年间最为出名的成金还是山本唯三郎，这位"船成金"创造了大正年间最著名的一张讽刺漫画，即"成金荣华时代"：据说一天晚上在酒店吃完饭，艺伎帮忙找鞋子却找不到，他突然掏出一张一百日元大钞（当时最大面值）点火照明，艺伎惊诧不已，他却不慌不忙："别着急，这种东西要多少都有，还可以擦鼻子用！"说着又从包里掏出一张百元大钞擦鼻子，这让旁人看得目瞪口呆。或许正因为山本唯三郎如此铺张，大正经济泡沫刚一过去，他的公司就土崩瓦解，本人也活得很惨，最终于1927年（五十四岁）突发胃痉挛而死。历史又为我们留下了一个暴发户暴死的故事。

民间富商频出，这也象征着国家经济形势走好：1914—1918年，日本官方黄金储备上升近五倍；日本靠着大量海外贸易形成贸易顺差，不仅甩去日俄战争以来十一亿日元的欠债，转而获得二十八亿日元的债权；进出口总额上升三倍多；钢铁、开矿、商船、纺织等轻重工业都获得巨大发展。

人由金钱导向，能赚钱，人当然就越来越多。在大正前期的所谓成金时代，大量农民涌入城市：工场工人从八十五万人（1914年）增加到一百四十七万人（1919年），非农业人口在七年内增

讽刺漫画：成金荣华时代

加二百五十万人（1913 年至 1920 年），日本社会正式从封建时代的标准形态"八成农民社会"转型为资本主义的标准形态"五成农民社会"。

人口激增导致对城市功能的要求也越来越多，于是大阪箕面有马电车的经营者小林一三开始在大阪郊外建设宽阔的住宅区，吸引许多不愿在城内租房的工薪阶层通过按揭贷款方式购买，并通过乘坐电车往返于市内与市郊，这种崭新的铁路公司经营形态使得城市内部的距离大大缩短，进而有了所谓"都市圈"的概念。

不仅如此，为了让工薪阶层能在周末与休假期间也愿意乘坐电车，小林一三还从 1914 年开始在神户宝塚创建了完全由女性构成的音乐剧团体，这个剧团在当年大阪的火爆程度一如现代在全日本火热的 AKB48 系列组合。随着成金时代到来，不仅大阪本身的商业更加繁荣，周围神户等城市也逐渐腾飞，好似卫星城一样拱卫大阪，两个城市共同形成阪神都市圈。以大阪为中心，五条电气铁路相继开通（阪神、阪急、南海、近铁、京阪），将京都、奈良、和歌山这些周围城市全部拉入城市生活圈中。

农民转型为新的城市市民后，日本大城市逐渐从上流富豪与中层市民构成的"熟人社会"转变为由中基层劳动者构成的"陌生人社会"，这些人的精神生活比原有的城市居民更加依赖于报纸，日本全国日刊新闻的发行数量从 1910 年的一百七十九万份

1920 年东京站附近人头攒动的景象

增加至 1920 年的三百五十三万份，到 1930 年更是增加到一千零一十三万份，这也说明日本大正年间（1912—1926）是新闻媒体最为蓬勃发展的时代。如此一来，中基层劳动者获取知识与信息的方式就从最早的政府公报与邻里沟通变为看报纸、看杂志乃至听收音机，1918 年"米骚动"便是基于一份又一份报纸的宣传而带来，那么，拥有各式各样政治思想的知识分子乃至政治团体就有了宣传自身主张的机会，日本也即将进入一个思想"百家争鸣"的时代。

二、思想争鸣：大正时代的民间思想发展

大正时代在日本经常被冠以"大正民主"之名，意指这是一个民主主义思想发展最快的阶段，也是民众运动的勃兴阶段。但需要注意，大正民主并不是当时的称呼，而是在二战后，20 世纪50 年代学者为"荣光的明治"与"黑暗的昭和"之间的民众运动及思想争鸣创造的一个解读性术语。因为在历史上的大正时代，"民主"二字乃是禁语，当时对于英语 Democracy 一词的翻译是所谓的"民本主义"。

日本明治宪法第一条规定日本为"万世一系之天皇统治"，也即规定日本是一个"君主国"，这就意味着与其对立的"民主国"三字就是要推翻国家的"大逆"之举。恰好在一战结束后，欧洲最主要的四大君主国德意志帝国、奥匈帝国、奥斯曼帝国、俄罗斯帝国全部土崩瓦解，那么任何有可能威胁到近代天皇制的举动都会引起日本政府的警惕。正因如此，明治时代的儒学知识分子茅原华山便从《孟子》中借出"民本"一词翻译 Democracy，这一翻译也被大正时代著名民间思想人士吉野作造继承。

吉野作造除去是东京帝国大学法学教授之外，另外一个重要

吉野作造

身分便是常驻杂志《中央公论》的重要公共知识分子。1916 年吉野作造在大正民主最大阵地——《中央公论》发表《解读宪政本意使宪政达有终之美》，针对英语 Democracy 提出了两种解释方法：（一）国家主权法理上归于全体国民（民主主义）；（二）国家主权活动的基本目标在政治上归于全体国民（民本主义）。吉野作造认为，选择前一种解释的国家便是民主国；但在君主国日本，国家主权法理上无法归属国民，所以只能让国家做出的每一件事情有利于全体国民而不是特权阶层，政策要基于全体国民利益考虑。

很明显，借助"君以民为本"这种朴素的儒家思想，吉野作造为民本主义找到理论基础，以防政府借进攻民主主义而消灭民本主义，进而将 Democracy 的种子留存在日本。由于明治时代四十多年的教育让日本国民普遍对天皇有着尊崇之心，鼓动民众反对天皇也很不现实，那么以一种渐进手段促使政界脱离"近邻二三臣"的影响而广泛为一般大众思量，或许才是最为稳健的改革方案。由于吉野作造的弟弟吉野信次是任职中央省厅的官僚，他的思想也通过弟弟的人脉一步步渗透到官僚界。

同样对日本政界有着莫大影响的，还有民间泛起的右翼"国家主义"或"日本主义"运动。首先便是评论家德富苏峰，这位在甲午战争时期大肆主战的评论家借助日俄战争后日本地位的上升强化日本人的民族认同，并以天皇作为旗帜凝聚日本人心，亦即所谓"皇室中心主义"。不仅如此，他还主张以"大和民族为中枢民族"来同化与影响其他民族，要求建立以日本文化为中心的东亚新秩序，这一点与当时民间存在的亚细亚主义势力存在共同点，于是与民间右翼团体"黑龙会"之间便有着一定程度的提携关系。

这个举动迅速影响到大正年间的日本政界。1923年2月，日本贵族院决议成立"大东文化协会"，以"遵我皇道，依国体醇化之儒教而扶植国民道义"为标签，同时坚持反欧美与皇室中心思想，要求日本成为东亚新秩序与新文化的核心国家，带动整个东亚与西方国家抗衡。在1921年至1923年的日本国会上，一些坚持传统儒教思想的众议院议员也提出关于"汉学振兴"的建议，三次均以全票一致通过。从这一点上来说，日本政界与民间右翼人士都是要日本延续来自古代中国的道统，把自身重新塑造为东亚的"中国"。

以吉野作造为核心的高级知识分子要求"君以民为本"，这种说法固然是一种进步思想，但在当时的日本官民各界随处可见的论断却充斥着日本主义与国家主义思想，伴随着日本近代国力上升普遍是靠着军事侵略，那么一旦形成"对外主战"的媒体舆论，日本高级知识分子便不得不在"君以民为本"的思想基础上支持对外侵略。事实上早在 1915 年日本向中国递交《二十一条》要求时，吉野作造就曾刊文明确提出"（《二十一条》）为维护日本利益所不可少"。

应该说，吉野作造的民本主义思想是基于"国内政治民主化"与"国际政治殖民化"的矛盾关系而产生，属于两种思想的"最大公约数"。那么进入 20 世纪 20 年代，当日本对外政策面临继续维持日本本位还是走向国际主义的问题时，偏重殖民主义的派别愈发朝着反对西方渗透的国粹团体方向发展而去；而偏重劳工运动与人类解放的派别则朝着社会主义方向发展而去。事实上因景仰吉野作造而出现的东京帝国大学学生团体"新人会"也将吉野理论视为过时，正如新人会创始人蜡山政道在 1925 年 1 月发表的《日本政治动向论》所言："民主主义主张曾由吉野博士及其他先进人士所倡导，一时风靡时论，至今仍令我等记忆犹新……之后社会对社会主义讨论出现兴趣，民主之类被弃置旧书店之角落，或出现在夜间小店的杂物台上，任由无意阅读者随意翻阅。"

不过这一时期，左翼人士内部却出现分裂。随着俄国革命成功与苏联建立，支持布尔什维克的堺利彦、山川均与支持无政府主义形态的大杉荣开始在报纸上进行大规模论战。山川均在这一时期发表著名文章《无产阶级运动的方向转换》，强调社会主义者要作为"无产阶级之前卫"人士回归大众，带领无产阶级发动革命，这也成为日本共产党成立的始源；但另一方面，大杉荣却大量翻译与传播俄国无政府主义者克鲁泡特金的思想，反对苏联式的大政府、强组织形态，认为革命应靠每个个体与社会之间的联系来自主发动，于是他不但没有加入日本共产党，反而在杂志刊文斥责堺利彦、山川均等人为"榨取钱财之盗贼"，进一步向无政府主义方向发展而去。

当然对于日本政府而言，无论是布尔什维克还是无政府主义都是敌人，于是在1923年，日本官方先是在6月"一齐检举"新生的日本共产党，随后日本宪兵又借助12月关东大地震时期的混乱无端杀死大杉荣，这让左翼思潮又一次受到剧烈打击。随后1926年，日本共产党虽然又一次成立并获得共产国际扶助，但堺利彦、山川均等早期领导人却没有加入，反而形成与日本共产党对抗的"劳农派"，日本社会主义运动只能转入地下，在二战结束前一直以非法形式存在。

正因为左翼思潮的内部变乱与外部镇压，日本社会中希望开展国家改造的中基层劳动者缺乏一个可以政党表达自身诉求的政治团体，一部分思想家便将右翼思想中的日本主义、国家主义同

1922年9月发布的日本左翼人士合影，大杉荣（左二）、堺利彦（左三）、山川均（右二）均在列

左翼思想中强调革命与平等的思潮杂糅一处，形成极具日本特色的超国家主义思想，其中最具代表性的思想家莫过于北一辉，而他也是日本法西斯主义思想理论的创建者。

北一辉的思想可以追溯至明治维新的思想肇始者吉田松阴所谓的"一君万民"思想（除天皇之外人人平等），认为"天皇乃民之父母，民乃天皇之子女"这种极为紧密的君民纽带关系让日本得以优越于其他国家。但明治维新本身并没有完成"一君万民"的改造，日本社会仍把持在少数藩阀、华族、财阀乃至官僚手中，这些人物让日本的贫富差距扩大，难以向着公平、平等的方向发展。在这个基础上他杂糅了社会主义暴力革命理论，他认为日本应该仿效中国辛亥革命进行一次由下而上的变革，用武力而非孔教振兴国家，进而建立起跨国家性质的政府，并对"不法占领大面积领土"的国家发动战争。

不可避免，北一辉的思想与实施纲领依然显示着民主化与殖民化的矛盾。为了宣扬对外侵略的合理性，就必须抬高以天皇为中心的国体，塑造日本统领东亚乃至世界的"合理性"；但为了让国内政治发展进一步透明化，进一步照顾到普通人的利益，又必须对现行制度进行根本更改。

北一辉在实施层面为解决这对矛盾指出一个很具体的方向。1923年出版的《日本改造法案大纲》要求：发动天皇大权停止明治宪法的实施，解散议会并发布戒严令，随后将大财阀的财产充公，限制私有财产，提升劳动者权利，随后保持对澳大利亚与西伯利亚等土地的占有者（即英国与苏联）宣战之权。这种规定就等于是把身处国家最下位的普通劳动者与国家最上位的天皇结为同一个团体，在国内共同对抗藩阀、议会与官僚体系，对外共同对抗欧美文化的入侵。

换句话说，虽然北一辉杂糅过多的思想元素导致看起来有点

北一辉

精神分裂，但他的实施纲领却能在那个时代吸引最多人的关注与赞同。无论是认同皇室中心还是暴力革命，无论是认同日本至上还是人人平等，无论是支持世界和平还是对外主战，都能在北一辉的理论中找到自己想看的部分。所以《日本改造法案大纲》一经出版就迅速成为日本官方指定的禁书，毕竟，最反对这本书论调的，便是当时的既得利益者，也就是元老、政治家以及各路财阀。但这本书还是在私下广为传阅，成为大正时代影响民间思想最重要的一部著作。

三、平衡崩溃：宫中某重大事件与原敬遇袭

米骚动之后，第一起挑动官民之间重大矛盾的事件便是发生于 1921 年的"宫中某重大事件"。

宫中某重大事件是一种隐晦说法，暗指皇太子裕仁（后来的昭和天皇）婚姻问题：1919 年太子妃候选本已确定是久迩宫良子女王（后来的香淳皇后），但在 1920 年年底的体检中，这位准太子妃的两位亲兄弟都被检测患有色盲症，这就让人担心良子女王会把色盲基因带入天皇家。于是对于婚约，上至裕仁的母亲贞明皇后、皇室长老伏见宫贞爱亲王，中到三名在世元老（山县有朋、松方正义、西园寺公望），下到首相原敬均明确反对。由于当时大正天皇的身体状态非常不好，已经无法正常说话与行走，且经常出于昏迷状态，根本无法决断儿子的婚事，这就让这件事本身有了操作空间。

为了让久迩宫良子女王顺利成为皇太子妃，他的父亲久迩宫邦彦王开始向舆论媒体灌输一种思想，即久迩宫良子女王的外祖父是原萨摩藩藩主公爵岛津久光，而反对皇太子迎娶久迩宫良子女王之人正是长州阀元老山县有朋，甚至连长州藩出身的中村雄次郎在当年就任宫内大臣一事都被炒作为长州阀安排。于是一个单纯的色盲遗传问题就变成复杂的"萨长内斗"问题。

然而问题在于，日本宫内省在传统上缺乏与媒体打交道的经验，皇太子选妃事宜更是在秘密状态下进行，所有人都对久迩宫邦彦王的操作始料未及，而日本民间右翼也从上流社会的政治斗争中抓住一些蛛丝马迹，掀起声势浩大的声援皇太子活动，准备在 1921 年 2 月 11 日纪元节（建国纪念日）当天挑起巨大骚动。为防这些民间右翼闹出什么大事，宫内省特地在之前一天的 2 月 10 日在各大报纸刊发"御婚约无变更"的新闻，宣布皇太子妃人选不变。

其实从理论上讲，宫内省完全可以不这么被动。虽然大正天皇因为身体原因无法表态，但裕仁的生母贞明皇后尚在，只要皇后表态退婚，那么民间右翼所说的"长州阀逼宫"之说就完全不

久迩宫全家福。后排正坐男性为久迩宫邦彦王，前排坐着的和服女性为良子女王（香淳皇后）

成立了。

　　但这一时期，贞明皇后与三位元老之间因为另一件事有了矛盾。当时三位元老与宫内省正计划让皇太子裕仁前往欧洲访问旅行，借以增长见闻，培养未来天皇与各国高层关系。但由于大正天皇病情较重，出国又不乏风险，贞明皇后并不同意。为了达成自己所愿，山县有朋、松方正义以明治天皇所言"后宫不得与政"逼迫贞明皇后同意，招致不满。最终虽然三位元老所建议的"皇太子旅欧"成行，但贞明皇后却因为对三位元老的反感而加以报复，在裕仁婚事问题上始终不做表态，这就让山县有朋同时陷入皇后与民间右翼的夹击之中，宫内大臣中村雄次郎被迫辞职。

　　无论原因如何，宫中某重大事件与裕仁皇太子访欧这两个重叠事件里，元老山县有朋不仅受到皇族疏远，也为民间右翼所恨。事后，山县有朋主动在 2 月 21 日要求辞去枢密院议长以及其他所有官职和恩赐，并自我禁闭一年以作为处罚。另一元老松方正义也递上辞表。山县有朋、松方正义退出政坛意味着元老整体实力减弱，这也促使原敬逐渐成为新时代的掌权者。

　　但出乎意料的是，原敬并没有对元老赶尽杀绝，反而在 3 月 5 日上书新任宫内大臣牧野伸显，认为不应接受两人的辞表。之所以这么做，是因为山县有朋是遭到右翼运动才导致身败名裂，如果这时候落井下石就会助长右翼运动的气焰。正因如此，原敬

1921 年裕仁前往欧洲游历，这成为他一生的重要体验。前排左二为英国首相劳合乔治（Lloyd-George），左三为裕仁。

裕仁生母贞明皇后，原名九条节子

反而帮助起山县有朋，促使宫内省以天皇名义直接发表挽留命令，这让这位昔日对政党人士看不上眼的元老非常感动，日后原敬遇刺身亡后，发着高烧的山县有朋还念道："原是个伟大的人，这么伟大的人死了，日本可承受不了。"

不错，原敬就在当年遇袭去世。毕竟在具体政策方面，原敬并没有听从当时日本狂热的"普选运动"要求，只是将男子普选的限制程度从直接国税十日元降低到三日元（1910 年代日本普通家庭月收入在十至十五日元），以防止当时已经兴盛起来的民间右翼人士进入国会，影响国家政策；而且原敬还特地确立了"国防"政策，给陆海两军新增预算，1921 年日本陆海军费总预算达到了空前的十五亿八千万日元，是 1917 年军费预算的两倍还多，这对于军人出身的山县有朋也是利好消息。所以在原敬帮忙保住山县有朋的位置之后，他本人就成为日本民间右翼思想攻击的对象。

　　1921 年 11 月 4 日，山手线大塚站职员中冈艮一在东京站乘车口（现在丸之内南口）拔刀刺杀了首相原敬。这位中冈艮一在 1903 年出生于栃木县（东京附近）一个矿山技工家庭，因学习成绩一般很早就不再读书，先是在印刷工场做了一段时间工人，随后因为不适应这份工作，又在 1919 年来到山手线大塚站做工人，是一个典型的成长于大正民主时代的青年人，受到当时由民间右翼操纵的媒体舆论的显著影响。由于不久之前的 9 月 28 日，日本安田财阀的创始人安田善次郎遭到民间右翼人士短刀刺杀，中冈艮一受到影响，有样学样，便决定用短刀刺杀这位"平民首相"。

　　对于这位刺杀首相之人，检察院虽然请求死刑，但中冈艮一最终却被判无期徒刑，后于 1934 年获特赦。由于中冈艮一在日后参加侵华战争，前往哈尔滨南岗第四军管区司令部就职，也有人认为该事件与军部阴谋有关。

　　但无论真相如何，原敬已经是人死不能复生，不久之后的 1922 年 2 月 1 日，山县有朋也生病而死，日本政党政治在最后这个节骨眼上遭到重创。应该说，山县有朋与原敬这两个新旧时代标志性人物能够互相认同，对于日本从寡头政治走向政党政治意义重大。如果"山县·原"交接时期能再持续一两年，在当时趋于和缓的国际政治环境下，日本政治很可能形成平稳过渡，进而修补明治时代的制度漏洞，军部势力也不会发展到后来那样野蛮生长。然而两人迅速的死亡让日本高层政治失去了一次平稳过渡良机，由于接下来的首相高桥是清更像是一位财政专业人士，难以统领政局，有着统领政局气魄的海军军人加藤友三郎又随之去世，日本又进入一个不甚稳定的政治环境中。

　　甚至连日本人本应尊重的皇太子裕仁，在这一时期都遭到袭击。

四、太子遇袭：关东大地震与刺杀裕仁

1923 年 9 月 1 日临近正午，日本关东地区的神奈川县相模湾外海西北八十公里处，突发里氏 7.9 级地震，这起地震造成一百九十万人受灾，十万五千人死亡，房屋倒塌十万九千栋、烧毁房屋二十一万二千栋，正在修建的海军航母"天城"船体甚至都遭到震坏，只能选择报废。这对于刚刚进入经济高速发展时期的日本，尤其是对于以东京为中心的首都圈不啻一次地狱式灾难。

关东大地震的灾害：根府川站列车出轨落入海中，图为留在海岸的一列损毁车厢

为了灾后维稳，日本政府下令陆军执行戒严令，许多城市断水断电，信息交通全部瘫痪。也就在这一时期，日本民间流传起在关东地区居住的朝鲜半岛人正在四下掠夺财物的消息，造成居民恐慌。虽然9月5日临时成立的关东戒严司令部表示“虽然确有朝鲜人在三三五五作案，但军队已经出动维护治安”，试图稳定居民情绪，但当时仍旧出现一系列恶性事件，促使震后治安变得非常恶劣，据说上千名朝鲜人在日本军队与民众的报复行动中遇害。

与此同时，本应维护秩序的日本宪兵也在同一时期大肆搜捕并秘密处决一些反政府人士。如无政府主义者大杉荣与作家伊藤

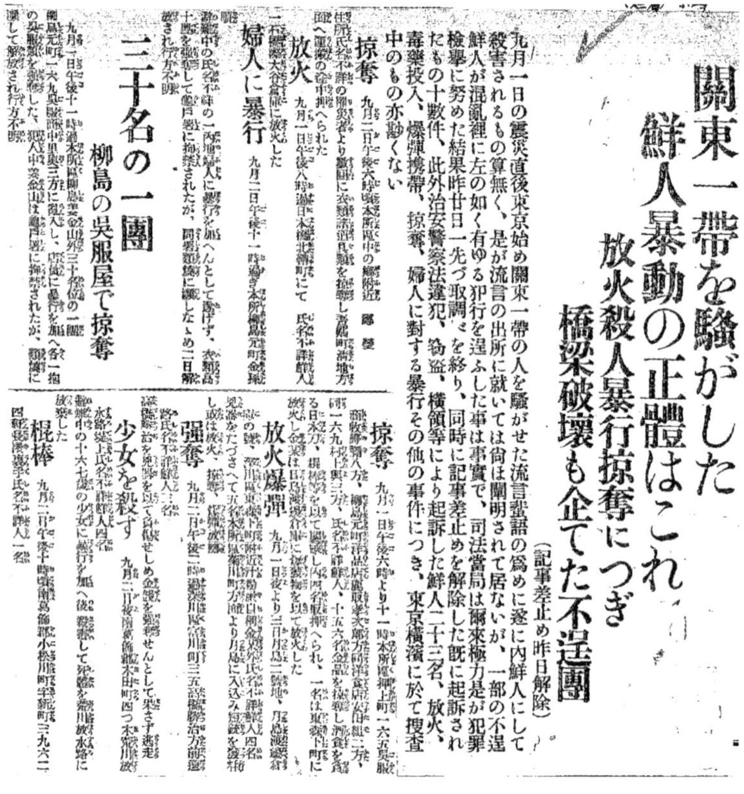

關東一帶を騷がした
鮮人暴動の正體はこれ
放火殺人暴行掠奪につぎ
橋梁破壞も企てた不逞團
（記事差止め昨日解除）

九月一日の震災直後東京始め關東一帶の人を騷がせた流言蜚語の爲めに遂に内鮮人にして殺害されるもの算無く、是が流言の出所に就いては尙は闡明されて居ないが、一部の不逞鮮人が混亂裡に左の如く有ゆる犯行を逞ふした事は事實で、司法當局は爾來極力是が犯罪檢擧に努めた結果昨廿日一先づ取調べを終り、同時に記事差止めを解除した既に起訴されたもの十數件、此外治安警察法違犯、竊盜、橫領等により起訴した鮮人二十三名、放火、毒藥投入、爆彈携帶、掠奪、婦人に對する暴行その他の事件につき、東京橫濱に於て捜査中のもの亦尠くない

掠奪

放火爆彈

強奪

少女を殺す

棍棒

掠奪

放火

婦人に暴行

三十名の一團
柳島の呉服屋で掠奪

地震后关于朝鲜半岛人「暴动」的新闻报道，导致许许多多朝鲜人遇害或遭到警察「收容」

野枝在外出散步时遭到盘问并杀害，随后东京龟户地区居住的十余名社会主义者也遭到杀害，这一系列动乱为当时刚刚经历天灾的日本又蒙上一层人祸的阴影，日本民众对陆军的印象又一次大打折扣。

正因如此，一位气愤的民间人士难波大助决心为这些无辜死难的人士复仇，于是他从家里拿了一杆打猎用的霰弹枪，来到东京准备刺杀裕仁皇太子。为了不连累自己的亲朋好友，难波大助给他们都寄了绝交书，随后给报社撰写一封书信陈明自己的目的，即日本无产阶级必须打破皇室崇拜，才能摧毁统治阶级的专权。

于是当年 12 月 27 日，正值当年国会开幕之日，难波大助带着霰弹枪来到东京市中心虎之门一带，在裕仁乘坐的汽车到来时突然高呼"革命万岁"，冲出来对着汽车一通乱射。虽然他尽全力试图击杀皇太子，但裕仁本人却是毫发无损，只有跟随身旁的

1919 年的裕仁皇太子

东宫侍从长入江为守受到轻伤。随后裕仁继续前往国会并发表国会开幕致辞，而难波大助则被周围民众抓住围殴一顿，接着扭送至警察局。

由于在裕仁刺杀案中严重失职，警视总监汤浅仓平、警视厅警务部长正力松太郎双双撤职，难波大助老家山口县知事罚了工资，难波大助毕业的小学校长被迫辞职，他家乡的所有村子都不允许庆祝 1924 年新年。至于难波大助的家人更惨，他身为众议院议员的父亲难波作之进立刻辞职，回家蛰居并逐渐减少进食，半年后郁郁而终。这串"连坐"名单不可谓不长，但即便如此，日本官方并没有一定要判难波大助死刑的想法。

为什么呢？毕竟当时日本民众运动风起云涌，日本上百万产业工人都有可能是"革命"的信奉者与支持者，一旦因为杀死这么个人而导致全国暴动，那就非常得不偿失。于是日本官方明确给难波大助留下一个选择：只要在法庭上自认过错，并痛哭流涕表示悔意，那么当法院坚持以"大逆罪"下达死刑判决后，裕仁皇太子会亲自出面要求减刑。如此一来难波大助可以换得一个终身监禁，皇室也能收割一波人气。杀一儆百，不如做出慈悲为怀的样子，有益于提升裕仁皇太子的声望。

然而在 1924 年 10 月 1 日的审判中，难波大助仍然不改初心，慷慨陈词："我的行为说到哪儿都是争取的，我有权对我身为社会主义先驱这一事实表示骄傲……皇室不是共产主义的正面敌人，皇室只在一种情况下才是敌人：那就是皇室作为统治阶级压迫无产者的工具之时。"如此一来，难波大助虽然被判处死刑并在一个月后执行，但他依然作为当时体制反抗者的代表人物得到民间尊重。

不过从他的发言中，能看出他所理解的"社会主义"或"共产主义"并不是从马克思或列宁著作中学来。毕竟 19 世纪以来的左翼人士丝毫不会掩饰对于君主制的攻击，送皇帝上断头台的思想并不鲜见，然而难波大助却明确提出"皇室不是共产主义的正面敌人"，这就指出皇室与底层民众合作以反对"统治阶级压迫"的可能性。换句话说，这段发言的本质与北一辉一直以来的思想高度符合，这也显示出北一辉等民间右翼人士的思想已经渗透到普通民众心中。

关东大地震后，日本社会秩序遭到进一步打乱，民间要求普选的呼声进一步加强。于是接下来的加藤高明内阁便打起一套"组合拳"，决心一举解决普选呼声与民间秩序问题。

五、1925 体制：加藤高明内阁的成立与"胡萝卜加大棒"

对于普选问题，日本民间呼声一直很激烈。在原敬遇刺以后，1922 年前两个月日本迅速出现数十场大型集会要求普选，到 2 月 23 日，日本警视厅协同宪兵出动一千二百人把守国会附近，阻止集会游行，这让事态少许稳定下来。但到了 1923 年 2 月，数万普选支持者再度来到东京，连日游行，仅在东京芝公园一带举行的国民大会就有一万多人参加。

从时间节点来看，普选运动都选在冬天举行，而每年 12 月至第二年 3 月前后正是日本国会开幕期间，日本民众已经明确掌握到政局规律，这也意味着民众运动已经不再是盲目而漫无目的的打砸抢，而是变成有组织、有针对性的争取利权运动，如此一来，日本政府面临的压力也陡然增加。

恰好当时的日本内阁也是动荡不安。在 1923 年 12 月刺杀皇太子裕仁的"虎之门事件"后，第二次山本权兵卫内阁以护卫皇太子不利为由宣布总辞职。由于当时的国会是 1920 年选举产生，

加藤高明

按照四年一个任期的规定，日本本来也要在 1924 年举行众议院选举。有鉴于此，元老西园寺公望便选择一位长州藩出身的老人清浦奎吾担任首相，并预定在 1924 年 5 月 10 日举行选举，这种选择一个适当人选担任首相以等待选举的做法在现代议会制国家也很为常见。

　　清浦奎吾曾在 1914 年试图组阁但遭到海军反对，那届内阁也被称为"鳗香内阁"，这成为清浦奎吾一生中的遗憾，随后他对政治心灰意冷，转任枢密院议长，开始了自己的幕后工作。所以这一次组阁时，他也并不想太费心力，也无意通过什么法案，只想将日本政府维持到 1924 年 5 月为止即可。正因如此，清浦奎吾内阁完全没有纳入任何众议院的政党人士，而是全部启用贵族院。而贵族院无法由一般国民选举出任，这就激起政党方面的反感。

　　在这种情况下，当时日本议会的三个主要党派政友会、宪政会、革新俱乐部选择合兵一处，共同在议会中反对清浦奎吾内阁，时人将这个举动称为"第二次护宪运动"。得知这个消息后，清浦奎吾非常不满，于是在 1924 年 1 月 31 日下令解散国会，这就让本可以顺利闭幕的国会又一次遭到解散。

围绕是否支持清浦奎吾内阁，日本议会第一大党政友会出现内部矛盾，这也导致政友会分裂，于是乎，当时议会第二大党宪政会敏锐地嗅到机会，开始在 1924 年选举中提出两个非常重要的口号，即所谓的"任内实行普选"与"宪政之常道"，其中后者也成为后世日本选择首相的重要准则。

随着山县有朋、松方正义分别去世，日本元老只剩下西园寺公望一人。这位七十多岁的老人已经没有太多能力干预政局，于是加藤高明提出日本应建立一种新的政权转移方式，这也就是所谓的"宪政之常道"：一是内阁总理大臣（首相）应该由议会第一大党党首担任，不应由任何秘密组织或私下协定来完成；二是一旦议会第一大党党首无法执政，而议会也尚未解散，那么就应由在野第一大党党首接任。

很明显，宪政之常道与现代一般的议会制国家大相径庭：现代议会制国家里，只有获得议会单独过半数席位的政党才能组建内阁，如果政党没能单独过半数，就要寻找其他政党合作，过半数以后组建联立内阁。但宪政之常道完全不理会过半数要求，只要成为议会第一大党就能获得首相位置。加藤高明提出的这种首相更替方式确实有缺陷，但在当时日本元老仅剩下一个西园寺公望且西园寺公望明确提出不愿意增补元老名额的现实情况下，加藤高明的提法确实是一个相对合适的替代方案，这个方案也就获得了一般国民的支持。

靠着"任内实行普选"与"宪政之常道"两个口号，在 1924 年 5 月众议院选举中，宪政会争取到一百五十四个议席，成为议会第一大党；而由于元老西园寺公望也认可宪政之常道，于是宪政会总裁加藤高明从 6 月 11 日开始成为新任首相。

担任首相后，加藤高明在特别国会上立即宣布废除纳税额度限制，"坚决实行普选"，并在国会刚刚休会后下令内相若槻礼次郎负责制定普选法案。经过数月的修改，若槻礼次郎提出的提案终于在 1925 年 3 月 2 日与 29 日分别获得众议院与贵族院通过。这份《普通选举法》虽然只保证二十五岁以上男性国民的选举权，并没有给予女性同等选举权，同时也剥夺"因贫困为生活而接受公私救助或扶助者"的选举权，但起码从形式上来说，日本普选运动还是获得阶段性胜利。

但在当时的民意高扬状态下，开放普选就有可能意味着治安的混乱，更意味着日本共产党这样对日本近代天皇制有着重大威胁的政党有可能进入国会之中。对于这一点，枢密顾问官平沼骐一郎回忆道："当时（1925 年前后），枢密院提出如不禁止共产党结社，就不同意实行普选的意见，而若槻最终同意。"为了禁止日本共产党结社，加藤高明内阁在同一时期也在推进另一部非常重要的维护国家秩序法案——《治安维持法》。

说起维稳，在近代日本并不是一件稀奇事。1893 年 12 月 25 日，为了防范日本对外强硬的政党人士冲击国会与皇宫，日本紧急颁布《保安条例》，并把有"妨害治安"可能性的人员强制驱逐出皇宫周围十二公里地区，并且三年以内不允许进入；这个法案在 1900 年正式改订为《治安警察法》，正式规定日本政治结社的规范与要求，禁止公务员、军人等官僚性质的人物加入政党；1922 年《治安警察法》进行一部分调整，限制女性参与政治集会的条款被取消，这也是日本女性运动的一个里程碑。

梳理日本维稳类法律的发展历程，可以发现其法律条文一直随着时代背景而变化，而 1925 年 4 月颁布的这项《治安维持法》

日本枢密顾问官平沼骐一郎，日后成为日本高层著名的「日本主义」宣传者，战后作为甲级战犯受到审判

也明确在核心条款中规定，即"不得意图变更国体或否定私有产权制度"。结合前述大正时代的思想潮流可以看出，《治安维持法》防范目标有两个，一是在1925年1月日本与苏联建交以后需要防范共产主义革命的输入，二是打击1923年北一辉出版的《日本改造法案大纲》，防止类似难波大助的事件再度发生。

《普通选举法》与《治安维持法》的"胡萝卜与大棒"搭配，形成日本近代史上独特的"1925年体制"，既满足日本民众对于普选的要求，也完成日本社会维稳的使命，两部法律的出台算是相得益彰。

但很明显，在"胡萝卜与大棒"中，"大棒"的含义更重：第一次男子普选一直拖到1928年才正式施行，而《治安维持法》却是令出即行。1925年12月，日本政府迅速依法取缔一大批京都左翼学生组成的马克思主义研究组织京都学联，三十三名成员遭到逮捕与居所搜查，最终该组织有三十七人因《治安维持法》而被判有罪。日后《治安维持法》的司法解释被越来越扩大化，并在太平洋战争期间得到空前强化，成为旧日本警察随意逮捕普通人乃至安插罪状的重要依据，因而也被日本人称为"恶法之源"，最终在1945年日本战败后不得不废除。

六、小结

从事日本文化研究的荷兰记者伊恩·布鲁玛曾在《创造日本》一书中提到，日本人有一种"恼人的习惯"，即试图用西方科学技术来塑造自己的正统性。比如学到了哥白尼日心说，就马上把"地球绕着太阳转"用于解释"天照大御神"如何降临在地球上。理解这种"恼人的习惯"，才会明白为什么近代日本会突然从大正民主走向军国主义。

仅从标签来看，"大正民主"四个字似乎象征着一种非常先进的思想与价值观，而日本本来是可以通过自身力量达成民主化，却最终被军部拽向"昭和军国"歧途之中。如果只观察口号的变化，那很容易发出"日本步入军国歧途"的感慨，然而从行动手段来看，大规模群众集会、暗杀、极端思想、暴力游行，这些属于昭和军国的名词无一例外都能在大正民主人士身上找到痕迹。这就说明，"民主"与"军国"这种用概念本质上只是两个类似于兔子或者豺狼的图腾，我们不能单纯从字面意思去理解那个时代。

无论思想标签如何，那个时代持不同观点的知识分子之间事实上都有极为深入的勾连，不同政见人士完全不像欧美政治家一样水火不容，反而是可以互相"串台"。比如学生组织新人会最早是崇拜吉野作造而组成，但随着俄国革命爆发与社会主义思想兴盛，新人会转而创办以俄语"人民"命名的杂志。而其中，一名出身于佛教住持家的成员赤松克麿更是转投 1922 年成立的日本共产党，甚至成为日共中央委员；随后他因参加社会主义运动遭到逮捕，在狱中转向社会民主主义，出狱后在 1926 年成为社民主义政党社会民众党的中央委员；进入 20 世纪 30 年代末，赤松克麿认为：传统的马克思主义只提到工人阶级对压迫自己的资产阶级发起革命，没有提到全世界被压迫民族对压迫民族也应该发起"革命"，所以日本代表黄种人向欧美国家宣战正是"黄种人对白种人的革命"。很明显，他最终接受民间右翼的日本主义、国家主义思想，结合左翼运动形式，推动日本走向法西斯主义路线，这一套也被他粉饰为"国民社会主义"。

换言之，昭和军国并不是大正民主的异化，反而是大正民主的发展，是大正民主遗留问题的总爆发，两者看起来截然不同，本质却是一枚硬币的两面。而这一点也体现在宪政之常道中：

宪政之常道在当时历史条件下确实有着进步意义，但其制度缺陷也非常显著：如果没有"过半数"的要求，那么只要能颠覆现在的首相，或者与现在的首相进行一些私相授受的内部交易，那么在野第一大党甚至无须成为议会最大党就可以掌控政权——能否赢得选举不重要，怎么搞垮对手内阁才最重要。于是接下来的日本政坛中，政友会与宪政会（日后为民政党）之间的"揭丑大战"与互相抨击便成为常态，甚至借助媒体与舆论力量去分裂与攻击对手。时间一长，中基层选民自然对于两党的恶性竞争"审美疲劳"，对政党政治逐渐开始不抱希望。

此时，一股新的力量已经度过蛰伏期，走上历史舞台，逐渐要把舆论、议会乃至国民全部纳入囊中，那就是新兴的日本陆军少壮派。

第十二卷　陆军进化

1925 年体制的崩溃（1921—1927）

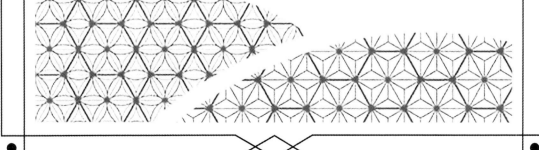

提到日本"昭和军人"，普遍印象都是阴险狠毒、杀人如麻、愚忠天皇等等，但除去这些标签之外，也要明白昭和军人并不是一群只知道山呼万岁的武夫痴人，或是一群排斥西方的井底之蛙。恰恰相反，许多日本陆军军人曾远赴世界各国学习考察，具备极为独到的思想见地，一些对未来的预见甚至让人拍案叫绝。某种意义上说，正是因为他们深谙那个时代的国际形势与在日本的为官、经商、办报之道，才有足够能力塑造出于己有利的环境，将日本拖入军国主义的深渊。

在大正民主浪潮中，日本军部一度备受冲击，热爱讥讽话术的大阪人甚至编出如"乞食少尉，贫困中尉，挤钱大尉"的嘲讽歌谣让军部难堪。但即便如此，日本军人对于大正民主依然没有持单纯的反对态度，日本军部修订的1920年版《军队教育令》与1921年版《军队内务书》甚至明确提到军人要适应一战以来"社会状态及国民思潮之变迁"，甚至于在许多方面主动迎合大正民主各大思想派别的思想元素。

之所以如此，是因为当时日本军队少壮派认识到一个问题：如果想实现他们心目中理想的"总体战"国家，那么日本军队不仅要面对支持自己的力量，更要懂得如何面对反对势力。在这种思路的指导下，日本陆军选择一步步蚕食国家政治的策略。

一、外部冲击：总体战思想与军人对待大正民主的态度

1921 年 10 月 27 日，在德国南部度假胜地巴登巴登，三个日本陆军士官学校第十六期同年友人聚在一起谈论时局。他们分别是日本驻瑞士武官永田铁山少佐、前驻俄罗斯武官小畑敏四郎少佐、参谋本部外派部员冈村宁次少佐。三人长期驻扎于欧洲，目睹坦克、飞机、化学武器等新式兵器以及依托于这些新式武器的新战术诞生，又看到日本军队在西伯利亚遇到失败，深感如今日本军队的发展还基本躺在日俄战争的功劳簿上，必须进行全面改革。

经过数日谈论，三人在另一位陆军士官学校第十七期的学弟东条英机少佐的见证下达成《巴登巴登密约》，约定共同打破萨摩、长州两大藩阀独霸日本陆军的局面，迅速实现国家军事力量近代化，并在未来尽快解决满蒙问题。这三个人也在日后并称为"陆军三羽乌"，其中的永田铁山更是被誉为"永田之前从无永田，永田之后再无永田"的人物，他也成为日本陆军少壮派的核心人物。

对永田铁山的这番感慨也不完全是无源之水。从 1917 年起，他进入陆军临时军事调查委员会，这个委员会从 1914 年一战爆发后就迅速成立，并从作战方式、编成装备、后勤补给、人员马政、卫生医疗、战时产业等各方面详细考察欧洲各国军事变化。从 1916 年开始，委员会每月会撰写一份报告，进而形成《参战各国陆军相关资料》年报。1916 年至 1922 年之间，陆军省向省外军人进行总计九十八次战争形态的汇报会，而永田铁山参与十九次，足见他的思想与地位均获得日本陆军官僚系统的认可。

被誉为「永田之前从无永田，永田之后再无永田」的永田铁山

在撰写材料的过程中，永田铁山接触到一战东线名将、纳粹党初期军事理论家鲁登道夫的"总体战"（Der Totale Krieg）思想。这种军事思想起源于对一战的思考，毕竟在坦克、航母、飞机、化学武器等兵器发展的过程中，军事作战逐渐更多仰仗机械而非人力作战，为了提供充足的作战机械兵器与后勤补给，需要国家建立一套完整的军事制度与军工产业以为支撑，这就涉及对整个国家工业与人才的重新调配，国家需要动员与培养各行各业的技术人才与知识分子为己所用，否则就会在战争中落于下风。正如鲁登道夫所言："总体战不单单是军队的事，而直接涉及参战国每个人的生活和精神"，想要赢得战争胜利，必须投入民族的全体力量，"因为总体战的目标乃是整个民族"。

受到该思想的影响，1920 年 5 月，永田铁山撰写了一份著名的内部报告《国家总动员的相关意见》："所谓国家总动员，是指无论是一时还是永久，要将国家权力内所把握的一切资源、机能用于执行战争，并'统制'分配来使其达到最有效之利用。"报告中，永田铁山将国家总动员分为国民、产业、交通、财政、精神五方面动员，并要求在中央设立一个专门机构来执行动员职能，将国家各种资源调查与保护、国家总动员计划编制与各中央省厅业务分配、国防科学研究等各项事宜统辖管理。以这篇报告为开端，日本军部开始大量使用"统制"（管制）一词，这个词语的使用后来也逐渐扩大化，"统制经济""言论统制"这些词语均来源于此。

明治维新以后，为了不让日本重新陷入幕府时代的武家政权，日本政府不允许军人参与任何形式的政治结社，这就意味着日本对军人的要求是一个被动听令的角色。虽然日本军部独立完成甲午战争、日俄战争，让国家形象获得飞跃，但军人本身的政治地位仍然较低，除去军事事项外丝毫不能染指任何政治事宜。但是，永田铁山这份报告的出现象征着日本军人开始调整自己的身分：从静态的国家保护者转换为具有能动性的国家体制改造者，从单纯的执行者转为考虑各方面要求的决策者。

身份转变让日本军人对大正民主的各项理念展开细致筛选：他们批判"民本主义"有着让"帝国滑向民主国深渊"的嫌疑，但也承认国家发展的的确确需要照顾到国民的总体利益；他们反对欧美自由主义主张的"个人主义"，但也认可自由主义所倡导的充分竞争是提升国家产业能力、科技水平的重要基石；他们批判社会主义者对于君主制的否定，但也认为社会主义者提出的劳资关系问题必须妥善解决，否则无法调动工人的积极性投入生产；民间右翼宣传的日本主义、国家主义虽然狭隘，但"天皇之国"的宣传模式却能激发民族主义情绪，支持军队在海外扩张建立新秩序。甚至将国家发展问题归结于重视工业而轻视农业的"农本主义"也不是全无可取之处，至少可以团结许多出身农村的底层士兵。

通过杂糅数种改革思想的某个侧面，日本军部少壮派人士与国内各阶层人士保持着紧密联系与深度对接，充分理解他们的理念思维与实际需要，策动他们或因为利益，或出于理想，或由于集体无意识，参与到军部对于政治、军事、产业、科技乃至文艺方面的军国主义化建构中，最终实现永田铁山的"高度国防国家"的理想。

甚至于，不少日本军人还将当时的美国视为标杆。许多人认为美国之长处"并非在于平时之纯军事举措，而在于其以民间诸事业为依托之国家整体机能"，评价其为"近代军国之最佳"。比起当时一般知识分子关注于美国作为欧美自由主义标杆的一面，日本陆军却敏锐发现美国政界、商界、军界之间互相支持的紧密关系，理解到建设一个如同美国一样的由民间资本广泛支持的军事体制极为重要。如此也可以侧面说明，日本陆军或许有着征服亚洲的狂妄思想，但他们也懂得应该通过什么方式予以实现。

但就当时而言，日本民间舆论却对军队并不友善。

二、军性本恶：日本社会对军人的态度与军人的 危机意识

1922 年 2 月《华盛顿九国条约》签署后，日本海军开始按照国际要求裁军。海军主动削减吨位，恰好迎合大正民主浪潮，也提高了海军舆论形象。此长彼消，拥有二十一个师团编制的陆军更成为批判对象：1922 年 3 月号《中央公论》里一下子发表两篇文章，一篇是水野广德的《陆军军备缩小之可否与其难关》，一篇是三宅雪岭的《陆军的缩小与军事思想的改善》，两篇文章形

成一个特辑"陆军军备缩小论"。两篇文章主旨都是强调陆军要跟紧海军的步伐，积极寻求国际妥协，避免英美等欧美列强将日本当作敌人。

其中水野广德认为：一年多以来，各党派虽然都有各自利益，却都同时提出陆军裁军方案，多少也能看出些舆论趋势；沙俄帝国崩溃以后，这个昔日陆军第一假想敌失去大战之力，现时又不对中国采取积极政策，只要留下国内与殖民地地区军备，倒不如将其他军费用于经济改革；比起武器开发、军人待遇、军队整编等事务，还是涵养民力、振兴产业进而寻求国民生活安定更为必要；只要这样，常备兵力便可在日常训练中得以精锐化，到了国家需要之时，更可以借助军事体制临时动员大量兵力。

紧接着，水野广德更是放出一句惊世骇言：确立国策乃是前提，如果没有国策，军事力量本性会寻求自我无限增殖。"若不改善这一制度，无论国民多么大声呼喊陆军裁军，他们军阀依然可以坚守在帷幄上奏权这座城堡中，靠着大臣辅佐这一官制为武器，继续忽视国民希望。"

"军性本恶"，在总体战时代，如果将国策制定交给军事部门，那么军事力量自然会以无限扩张自身实力为主要目标，为了满足欲壑增长，自然要不停扩张，不停以各种借口发动侵略，攫取资源，直至灭亡为止。水野广德这段话虽然在1922年就已经提出，但之后日本却真的走上这条邪路，一步步用实际行动验证了这段话如何正确。

伴随着民间批判军部声音的高涨，政党早就忍耐不下去了，他们借助西伯利亚出兵结束之机，大力批判陆军。第四十五届帝国议会（1921 年 12 月—1922 年 3 月）之中，议会最大两党政友会、宪政会议员也相继展开批判，几方人士你方唱罢我登场，甚至让这一届议会得了一个"军部批判议会"的诨名：1922 年 1 月

28 日，政友会的尾崎行雄与岛田三郎提出《陆海军军备及特例的相关问题主意书》，提出导入军部大臣文官制、废止军部帷幄上奏权；2 月 1 日，宪政会的野村嘉六提出相似建议；2 月 7 日，政友会以党决议形式提出《陆军裁军案》；3 月 6 日，立宪国民党的西村丹治郎与植原悦二郎提出《陆海军大臣任用官制改正的相关建议案》。从议会构成来看（1920 年第 14 届众议院总选举），政友会（二百七十八席）、宪政会（一百十一席）、国民党（二十九席）三大党派一共占据了 89.9% 的议席，某种意义上说，陆军是在面对整个议会乃至国家的压力。

其实，面对一战以后的军事问题，政党与军部都是剑指"总体战"这一概念。只不过军部要求自己掌控产业经济，而政党却认为，军部这种奇怪生物应该予以规制整合，打破军部"独立王国"，站在更高角度将军事部门专业化，由政党统制军事，进而建立满足总体战需求的军事制度，而不是由军事部门控制政党。

于是这一时期开始，日本陆军军人不断发表文章，论述军部大臣现役武官制有何根据，同时主张天皇统帅权神圣不可侵犯、文官不适合做军部大臣等；恰好与此同时，政党为了提高自身声望，借助批判军部这一契机互相攻讦，互相拆台，政策上也是乱七八糟，不可取信者多。两者便在某种意义上达成妥协：裁军即可，是否撤销军部特权，再议。

3 月 25 日，第四十五届帝国议会临近尾声时，《陆军军备裁撤建议案》获得通过。这份政府案主要采纳了政友会与国民党两方面意见，主要要求是：陆军军人服役期从二年缩短至一年四个月，通过重新整理统一各种机构减少四千万日元经费，这也就开启了日本近代第一次陆军裁军，即由陆相山梨半造大将主持的两次"山梨裁军"。

三、宇垣裁军：名为裁军，实为近代化

1922 年，山梨半造先后发布《陆军军备裁撤案》，宣布裁撤五万九千名军人与一万三千匹军马，实施操作中，便是把每个步兵联队与骑兵联队各自减少一个中队（步兵联队从四个中队减至三个，骑兵联队从五个中队减至四个），战斗力不足由新增设的机关枪中队补足；之后的 1923 年又发布《大正十二年陆军军备整理要纲》，裁撤两个军乐队、两个台湾步兵大队以及仙台陆军幼年学校等机构。两次裁军不可谓不轰轰烈烈，山梨半造砍掉了近六万人，节省数千万日元的经费，但两次裁军不仅让媒体批评为"不诚"，也饱受当时的陆军教育总监部本部长宇垣一成中将批评。

1923 年 8 月，宇垣一成起草了一份《陆军改革私案》，这份"私案"基于永田铁山等人的报告，提出军队不仅要能打短期战、军队战、战场作战，更要能打长期战、举国战、经济战争，形成有效的国家总动员体制。因而必须以飞机、坦克、装甲车为中心充实陆军装备，而为了获得相应资金，"两三个师团可以在一定年限之内采取休队形态"，节省出一定资金。与山梨裁军相比，宇垣一成思路更加明确：军事改革绝不应在环境压迫下做应激反应，军事装备近代化更不能当作补足品；反而应该以军事装备近代化为中心，以裁撤军队、节省资金为手段，使得军队更加精锐化。

随着山梨半造退出内阁，这份"私案"迅速受到新任陆相田中义一的赏识，宇垣一成也从 1923 年 10 月开始担任陆军次官，并以继续研究裁军为名成立陆军制度调查委员会，专项研究军队近代化问题。在委员会第一次会议上，宇垣一成指明"从太平洋

宇垣一成

对岸、北方、西南各国形势可以看出，日后我等需要国民皆兵之所谓举国战"，在准备"武力决战"的同时也要"准备消耗国力的经济战争"，"各项设施设备，无论有形无形，都要以形成所谓国家总动员为评价标准"。1924 年 1 月，宇垣一成正式成为陆相。

为了扩展势力，宇垣一成大量启用陆军士官学校十期以后、年龄为三四十岁的中年军官进入这个调查委员会。这些青年军事官像并无出身派别之分，受到宇垣一成直接关照，也就形成了一股势力，日本历史上不太著名却轰动一时的"宇垣阀"得以建立。宇垣阀的重要特点是，其内部成员在日俄战争后基本没有一线部队指挥经验，他们的日常工作是负责军队训练、军队人事、兵器开发、军事教育、作战资材整备等职能，大多数人选择留在日本陆军中央机构里带动整个军事官僚系统的运转。

在传统认识中，军事作战是一门主要着眼于前线的科学与艺术，但进入 20 世纪以后，机械化作战成为重要趋势，那么比起不需要任何知识的步兵而言，拥有专业知识与专业技能的工程兵、铁道兵、防化兵、坦克兵、航空兵、通信兵、汽车兵甚至修理技师都变得比单纯的步兵更重要，那么如何在一次战争中将不同兵种予以有机配合，通过良好的后勤补给让他们发挥出最大战斗力，这就让军队本身的调度指挥变得更加重要。虽然这些陆军官僚都是坐在办公室里，通过一份份文件报告判断实际情况，再通过一通通电话进行物资调度，但其中蕴藏的科学思维与官僚协作却显得更为重要。

正因如此，日后的宇垣阀成员均获得很高的地位，也成为日本对外侵略的核心官僚。如号称"宇垣四天王"之一的杉山元便在中日战争初期担任陆军大臣，太平洋战争爆发时期担任参谋总长，战争行将结束时又担任日本国内第一总军司令，最终在日本

宇垣阀重要人物、1944 年担任首相的小矶国昭

投降之后举刀自决；另一位"四天王"小矶国昭更是在 1944 年接替东条英机出任首相，战后作为甲级战犯被判无期徒刑。宇垣阀出身几十人里，包括宇垣一成在内最终有十人成为陆军大将。要知道日本从明治建军到昭和投降近七十年时间里，只诞生了一百三十四名陆军大将。

经过一年多的努力，陆相宇垣一成靠着这群智囊人群在 1924 年年底向国会提交《陆军军备整理与大正十四年度预算》，并从 1925 年 5 月发起改革。这次"军缩"（裁军）虽然确实裁汰四个师团并节省一千二百九十四万日元，却马上又投入一千二百六十六万日元于坦克兵、航空兵、高射炮兵、通信兵等新型兵种的建设与武器装备研发中，事实上只节省不到三十万日元的军费。随后日本陆军开始仿制坦克、飞机。日本陆军以裁军之名推动军备近代化转型。

日本 1927 年制造成功的国产坦克"试制一号战车"

　　除去发起军事改革之外，宇垣一成继续推动日本内阁设立一个专项主管"国民总动员"的机构。1926 年 4 月 22 日，日本政府成立了"国家总动员机构设置准备委员会"，委员会以内阁法制局长官山川端夫为委员长，招揽内务、大藏、陆军、海军等各省厅局长级人物担任委员，初步实现陆军想法。9 月，宇垣一成在陆军省设立整备局动员课专门管理总动员计划业务，提拔永田铁山大佐成为第一任动员课长。再到 1927 年 5 月，内阁也设立起国家总动员机构——资源局，这个资源局并不仅仅是管理物质资源，更要负责管辖人力资源，还要根据人力物力情况制定国家发展计划。

　　从 1920 年永田铁山提出国家总动员设想，总体战思想就开始在日本普及，终于到 1927 年，日本也有了自己的国家总动员机构。在其他国家，这类总动员机构成为国家发展的基础，而在日本，却成为军部少壮派与军国主义崛起的路径。在宇垣改革刚刚进入正轨之际，与宇垣一成亲如兄弟的田中义一，也以另一身分重新回归政界——政友会总裁，而他的目的，自然也不再是单纯军备改革那么简单了。

四、引狼入室：田中义一入局与颠覆民政党内阁

　　老牌陆军军人田中义一能够进入政局，完全是靠了当时立宪政友会分裂带来的机会。

　　1921 年原敬去世以后，原敬内阁的财相（大藏大臣）高桥是清成为新任首相与政友会总裁，然而这位在日俄战争时期专职于为国融资的财政专家本质上还是一个角色型人物，难以成为一党一国的领导人。正因如此，不久之后高桥是清就离开首相位置，虽然还继续担任政友会总裁一职，但政友会却开始走向分裂，尤

其是两位政友会中生代人物——床次竹二郎、横田千之助之间几乎是到了不可调和的地步。

从资历来看，原敬内阁时期的内相床次竹二郎应该是下一代政友会的领导人，但原敬的去世却直接打乱政友会发展的步伐，横田千之助靠着支持总裁高桥是清而获得赏识，这就让床次竹二郎站在高桥是清的对立面。1924年1月7日，日本内阁由山县有朋派阀的元老清浦奎吾组建，围绕是否支持该届内阁，政友会立刻分裂成为两大派别：床次竹二郎认为，政友会最早就是支持藩阀元老伊藤博文而产生的党派，如今也应该支持由派阀元老组成的政府，而横田千之助却决定打倒这届并非政党首脑的内阁，拥戴高桥是清成为继任首相。

于是十天后的1月17日，床次竹二郎等一百四十九名众议院议员宣布脱党成立新党派"政友本党"，之所以采用"本"字，便是声明自己才是延续伊藤博文建党理念的延续者，而横田千之助已经成为单纯的党争人士。如此一来，政友会的众议院议席从二百七十八席骤减至一百二十九席，活动进入低潮，在1924年5月的大选中，政友会只能屈居宪政会之后成为议会第二大党，而宪政会总裁加藤高明也渔翁得利，成为那一任首相，随后推动起《普通选举法》与《治安维持法》的修订工作。

床次竹二郎退党以后，横田千之助备受指责，身体状态也越来越差（1925年2月去世），于是整个政友会一时间较难找到合适的总裁接班人，只能目光投向外部。但很可惜，政友会内忧外患甚是严重，高桥是清虽然邀请多名候选人却都不愿意参与，没办法，只好与当时刚刚退出现役的前陆相田中义一取得联系。1925年4月，田中义一接任政友会总裁。

虽然从现在来看，找田中义一是引狼入室，但从政友会角度看，却也是无奈之举。新总裁既要有组织能力，又要能够为选举

床次竹二郎

拉票。从这两个方面看，田中义一曾经担任过陆军大臣，本身又是陆军大将，能力自然不在话下；同时他又为退伍军人创立"在乡军人会"，是日本全体退役军人的精神领袖，如果拉他进入政友会，退役军人就会成为稳定票仓；更何况田中义一也不是白来，他为了拜高桥是清的码头，特地带来了三百万日元作为政党活动经费，这对于危难中的政友会自然是久旱甘霖。

田中义一到来之后，政友会的政策组合立刻翻天覆地，过去强调国内政治民主化、不干涉中国内政、取消参谋本部等提案瞬间消失，代之以强化《治安维持法》的施行、积极干涉满蒙问题、军部大臣继续维持武官制。1926 年 1 月，田中义一成为敕撰贵族院议员，迅速与贵族院议员、枢密院副议长、保守主义者领袖平沼骐一郎（后来的甲级战犯）搞好关系，并邀请平沼系统的铃木喜三郎加入政友会。

可以看出，田中义一之所以愿意慷慨解囊，又是提供票仓、

田中义一

又是提供资金，无非是要为自身势力寻找一个落脚点，将保守派势力渗入一个老牌政党里。宇垣一成改革顺利进行，却依然无法撼动政党在宪法体系中的地位，有鉴于此，田中义一便决定加入政界，用自己在军队的影响力给政界铺路，只要能够借助式微的政友会当选首相，那么自身激进的战略构想也就有了实现之机。他的一个目标就是颠覆宪政会总裁若槻礼次郎建立的内阁。

1927年1月，政友会针对若槻内阁提出的预算案大做文章，反复批评多年以来日本经济停滞不前的状态，并直接向若槻礼次郎提出弹劾案。为了安抚在野党，若槻礼次郎私下安排会晤，与政友会首脑田中义一、政友本党总裁床次竹二郎关门面谈，提出"新帝（裕仁）即位之初，我党所提预算案无论如何也要通过"，紧接着又在与其他两名党首联合签署的文书中提到："只要预算案能够最终通过，那么本届政府自然会有更深一层的考虑。"

所谓"更深一层的考虑"，按照日本官场政治语言理解，类似于"可以辞职"，"愿意以交出政权为条件通过法案"。按照当年所谓的宪政之常道，如果议会第一大党无法继续履职，那么政权就应交由议会第二大党；换言之，只要若槻内阁宣布辞职，在不启动众议院选举的情况下，肯定是由议会第二党政友会接任，党首田中义一名正言顺当首相。于是田中义一主动撤回弹劾，同意了首相预算案。1927 年 3 月 4 日，内阁一份"转拨款为国债"的法案在众议院获得通过，进入贵族院审核。

不过正在田中义一满心欢喜准备当首相之时，若槻礼次郎却无意辞职，这使得田中义一大为光火，由于日本议会存在"一事不再议"原则（一件事项在同一届议会内不能讨论两次），因而政友会这次算是吃了个哑巴亏。

一计不成，又生一计，田中义一继续瞄着若槻礼次郎内阁。很快在 1927 年 4 月，若槻礼次郎提请枢密院发布一份紧急敕令，援助处于困境的台湾银行（日本在台湾设立的中央银行）。但枢密院副议长平沼骐一郎与田中义一关系甚笃，在他的影响下，枢密院议长仓富勇三郎决定以手续不齐全为由否决这项紧急敕令。4 月 17 日，由于得不到日本银行的紧急援助贷款，台湾银行停业。4 月 20 日，若槻礼次郎突然宣布辞职。内阁政权移交给了政友会，田中义一接任首相。

虽然田中义一逼得这么紧，但也必须提到，那就是若槻礼次郎在这一时期的决断失误也是让军部势力渗透到政府中的关键因素。因为并没有任何条例规定，一旦内阁申请敕令遭到枢密院拒绝就必须辞职，而且第一次若槻礼次郎内阁也确实是日本近代唯一一个因为枢密院而辞职的内阁。结合他后来在九一八事变时期的犹豫表现，也可以看出他经常会在局势尚有挽回余地之时选择极端处理方式。在观察历史发展的过程中，当事者的个人性格也常常会发挥非常重要的作用。

若槻礼次郎（前排左二）

　　田中内阁上台后，为了备战 1928 年第一次男子普选，特地在全国进行大规模人事调整，将批评政友会的府县知事予以免职；内务省在全部府县都设立特别高等警察（特高）与思想检察官（专门审查思想犯罪），文部省在大学高校开展"思想善导"活动，法务省修改治安维持法细则，将宣传反对国体思想的最高刑罚定为死刑，同时大批逮捕日本共产党员。如此大规模的人事更迭与政策调整无疑与大正民主背道而驰，因而吉野作造毫不客气地讥之为"最差内阁"。

　　更重要的是，田中义一拿掉币原喜重郎，放弃稳健中国政策与国际协调，亲自兼任外务大臣，并任命思想激进的森恪担任外务政务次官，事实上成为外务系统的决策者，而臭名昭著的济南事件，也走上议程。

五、强硬外交：济南事件与日本军队的侵略能力增强

1927 年 6 月 27 日至 7 月 7 日，田中义一以首相兼外相身分召集外务省局长级官员与驻华外交系统官员召开会议，陆军方面除了邀请关东军司令官武藤信义，陆军宇垣阀畑英太郎、南次郎、阿部信行等人马参加，海军与关东厅、大藏省、朝鲜总督府也均派员参加，其核心便是探讨所谓的"满蒙问题"。

1926 年 7 月，蒋介石率领国民革命军在广东发动北伐战争。北伐军进军十分迅猛，先后击败直系的孙传芳、吴佩孚等军阀，进而北上进攻奉系张作霖，形势一片大好。中国统一形势大好，意味着对一心维持在华利益的列强，尤其是对中国有控制经济、侵吞领土野心的日本不太好。1927 年 3 月 24 日，北伐军进入南京，长期备受洋人欺压的当地民众夹杂着乱兵，纷纷袭击外国领事馆，日本领事馆首当其冲；4 月 3 日，汉口民众与日本侨民发生冲突，他们涌入日租界，也袭击了日本领事馆。

南京与汉口两起事件发生，英国公使要求日本增派军队前来，但由于当时的外务大臣币原喜重郎并不想干涉中国内战，便拒绝出兵。然而没过两个月，5 月 27 日，当得知国民革命军逼近山东省时，新首相田中义一决定向山东派兵。为了不给国际舆论留下口实，他特地向英、美、法、意等国代表通报出兵决定，列强默认日本的行动。五天之后，即 6 月 1 日，日本步兵第三十三旅团便火速登陆青岛，东方会议也正是在这种状态下召开。

东方会议一共召开了十天。会议最终提出底线：无论北伐军如何进攻张作霖政权，都不能容忍其越过长城、进入"满蒙"；一旦日本政府认为日本在华权益将受到侵害，那么为了"现地保

护"也会不惜出兵；日本在"满蒙"的利益与在中国内地的利益不同，所以对两地也应该分而治之（"满蒙特殊地域论"），"满蒙"治安应该置于日本保护之下。

不过东方会议刚刚结束，1927 年 7 月 15 日，汪精卫的武汉国民政府突然发动政变，在左派盟友背后捅了一刀，配合蒋介石先前在上海的"四一二"反革命政变，国共关系全面破裂。不久之后，蒋介石部队大败于张宗昌，北伐短时间内无法继续。8 月 13 日，蒋介石宣布下野；8 月 24 日，日方看到事态朝有利于自己的方向发展，决定从山东撤回军队，到 9 月 8 日全部撤完。

1928 年 4 月 7 日，蒋介石在徐州宣布二次北伐，随着北伐军逐步逼近济南，日本天津军三个中队编为"临时济南派遣队"，以"保护日本利益免受侵害"来到济南，后续部队则从内地进发，是为第二次山东出兵，而这次出兵也酿成著名的"济南事件"。

4 月 26 日凌晨，日本第六师团混成第十一旅团从国内到达济南，他们在斋藤浏少将指挥下，在日本居民驻留地设立守备区域，

民政党内阁强调国际协调的外相币原喜重郎，在田中义一内阁期间他的政策被全盘颠覆。其后来成为二战后日本第二任首相

济南事件纪念碑

设置土堆、散兵壕、拒马、铁丝网等军事设施，不允许中国军人进入。但为了不让北伐军误以为自己要支持张宗昌等北洋军阀，第六师团长福田彦助中将率领主力部队在青岛驻留，直到 4 月 29 日才从青岛出发前往济南，沿途还要修理损坏的电线与铁路，直到 5 月 2 日才到达济南，日本总兵力为三千五百三十九人。

4 月 30 日，张宗昌弃城北逃，5 月 1 日，北伐军占领济南，蒋介石旋即要求斋藤浏率领日军撤出济南。5月2日，就在蒋介石本人移住济南的同时，斋藤部队开始拆除防御工事。但就在5月3日，日军认为北伐军抢劫、射杀日本在济居民，中国则提出有一名士兵前往医院治疗却被日军射杀，双方随即展开武装冲突，日军在城内广施暴行，当日深夜，中华民国外交部山东交涉员蔡公时遭日军残酷虐杀，这一连串事件便是举世瞩目的"济南惨案"，中国军民死亡在三千人以上。

5月4日上午，日本内阁召开紧急会议，关东军增派一个步兵旅团、一个野炮兵中队，朝鲜军增派一个混成旅团、一个飞行中队。紧接着5月8日，内阁会议又决定动员一个师团派往山东；5月9日，第三师团全军整备前往山东（第三次山东出兵）。但在第三师团还没有到达济南之时，前线的第六师团与济南临时派遣军已经占领济南周围地区并炮击济南城。蒋介石不愿与日本产生正面冲突，便先行一步离开济南，同时要求北伐军在5月10日夜撤离济南，第二天日本占领济南城。

三次山东出兵均是对中国领土主权的悍然侵犯，也显示着日本陆军已经具备更为快速的侵略能力。第一次出兵时，从内阁决议增兵到关东军调配人马登陆青岛，仅仅用了五天时间；第二、三次出兵时，不但身处前线的天津军迅速赶到前线，后方第六师团增援部队也在六天之后赶到济南，这种迅速调兵的能力也是日军机动力提升的一个重要写照。日后日军能够在九一八事变之后不到两个月事件里控制东三省，又能在八一三事变之后不到四个月时间里从上海打到南京，这里就已经埋下了伏笔。

不过对于三次山东出兵与济南事件，政友会的反对者、立宪民政党总裁滨口雄幸早就看出问题来，他站出来发表演说，要求追究田中内阁的责任，并呼吁立刻从中国撤军，促成中国统一。但田中义一自然不会这么想。5月18日，田中内阁针对"满洲治安事宜"向蒋介石、张作霖双方发布"劝告书"：张作霖应立刻放弃华北，蒋介石也不能追击到长城以北，等张作霖回到"满蒙"地区，由日军负责解除奉系军队的武装。史称"五一八通牒"。

"五一八通牒"成为一座靠山，让日本军队在"满蒙"地区横行无阻。就在田中义一任期内，"一夕会"主要成员河本大作派人炸毁沈阳皇姑屯的一条铁路，也炸死坐专列经这条铁路从北京回来的奉系军阀张作霖。这起中外瞩目的皇姑屯事件不仅引来中国对日仇雠之意，更间接促成张学良东北易帜与中国形式统一，这恐怕也是田中义一机关算尽，却始料未及。

六、小结

国人看近代日本，兴趣多在首尾：首是明治维新与甲午战争，尾是侵华战争乃至太平洋战争。然而对于中间的大正时代，除去芥川龙之介、太宰治、谢野晶子等文化人以外，国内学者多着墨于青岛战役、对华《二十一条》要求、支持奉系军阀等中国相关事务，但对于日本军政大事如何运转，高层政治如何博弈，却经常是一笔带过。好像经过明治年间腾飞，日本就直接一个大跨步迈向军国主义。

国人历来关注日本军国主义，然而关注点却大多集中在军国主义如何肇始与后来日本侵略者如何施暴，但对于原因与结果之中有着何种路径却鲜有了解。

在陆军崛起路径上，1922 年至 1925 年的三次陆军军事改革（陆军军缩）经常受到忽视，史家惯以"不彻底""不成功"来评价这场军事改革，然而细细考察那段历史就能发现，大正军事改革虽然存在很多显著问题，但其近代化目的却无疑达到，更为日本在二战初期到中期取得优势培养大批技术官僚，打下科技与工业

东条英机，日后成为日本军国主义侵略的指挥者，二战的元凶之一

基础；同时，大正军事改革也给予陆军长州阀与少壮派以良机，最终促成陆军在高层政治中击败海军，重获话语权，是日本走向军国主义的一大必要条件。

　　大正民主浪潮过于迅猛，为新生的政党政治带来无数漏洞，宇垣一成抓住媒体漏洞，完成陆军装备体制革新；田中义一抓住政党漏洞，完成陆军战略思维更新。虽然宇垣一成因为得罪人太多，最终没能当上首相，虽然田中义一由于皇姑屯事件触怒天皇而下野，随即暴毙，但陆军少壮派先以永田铁山、小畑敏四郎，后以东条英机、铃木贞一为首，接过枪杆，继续建设国家总动员制度，继续将国家机器向着一台可以稳定提供后勤补给、输出军队到各个战场的战争机器推进。

　　兵者不祥之器，不得已而用之。但谁也想不到，一场起码是在名义上要求民主的浪潮，一场恳求近代化的改革，却在昭和军人的引领下，在这个决定历史大势的十字路口上，将国家引向歧途，也实在让人不胜唏嘘。

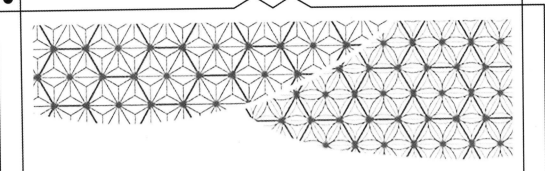

第十三卷　侵蚀政权

日本军部走向扩张之路（1929—1931）

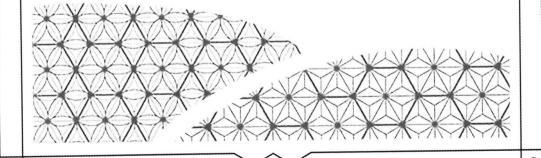

虽然首相田中义一朝着军国主义道路猛踩一脚油门，但日本仍然还有回头路可走，毕竟当时日本资本主义在华发展仍然有着两条不同路线，即重视轻工业发展的"纺织业路线"与重视重工业、化学工业的"满铁路线"。

两条路线均与一战的影响有关。纺织业路线来源于日本经济腾飞导致国内地价上涨，日本纺织业纷纷把工厂开到上海与青岛，寻找更为廉价的营商环境与更广阔的市场，这就让他们更强调中日两国棉纺织业走向"融合合作"路线；但"满铁路线"却是基于一战带来的巨大恐怖感，为了获取更多军事科技与战略资源，日本政府以在中国设立的"南满洲铁道株式会社（南满铁路）"为核心，将发展重工业的原材料（如煤炭）与半成品（如铸铁）源源不断送至日本本土，经过精加工成为重工业成品（如钢材），帮助日本获得更强大的军事力量。

两种路线的导向自然是截然不同。纺织业路线需要广泛开拓中国市场，适应中国消费者需求，为了获得丰厚的利润也不吝于把先进技术传授给中国民族纺织业，因而非常理解中国人对于国家统一与领土完整的诉求。靠着纺织业路线的推动，一战后的中日关系一度很好，1919 年与 1924 年，京剧大师梅兰芳先生接受日本帝国剧场第二代会长大仓喜八郎的邀请，两度赴日演出，第一次将中国国粹京剧带到海外，在日本掀起梅兰芳热潮。期间的1923 年关东大地震后，梅兰芳特地组织多次义演，将所筹善款全部捐给了日本红十字会。

然而"满铁路线"却不管这么多，他们的主要掠夺目标在中国东北，对于主要位于长城以南的纺织业路线没有任何兴趣。日本重工业企业家为了掠夺更多原材料与半成品，便鼓动与支持军部配备更多的士兵、更精良的武器，进一步侵蚀东亚大陆领土，以此保证日本重工业获得更多、更稳定的供给。

田中义一内阁期间，日本三次山东出兵激怒中国，各地爆发反日游行，天津、青岛、上海等地纷纷出现抵制日货行动。但麻烦在于，由于"满铁路线"的利益相关者多在长城以北，遭到抵制的大多是地处长城以南的日本在华纺织业，这便进一步弱化了倡导和平与发展的纺织业路线的发言权。经此一役，"满铁路线"保住了自身的生命线，也在日本商政两界逐步站稳脚跟。

而坚持纺织业路线的新任首相滨口雄幸，也开始了自己人生的最后一场演出。

一、狮子首相：滨口雄幸的产业合理化政策

田中义一内阁成立后，政友会的内核基因发生突变，正因如此，相对而言还想要坚持大正式议会政治与国际协调理想的人物都聚在一起，原来的宪政会与政友本党在1927 年6 月合并，以"立宪民政党"之名活跃于世，而党首便是长相威严、如同狮子一般的滨口雄幸。

滨口雄幸不仅长得像狮子，性格也好似雄狮：少年时代勤奋苦学，考入东京帝国大学法学部，进入了"政治家摇篮"；毕业之后进入大藏省供职，待了没多久就和直属上司起了冲突，被"发

配"到地方，几经辗转才回到东京；进入政坛，滨口雄幸连续出任宪政会内阁的财相、外相等重要职位，颇得人望。

更重要的是，滨口雄幸对于政治非常理性：他从纺织业路线出发，非常支持1928年蒋介石成立的国民政府，提出"如今中国全国之统一，乃是（中国）国民长期的愿望，（日本）要在可能范围内加以帮助"，只有促进中国统一，才能"将贸易伸展到支那全国，尤其是最为富裕的中心地长江流域，增进两国互惠共赢"。

可以说，滨口雄幸的眼光更加长远。他并非不想在中国扩展贸易，但比起武力压制，靠经济本身的力量自然发展才是正道。毕竟中国只有结束军阀割据，形成统一政权，恢复和平秩序，才能使产业得以发展。而滨口雄幸认为日本的"工业发达程度领先中国数步之遥"，日本工业产品也必然能在中国畅销，进而借助国际化红利反过来提振日本经济。

需要注意，虽然日本在一战期间靠着"大战景气"获得长足

「狮子首相」滨口雄幸

发展，但到了 20 世纪 20 年代，日本经济事实上进入停滞危机中。在 1920 年至 1925 年间，日本平均 GNP 增长率跌落到了 0.5%，1925 年至 1930 年间更是出现了负增长，达到 -2.0%。面对危机，日本政府的对策就是不断发行"特别融通"，也就是向受难企业发行紧急贷款。1923 年 10 月以后，"特别融通"金额猛增，到 1929 年 12 月，这种临时贷款竟然占据了日本银行（日本的中央银行）每年总贷款的 98.8%。总裁深井英五日后自嘲："那是（作为救济性银行的）日本银行最为'闪耀'的时代。"但即便如此大规模的投资，日本战后的生产衰退依然引发了全国性通货紧缩：1920 年至 1925 年间，日本平均 GNP 平减指数为 -1.1%，1925 年至 1930 年间为 -4.3%。

之所以衰退至此，一方面原因是一战时期的繁荣让各生产者迅速扩张产能，却不注意节能降耗，削减生产成本；待到经济衰退，国内与殖民地市场不足以消化过剩产能，日本企业自然难以支撑。所以滨口雄幸内阁上台后，第一件事便是以首相身分发表《告全国国民书》，大声疾呼："我们必须与国民诸君一起忍过这个苦痛时期，才能迎来更大发展！"

为了恢复国内经济，滨口雄幸打出"产业合理化"的经济政策口号。所谓"产业合理化"，包含了宏观与微观两个层面：微观层面说，就是引入先进的生产设备、指定统一的技术标准、促进科学管理普及开来，利用美国新产生的"泰勒制""福特制"提升日本工业技术标准，最终提升产能；宏观层面说，则是促进全国企业组织规模化、专业化，形成"托拉斯""卡特尔"，减少中小企业互相倾轧，降低行业生产成本，优化产业结构。

但想要改变产业结构不仅需要时间，还需要暂时性抑制旧产业的发展，给市场以时间进行自我调整，于是滨口雄幸开始削减开支以平衡政府财政。甫一接任，滨口内阁就决定削减 1929

年已实行半年的预算案，将一般会计总额从十七亿七千万日元削减至十六亿八千万日元，新发国债从九千一百万日元削减至五千二百万日元；紧接着在 1930 年预算编制之中，滨口内阁更是大幅度缩减财政开支。

开源节流之外，滨口雄幸还锐意进取，想要施行"金解禁"。

既然说"解禁"，自然就要先有"禁止"。一战期间，参战国陷入财政困境，为了防止硬通货黄金的流失，参战各国都宣布禁止黄金自由兑换，日本也在 1917 年 9 月限制黄金出境与自由兑换，即所谓"金禁止"法令。不过一战结束后，世界各国需要重新以黄金作为国际贸易的重要结算工具，于是 1922 年 4 月，三十四个国家在意大利热那亚召开货币会议，催促各国采取金解禁政策；再到 1928 年，英、意、法三国相继解禁黄金，这样一来，世界"五大国"（英、美、日、法、意）就剩下日本没有解禁了。这不仅让日本在国际社会中处于孤立，也对日本贸易有着很多恶劣影响，金解禁势在必行。

不过，对于金解禁以后黄金与日元的比价，当时存在两种观点。一是以 1917 年金禁止时期的标准（一美元等于二日元）定价，即所谓"旧平价"；但日元在十几年间跌了不少，少部分民间学者的观点便是以 1928 年左右的实价（一美元等于二点三日元）定价，即所谓"新平价"。

很明显，旧平价事实上抬高了日元币值，这就会导致国外商品价格相对下降，进口产品多了，对本国出口企业无疑是冲击。但对于这个问题，滨口雄幸却执意采用旧平价，他的理由是：当时日本物价水平远高于英美两国平均水准，影响到一般百姓的生活，若能适度抬高日元价格（旧平价），会造成通货紧缩，使得物价回到正常水平。

采用旧平价实际上也与滨口雄幸产业合理化的政策有着密切

1919年巴黎和会时期的国际联盟委员会，珍田舍巳（左一）、牧野伸显（左二）位列其中，日本已经成为当时"五大国"中的重要成员，各项政策必须考虑国际影响。后排右四为中国代表顾维钧

关系。毕竟他希望改变日本的产业结构，将出口导向型经济转为国内消费导向型经济。所以抬高日元币值必然会打击日本的出口行业，但也会促进一系列面向国内消费者的产业发展，促进过剩产能与人员转移，引导产业结构合理化，推动企业加快技术进步、内部调整，最终帮助日本企业形成强大的国际竞争力。为了获得国民理解，滨口雄幸内阁特意向一千三百万户居民印发传单，还亲自在广播里讲话："如今的经济衰退是个无底洞；但只有紧缩、节约、金解禁，衰退才有可能成为有底洞！"

滨口雄幸执政期间，国家制度恢复平静，无论是积极的财政政策还是激进的外交政策都受到遏制，日本经济从追求表面 GNP 增长转向追求生产效率与技术进步，从一味炫耀武力、追求势力范围转为追求经济联系。如果日本真能够按照这个方向继续走五年，相信世界局势会有巨大变化。

　　然而很可惜，滨口雄幸却赶上 1929 年资本主义世界的经济危机。1930 年 1 月，金解禁施行，日本经济更加雪上加霜。连年经济衰退使得日本失业率大幅度增加，社会出现动荡。要求对外扩张、强调民族主义的民间右翼团体愈发活跃。1930 年 11 月 14 日，右翼团体爱国社的成员佐乡屋留雄在东京站里开枪射击滨口雄幸，导致首相重伤并在 1931 年 8 月去世。

二、伦敦军缩：围绕伦敦海军裁军会议的争斗

　　滨口雄幸内阁除去遭到民间右翼忌恨，也不见容于军部，尤其是受到海军强硬派的反感。毕竟就在 1930 年 4 月，滨口雄幸内阁压制海军反对派声音，与英美等国签署《限制和削减海军军备条约》（通称《伦敦海军裁军条约》）。

　　《伦敦海军裁军条约》依然是肇始于 1922 年的《华盛顿海军条约》。由于《华盛顿条约》只规定各海军大国的主力舰（战列舰）与航母数量及吨位，并未对非主力舰进行规定，这就让许多国家趁机建造超大型巡洋舰满足不时之需，这自然就让《华盛顿海军条约》留下漏洞。为了解决这个问题，1927 年各国曾在瑞士日内瓦召开一次会议，但英美两国之间围绕具体的限制条款有着很多分歧，于是不了了之；之后 1929 年 6 月，英美两国先行针对相关提案达成妥协，随后召集华盛顿会议时期另外海军三大国法国、意大利、日本来到伦敦商讨限制对策。这也就有了 1930 年 1 月开幕的伦敦海军裁军会议。

在派遣人选的问题上，1922 年华盛顿会议与 1927 年日内瓦会议中，日本派遣的全权代表都是海军军人（1922 年加藤友三郎、1927 年斋藤实），但这一次伦敦会议中，首相滨口雄幸却派遣自己的前辈、前首相若槻礼次郎作为首席全权代表，同时派遣外务省情报局长斋藤博作为政府代表前往伦敦。由文官主管军事谈判，这在日本历史上还是第一次。无独有偶，英国与美国也分别派遣首相拉姆齐·麦克唐纳（James MacDonald）与国务卿亨利·史汀生（Henry Stimson）全权负责谈判，目的都在于防止海军军人不懂政治让步而谈崩。

经过两个多月谈判，五国首脑基本达成协议，其中日本的相关事项是：（一）废弃战列舰"比叡"，但允许解除一部分武装后作为练习舰；（二）一万吨以下的轻型航母也列入航母限制吨位中；（三）日本可拥有巡洋舰 A 类（重巡洋舰）10.8 万吨，是美国的 60%，可拥有巡洋舰 B 类（轻巡洋舰）十万吨，是美国的 70%；（四）日本可拥有潜艇五点二七万吨，与其他四国相同。

对于伦敦一线传回的这份要求，日本海军省与海军军令部在 3 月 26 日召开联络会议谈论是否接受。会议上，海军军令部长加藤宽治大将指出，日本重巡洋舰的吨位只有美国的六成并不满足"对美七成"的要求。先前 1922 年华盛顿会议就已经让日本主力舰是美国的六成，如今再让本来可以有所突破的重巡洋舰也是美国的六成，那日后就没有办法保证日本本土的安全。加藤宽治正是 1922 年华盛顿会议的海军首席随员，也被当时的首席全权代表加藤友三郎训斥，心理阴影与他所代表的海军强硬派都成为他反对签约的原因。

但 3 月 27 日，滨口雄幸却不想让签约受到加藤宽治的影响，便迅速求见裕仁天皇，力陈签约对于国际形势与国内财政的重要

1930年下水的日本重巡洋舰"摩耶"，是日本为规避华盛顿会议对于主力舰吨位的限制而加速建造的"高雄"级重巡洋舰之第四艘。伦敦海军会议正是为了限制这些不在主力舰范畴的大型军舰而召开

性。裕仁天皇不予表态，只是告诉他"努力为世界和平早日解决此事"，这种态度既可以解读为保留意见，也可以解读为默许，所以滨口雄幸立刻召开内阁会议审议相关议案。由于当时的海相财部彪支持签署条约，所以伦敦海军裁军条约的通过便是板上钉钉。

　　听到滨口雄幸的消息，加藤宽治做出一个极为大胆的举动，即在3月31日发动军事上奏权，来到皇宫外求见裕仁天皇，试图直接在天皇面前反对政府提案。海军军令部长是主管海军军队指挥调动的最高参谋长，如果他反对政府的提案被天皇拒绝，那么这就说明天皇信任政府而非海军军令部，那么加藤宽治按惯例就必须辞职，这就会引发整个海军系统的动荡；但如果他反对政府的提案获得接受，那么这就说明天皇信任海军军令部而非政府，那么反过来滨口雄幸内阁就要总辞职。换句话说，加藤宽治是赌上自己的官职与地位，要与滨口雄幸一争到底，让裕仁天皇在两人之间做出选择。

为了不让裕仁天皇直接做出选择，当时担任侍从长（主管天皇日常的秘书长）的海军军人铃木贯太郎大将出面，在 3 月 31 日当日劝阻加藤宽治面见天皇。由于铃木贯太郎正是加藤宽治前一任海军军令部长，资历高，加藤宽治再愤怒也不得不选择暂时退避。

这一次延迟起到巨大作用。4 月 1 日上午，滨口雄幸内阁形成"签署条约"的决议，并迅速发给位于伦敦的若槻礼次郎。加

加藤宽治

藤宽治如梦初醒，再度求见天皇，但依然又一次被铃木贯太郎阻拦，硬是拖到 4 月 2 日上午才被允许进入皇宫。但这个时候，签约训令早已传达给伦敦的谈判人员，木已成舟，加藤宽治反对也无用。最终 4 月 10 日，日本代表团正式签字。

这件事虽然是以加藤宽治等强硬派人物的失败告终，但随后，议会中的反对党，亦即立宪政友会干部鸠山一郎明确指出，滨口雄幸内阁干涉了天皇对军队的统帅权，此即"统帅权干犯事件"。明治以后日本军队实行军政、军令分离制度，海军日常招募与训练管理归属军政部门海军省管辖，而属于天皇统帅权的海军军令部分，如军事指挥、战略战术的制定、作战情报收集等工作则由海军军令部完成。鸠山一郎提出，海军军备是否削减一事即属于统帅权范畴，应接受海军军令部长的建议，而不应该通过从属于内阁的海军大臣（海相）完成。

所谓"统帅权干犯"的议论在同一时期甚嚣尘上，政友会随

铃木贯太郎

提出「统帅权干犯」的鸠山一郎，二战后因为这件事遭到「公职追放」，直到1952年才回归政坛，期间首相职位交给吉田茂，这也直接影响到二战后的日本政局

即通过官方报纸痛斥侍从长铃木贯太郎阻止加藤宽治求见天皇，这就让民间右翼开始认为国家中枢尤其是天皇身边出现一批"奸臣"，阻碍天皇与国民之间互相理解。日后1936年底层青年陆军军官发起的"二二六事件"中，铃木贯太郎也遭到袭击，身中两枪，不过后来送至医院抢救才幸免，最终成为1945年处理日本二战投降事宜的首相。

　　围绕1930年的《伦敦海军裁军条约》问题，日本政界、军界乃至舆论界均出现广泛争论，其争论焦点也从一开始单纯的裁军限额问题转化到政治路线斗争，乃至成为民间右翼累积负面情绪的重要导火索。对于这一切，日本陆军虽然没有直接受到牵扯，但陆海军中青年军官之间的来往密切，也感受到来自政界的压力，为了不让陆军有朝一日也受限于内阁，日本陆军少壮派决定"举事"，这也成为1931年九一八事变前的又一个重要事件，即"三月事件"。

三、三月事件：日本陆军"独走"之路

经历 1922 年至 1925 年陆军的三次裁军与近代化构建，当时的日本陆军逐渐形成一套完整的官僚体系，其中中上层由"宇垣阀"把持，如当时的参谋次长二宫治重、陆军省军务局局长小矶国昭、参谋本部第二部长建川美次都是宇垣一成的势力；至于中青年的课长一级，则基本上由永田铁山等所谓的"一夕会"成员担任，如永田铁山是陆军省军务局军事课长、冈村宁次是陆军省人事局补任课长、参谋本部动员课长东条英机等人。

所谓一夕会，是 1929 年 5 月成立的一个具备政治性质的陆军军人组织，其前身为永田铁山成立的"二叶会"与铃木贞一成立的"木曜会"两个军事研究会。这个组织的主要目的在于：（一）开展所谓的"人事刷新"，（二）解决"满蒙"问题，（三）推

「西服军人」铃木贞一，后为 1941 年东条内阁的企画院总裁，是日本开展战争的核心官僚。他十分长寿，直到 1989 年一百零一岁时才去世，这也让他得以在 20 世纪 70 年代接受电视采访，诉说许多与战争有关的事情

举荒木贞夫、真崎甚三郎、林铣十郎三名当时受到边缘化的陆军中将进入重要岗位。

一夕会参与者极其精通陆军内部的人事调动规律与官场潜规则，尽全力提拔会内成员进入到陆军各个位置不高，但手握实权的岗位。尤其是在冈村宁次就任补任课长，主管人事调动以后，这一现象变得更加明显。1929年5月，与永田铁山、冈村宁次等人同样是陆军士官学校第十六期毕业的同学板垣征四郎大佐被派往中国东北，成为关东军高级参谋，一夕会通过这次重要的人事调动把触角伸向中国东北。

不过很明显，宇垣阀与一夕会之间并不完全同心同德，事实上一夕会支持的三位陆军中将均属于宇垣阀首脑宇垣一成的对立面，即在20世纪20年代反对陆军改革的"上原阀"（以陆军大将上原勇作为首），所以双方在很多重要岗位上存在矛盾。而于日本官僚制度中，课长级是实际主管与负责各项工作的核心人物，所以一旦课长级成员结成同盟，那么对于上级也有着很强的谈判权与影响力，这自然会让宇垣一成有所忌惮。

所以这一时期，宇垣一成有意无意扶植另一拨更为激进的陆军少壮派成员，这也就是所谓的"樱会"。

樱会由一位叫作桥本欣五郎的陆军中佐建立。桥本欣五郎于1927年9月前往土耳其担任驻在武官，当时的土耳其刚刚经历奥斯曼帝国的崩溃及与希腊的战争，土耳其国父穆斯塔法·凯末尔（Mustafa Kemal Atatürk）成功地把一个松散的中世纪宗教帝国改造为一个团结而近代化的共和国。在土耳其的经历让桥本欣五郎备受感染，他也希望仿照凯末尔青年土耳其党，在日本复制一场土耳其革命，率领日本走上"国运正途"。

1930年6月，桥本欣五郎结束驻外生涯回归日本，转任参谋本部第二部俄罗斯班长。他随即成立樱会，发布如下宣言："内

二战后受到起诉的桥本欣五郎

政外交政策陷入僵局，均源于政党之流利欲熏心，毫无奉公大计。国民与我等一道，渴望出现真心扎根于大众、真正以天皇为中心的充满活力的清明国政。我等既为军人，虽然不能直接参与国政，然报国赤诚拳拳，每有大事，必显现其精神，更足以监督政治人士、伸张国势。我等相会于此，感叹国势，自顾戒以武人操守，也非僭越。"

桥本欣五郎把盘踞于国民之上的官僚体系看作敌人，更认为政党势力阻碍了"国势伸张"，于是他的思想自然与永田铁山等"渐进颠覆"派迥异，他认为直接行动，发动武装暴动才最为重要。恰好，就在1930年11月，首相滨口雄幸遭到民间右翼分子刺杀而身受重伤，进一步让他感受到民意似乎站在自己一边。

同样在1930年11月，桥本欣五郎兼任陆军大学校教官，凭借个人魅力与土耳其式的革命理念，他用了不到一个月就为樱会迅速招募到一百多名成员，著名法西斯主义者大川周明也加入进来。虽然樱会围绕具体政策分为破坏派、建设派、中间派三派，但由于桥本欣五郎尚在，大家总体想法还比较统一，亦即支持时任陆军大臣宇垣一成发动政变，担任首相，并废除既有的政党政治与官僚体系，改革日本宪法。

宇垣一成也有志于通过革命方法进行国内改造，1931年1月初，二宫治重参谋次长秘密召见桥本欣五郎，要求他起草政权夺取方案。听说这个消息，2月7日，樱会提出在3月下旬找到一个议会开会日，由大川周明发动一万余民众包围议会，并鼓动民间右翼在日本两个最大政党（政友会、民政党）本部与首相官邸投掷炸弹，再调动第一师团以裁乱为名进入东京，继而要求首相辞职，推举宇垣一成为新首相。

为了确认这个计划是否可行，大川周明以民间人士身分拜会宇垣一成询问。对于樱会成员，宇垣一成一直采取不主动、不拒绝、不负责的态度，只是平淡说了一句"为帝国投入性命乃是军人天职"，这句话既可以解释为同意樱会的理念，也可以作为镇压樱会暴乱的借口，总之是宇垣一成身上不会留有瑕疵。应该说，比起青年土耳其党而言，樱会这一场运动显得有些准备不周。尤其是在关键人物宇垣一成的态度上，总是显得有些模棱两可。

就在这时，军部少壮派领袖永田铁山明确反对政变，同时首相滨口雄幸虽然一度出院，但伤情恶化，政党也有可能将政权直接交出，于是一夕会成员齐声反对樱会暴动。3月17日，宇垣一成下令计划中止，三月事件宣告流产。

但樱会并没有停止暴动想法，在九一八事变爆发以后，桥本欣五郎在三月事件计划的基础上，进一步制定了十月事件计划：出动樱会全体将校一百二十名，带来十个步兵中队、一个机关枪中队、第一师团步兵第三联队袭击首相官邸、警视厅、陆军省、参谋本部等机构，逮捕或杀死全部内阁成员，建立军事政权。

从袭击目标便可以看出，三月事件的袭击对象仅仅是议会、党派总部、首相官邸，这一次却加入陆军省、参谋本部等军方机构。很明显，由于宇垣一成在重要关头犹豫不决，其他少壮派军官又大加掣肘，桥本欣五郎已经不再寄希望于军部高官，反而将陆军军部也作为革命对象。于是，这种思想只能让他们死得更快。1931年10月16日，陆军省与参谋本部同时获知这起政变策划，立刻派宪兵队抓住桥本欣五郎、根本博等十几名重要成员，樱会整体遭到取缔，十月事件也宣告失败。

不过事后，首脑人物桥本欣五郎只是关了二十天禁闭，随后继续派往野战炮兵第十联队，其他人也只是被调到其他地方。从三月事件到十月事件，贯穿整个1931年的陆军政变都没有任何人受到严惩，也没有任何人受到责任追究。应该说，陆军高层在表面上也一直反对各种形式的叛乱，但两起事件却实实在在成为九一八事变前后日本政坛的重要棋子。政党内阁一直担心陆军真的发动谋反，便不得不在九一八事变的事后处理方面给陆军大开绿灯。

那么对于九一八事变，日本陆军又是如何策划与处理的呢？

四、袭取"满蒙"：九一八事变前的陆军谋划

"满蒙"问题历来对于军部少壮派是一个重大问题。在1929年奉系军阀宣布易帜，接受南京国民政府的管辖后，中华民国完成形式统一，这对于希望将"满蒙"变成"特殊地域"的陆军军官来说自然不是个好消息。

1931年4月，参谋本部发布《昭和六年度形势判断》，其中将"满蒙"问题列为重要课题；随后到6月，参谋本部第二部长建川美次中将（宇垣阀）牵头，由永田铁山（陆军省军务局军事

课长）、冈村宁次（陆军省人事局补任课长）、渡久雄（参谋本部第二部欧美课长）等五位课长级官僚组成的团队起草著名的《满洲问题解决方针大纲》，明确提出对东北采取武力行动，时间则定为"约一年后，即来年（1932 年）春天"。这份大纲迅速传给关东军，也成为九一八事变的指导性文件。

之后到 8 月，五课长会议中的参谋本部编成课长更换为东条英机，会议也另外增加今村均（参谋本部作战课长）、矶谷廉介（教育总监部第二部长）两人，成为七课长会议。七位课长中的五人（永田、冈村、渡、东条、矶谷）都是一夕会成员，而且本来从属于宇垣阀的今村均也与永田铁山交往密切，这就意味着一夕会组织已经主导日本陆军对外侵略决策的关键路径，为关东军发动事变构成背书。

就在东京方面制定方针政策，并希望在 1932 年春天发动事变时，关东军一线却更加着急，关东军高级参谋板垣征四郎大佐、作战参谋石原莞尔中佐等一夕会成员策划尽快发起"满洲举事"。

1931 年 5 月，日本关东军在金州举行实战演习，而板垣征四郎也发表题为《关于"满蒙"问题》的演讲，提出四种"解决满蒙问题"方案：一是"将满蒙作为领土或作为保护国"，二是"扩充超出现有之权益"，三是"消极维持现有之实际权益"，四是"放弃现有政治与军事利益，采取新的经济发展形式"。他的表态是要"采取第二种方案，并做好向第一种方案飞跃的准备"。从 6 月初开始，板垣征四郎等人与"满铁"合作，开始在柳条湖一带计划实施事变相关事宜；7 月，从东京向沈阳秘密调运两门 240 毫米榴弹炮、二十余门野战炮以及三十多架作战飞机，用于援助一线事变。

7 月底到 8 月初，日本陆军对关东军司令官进行更换，关东军与东京中央的两拨少壮派陆军军官也趁机进行意见交换。8 月

3日，板垣征四郎在东京与冈村宁次等人密谈，双方的具体谈话内容虽然不甚明晰，但从后来陆军的反应来看，这时的板垣征四郎已经向冈村宁次通报在沈阳发动事变的计划并获得同意；紧接着8月4日，关东军司令官本庄繁中将、朝鲜日军司令官林铣十郎中将、台湾日军司令官真崎甚三郎中将三人聚会于东京，永田铁山、板垣征四郎等中层将校作陪，细致探讨何时何地、如何发动事变。

聚会后，一线陆军军官按照日本规矩进行二次会，换了个地方继续喝酒，板垣征四郎也代表关东军参加。大家普遍认为东京中央的动作太慢，朝鲜日军参谋神田正种中佐记载了这一时期一线陆军军官的想法："等着中央的指令还是不行，必须在一线搞，搞完以后我们拉着上头走。"

由于一线陆军军官采取半公开化的行事，9月初，外务省接到日本驻沈阳领事馆数份关东军少壮派军官准备"举事"的消息，外务省亚洲局长谷正之迅速询问陆军省军务局长小矶国昭，但得

侵略「满蒙」的重要参谋石原莞尔，战后并没有被逮捕或审判

到的回答非常暧昧，这就让外务省非常焦急，试图从各种管道阻止这件事发生。恰好同一时期，裕仁天皇得知一部分陆军青年军官认为自己执政能力"凡庸"，甚至想要拥立小自己一岁的二弟秩父宫雍仁亲王成为新天皇，于是他在9月11日接见陆相南次郎大将时特地过问军纪问题，这也是近代以来天皇第一次直接过问陆军军纪。

　　考虑到一线陆军军官在搞事，天皇又冷不丁提醒军纪，说者无心，听者有意，陆军省与参谋本部首脑会议随即在9月14日决定派遣刚刚转任参谋本部第一部长的建川美次少将前往沈阳，名为督促军纪，实则担心一线陆军军人的事变计划泄露，因而通

1928年，步兵第三联队长永田铁山大佐（右二）正在为裕仁（左二）讲解。左一为侍从武官长奈良武次，右一为秩父宫雍仁亲王。这组搭配也暗示着当时的陆军少壮派与秩父宫雍仁亲王的关系很密切，甚至有可能颠覆裕仁的统治

过派遣一位参谋本部重量级领导来稳定一线，起码做出一个要"阻止"事变的态度。

但建川美次其实并不反对事变，他在8月刚刚转任第一部长时，就下令制定《满洲问题解决方针大纲》的细化方案，也早已知晓关东军想在9月27日左右"举事"。所以建川美次把自己这次行程广为公开，板垣征四郎知情后决定将事变从9月27日提前至建川美次预计抵达沈阳的9月18日晚上。当晚，板垣征四郎特地在沈阳招待建川美次吃饭，建川美次故意喝了个酩酊大醉，随后晚上10点20分，关东军军人引爆柳条湖的铁路线，九一八事变正式爆发。

五、军部独断：事变爆发后日本陆军中层军官的思路

九一八事变爆发后，日本陆军高层并没有太过纠结，毕竟关东军声明是中国军队炸毁铁路，欲袭击日军（二战结束前一直这么宣传），所以他们的决策重点也就只有一项，那就是要不要向中国东北增兵。9月19日上午7点，陆军省与参谋本部的中层军官立即商讨对策，会议上，小矶国昭（陆军省军务局长）表示关东军不过一万余人，面对东北军四十万人必然处于下风，必须要增援。其他人没什么意见，于是陆军基本策略便得以确定：增兵中国东北，一举解决"满蒙"问题。

这当然不是9月19日这一天日本召开的唯一会议。紧接着上午10点，内阁召开紧急会议，外相币原喜重郎高声质疑关东军才是真凶，首相若槻礼次郎当即表示不同意增兵；吃过中午饭以后，若槻礼次郎面见天皇，提议日本所有军队没有内阁决议不许出动，裕仁未做任何表态；下午2点，南次郎（陆军大臣）、

九一八事变期间日本军队集结在沈阳附近

金谷范三（参谋总长）、武藤信义（陆军教育总监）三个陆军一把手表示同意政府关于"事变不扩大"的基本策略；但随后参谋本部次长二宫治重召开各部首脑会议，作战课长今村均提出了一份《满洲时局善后策》，要求军部不管内阁决议，一定增兵。

　　中国与日本的战争，从九一八就算开始；而日本军部与政府的缠斗，从九一九才算开始。

　　需要注意"事变不扩大"只是一种宏观态度，并没有具体指示关东军应该在哪里停止进军，也没有规定打哪些城市、哪些军事据点就算是"扩大"。更麻烦的是，日本内阁与陆军高层仅仅注意到关东军，却忽视朝鲜日军的动向。事实上朝鲜日军的参谋早在 8 月就与关东军取得联系，9 月 19 日上午 8 点半，就在内阁会议召开之前，朝鲜军司令官林铣十郎中将下令派遣两个飞行中队越境侵入中国；10 点，陆军前锋部队坐上火车开赴鸭绿江中朝边境，抵达新义州以后派遣一个大队（营）兵力的日军越境侦察；随后在 9 月 21 日上午，林铣十郎正式命令混成第 39 旅团越境侵略中国东北。

应该说，比起九一八事变，发生在 9 月 19 日的朝鲜日军出兵事件对于日本官僚体制的冲击更大。毕竟九一八事变是"满蒙"问题解决计划的一部分，也是陆军中央决定的延伸；但朝鲜日军出兵中国东北，却是犯下 1908 年《陆军刑法》第二章"擅权罪"第三十七条规定，"对于权外之事，司令官无不得已理由而擅自调动军队，处死刑，或无期徒刑，或七年以上监禁。"若按军法追究，林铣十郎必然会被判刑。

如果越境者只是中低级军官，陆军尚可弃车保帅，但林铣十郎已经官至陆军中将，又是一夕会中层官僚共同支持的人物，那么陆军必然不能让他受到处罚。要不然挑起柳条湖事件的板垣征四郎大佐、石原莞尔中佐更会面临进一步处罚，关东军系统整体就会面临崩溃。所以 9 月 20 日上午 10 点，三个陆军二把手杉山元（陆军次官）、二宫治重（参谋次长）、荒木贞夫（陆军教育总监部本部长）开会，决定不同意内阁先前的决议，要求增援关东军，表示要利用这次机会"一举解决满蒙问题"，为了达到这个目的，"哪怕政府崩溃也在所不惜"。

在这份决议的基础上，参谋总长金谷范三决定在 9 月 21 日下午 5 点面见天皇，发动"帷幄上奏权"，让天皇直接下令追认林铣十郎的出兵行动合法。如此天皇就又进入那个熟悉的两难困境：如果认可军部，那么内阁就要总辞职；如果拒绝军部，那么参谋总长就要全体辞职，到时候陆军就要出现地震。考虑到当时许多陆军军人正在思考着拥戴裕仁的弟弟，那么裕仁会做什么选择也就很容易判断了。

不过问题在于，一夕会并不想与内阁撕破脸。9月20日下午，永田铁山制定陆军省"时局对策"，提出一个有趣的论调：如果政府一定要求"事变不扩大"，那么陆军也没必要反对，只不过如果中国东北真出了事，陆军可以发动"帝国自卫权"，对事件进行"临机处置"。

从这份提案中，已经可以看出永田铁山等一夕会成员对于事变的态度是政、军两面分别处理，即军队可以继续侵略中国东北全境，但对于内阁，对于政府却应该尽可能强调合作。这一点也同日本军人对于大正民主的态度有关：如果想实现永田铁山希望的"高度国防国家"，那么就要把全国"有形无形之一切力量"统一运作，那么内阁与政府的帮助就是不可或缺的。尤其是在出兵问题上，如果内阁不认可军队出兵而拒绝列出预算支持，那么军队即便抵达前线也会成为无根之水。

所以9月21日金谷范三单独面见天皇前，参谋本部突然打来一通电话，反对他直接发动"帷幄上奏权"。这通电话是谁打来的已不可考，但其内容却是陈述了陆军省军事课长永田铁山与参谋本部作战课长今村均的共同意见：（一）"兵力增派与经费支出并行，若此事无内阁决议之认可便由统帅系统发动帷幄上奏便极为不当"；（二）若参谋总长不与陆军省中层官僚（即永田铁山等人）商量、单独与陆相共同发动帷幄上奏，那就意味着"对局长课长之不信任"。这个"不信任"的实际含义，便是如果不经永田铁山等人同意，那这些人在事后都会辞职，造成陆军官僚系统的地震。

听闻这个消息，金谷范三虽然依旧求见天皇，却只陈述朝鲜日军越境出兵一事，并没有要求天皇认可。由此可见，永田铁山

朝鲜日军司令官林铣十郎

虽然只是一介军事课长，却已经拥有影响全局的能力。那么他在等待的"内阁决议"会不会同意朝鲜日军的出兵计划呢?

六、他力本愿：首相若槻礼次郎的决断与妥协

面对一线陆军军人的"暴走"，首相若槻礼次郎是空前揪心。9月19日晚上，在进行一整天的内阁会议后，他找到贵族院议员、曾任元老西园寺公望秘书的原田熊雄男爵，抱怨道"以自己之力无法抑制军部"，"这件事到底怎么办才好呢? 我知道这话或许不应该跟您说，但您能不能帮帮忙? 也不是要您一定向元老(西园寺公望)说点什么、做点什么，但我现在确实很困扰"。

从理论来说，内阁之中存在财相(大藏大臣)这个关键职位，如果内阁(如同永田铁山所惧怕的那样)拒绝为增兵前线提供预

算支持，那么陆军除去政变几乎没有其他可用之策。经过大正时代的两次护宪运动（1913、1924），日本从理论上已经形成由众议院政党主导内阁的制度，元老西园寺公望为了让元老制度消亡也停止增补新人，这就意味着关键事项应该交由政党政治家处理。然而若槻礼次郎的态度却是犹豫不决又满腹心事，这是作为政治家的致命弱项，原田熊雄也感叹道"他从心里就是脆弱之态"。

元老西园寺公望已经多年不在东京，而是居住在数十公里外的静冈兴津，这个距离说远不远，说近也不近。所以原田熊雄并没有立刻去找西园寺公望，而是寻找一位在东京的人物压制陆军。既然首相认为自己压制不住陆军，那最好的方法就是邀请一位具备贵族身份的陆军元老，最好人选便是皇族军人闲院宫载仁亲王。既然涉及皇族事宜，原田熊雄就联络宫相一木喜德郎、侍从长铃木贯太郎、内大臣秘书官长木户幸一三人，希望邀请这位皇族军人出山压制军队，再邀请元老西园寺公望进入东京压制政界。

若槻礼次郎

不过此举却立刻遭到木户幸一的反对："值此难局，首相若总想着他力本愿，甚是无趣。"所谓"他力本愿"，最早是佛教用语，用于形容借助如来之力成佛，在日语里引申为"不愿努力，只想依靠身边人的帮助实现愿望"之意，是日语之中一个非常文雅的表达方式。木户幸一是明治维新元勋木户孝允的孙辈继承人，所以发言非常婉转，"他力本愿"与"无趣"已经是最强的讽刺语句与否定式。

9月20日一大早，原田熊雄便把宫中重臣的态度汇报给若槻礼次郎："如今除去动用内阁会议压住陆军之外别无他路"，木户幸一的反对也是在提醒若槻礼次郎，凡事应考虑动用自身已经具备的力量，而不是把祸水转嫁他人。

如此一来，若槻礼次郎的处境就非常危险。一是前任首相滨口雄幸就是遇刺而死，民间右翼对于在中国东北侵略扩张之事

1931年11月19日，日本军队入侵齐齐哈尔

非常热衷，如果刻意压制不排除再遭刺杀，事实上从 1931 年至 1936 年，日本爆发多起针对政、商、军各界高层的暗杀事件，接近十名各界高级精英人物葬身民间右翼或军部青年的枪口；二是陆军青年将校组成的樱会正在策划十月事件，这一消息已经为人所知，内阁对于九一八事变的态度时时刻刻受到关注；三是内阁成员之间也有许多矛盾，尤其是内相安达谦藏早已对若槻礼次郎内阁不甚满意，正在四下联络各方推翻内阁，这就意味着主管警察系统的内务省并不是稳定盟友，难以保证自身安全。

当然，更重要的原因还在若槻礼次郎的个人性格。从 1927 年受到枢密院攻击而辞职可以看出，若槻礼次郎或许是一位出色的财务官僚，但并不是一位性格强韧之人。那么在 1927 年一个不甚重要的枢密院否定敕令事件都能让他辞职，1931 年面对陆军军人与民间右翼的集体攻击，再加上没有宫中重臣在后支援，若槻礼次郎自然承受不住这种压力。事实上，后来到了 11 月，即便内阁已经屈服于陆军压力，若槻礼次郎的身体状态依然日渐恶化，每晚不吃安眠药就睡不着觉。

9 月 22 日内阁会议，面对复杂的政治局势，若槻礼次郎表示"全面同意陆军意向"，同意为林铣十郎提供军费，追认朝鲜日军出兵合法。

二战以后，若槻礼次郎曾在回忆录里做出如下解释："不出兵倒也无所谓，一旦出兵又不给军费，那士兵恐怕一天也待不下去……如果就这样撤兵，那么（关东军）一个师团的兵力恐怕会遇到毁灭之灾……日本（在中国东北）的民众一定会遇到麻烦。"在《古风庵回顾录》中，若槻礼次郎耗费大量篇幅回忆求学与官场经历，但对于九一八事变前后的政局也只是用了一两千字就一笔带过，很明显他并不愿意正面谈及他政治生涯最重要的决断。

当然，无论原因是什么，若槻礼次郎这次举动都是日本政治史上的重要转折：从这一刻开始，军部获得了一个先例，无论能否得到内阁批准，只要出兵，内阁都会追认，都会在财政上予以迁就。这为日后的 1932 年出兵热河，1937 年七七事变与八一三事变都埋下了很深的伏笔。日本政权的中枢彻底被打乱。

1931 年 10 月 8 日，日本空袭张学良躲避的锦州，招致国际社会一片谴责，各国政府也发现日本政府无法节制军队，内阁地位又一次下降。12 月 13 日，第二次若槻礼次郎内阁总辞职。日本好不容易建立起来的政党政治形态，开始面临消亡。

七、小结

九一八事变后，日本开始对中国展开长达十四年的侵略战争，与此同时，滨口雄幸内阁坚持的产业合理化政策也被弃之一旁，日本政府重新扩大投资，这固然在短时间内将日本拉出经济泥潭，却也让日本又一次错失了深化改革的机会；同时，九一八事变使得日本民族主义情绪进一步高涨，也促进陆军少壮派为了抢功而不断铤而走险，国家财政也按照永田铁山的计划，一步步走向"优先满足军需"的国家总动员道路，走向更加"不合理化"的深渊。

靠着九一八事变，日本在 20 世纪 20 年代的"纺织业路线"与"满铁路线"之争也画上一个句号，"满铁路线"获得全面胜利，侵略思想终于可以畅行无阻。经过六年的准备，到 1937 年，日本终于迈出了全面侵略中国的步伐。至于"满铁路线"的两大忠实执行者，即日本军部与民间右翼也互为表里，一边在高层侵蚀国家政体，一边在基层鼓动民众支持战争，将日本拖入军国主义的深渊，也将日本引向灾难。

与其说是近代日本选择了战争，不如说，是近代日本的后发资本主义体制决定他们难以依赖有限的国内市场与自然资源。在日本企业家们试图走"纺织业路线"的 20 世纪 20 年代，日本本土也经历了史上规模最大的通货紧缩，直到 30 年代侵华战争逐步爆发，日本经济才重新恢复动力。

从逻辑上看，日本在 19 世纪末期进行的甲午战争、日俄战争与 20 世纪中叶的侵华战争、太平洋战争是一样的。作为后发国家，日本的经济发展已经不在纯粹的殖民主义时代，而是处于从殖民主义向民族主义、国际主义转型的 20 世纪，这就让他们陷入发展的怪圈中：老百姓越是希望保证经济发展与技术进步，国家政府就越要想方设法从国外掠夺财富，这也就是"国内政治民主化"与"国际政治殖民化"的必然结果。

而且，英美各国在二战初期的态度也给了日本很大的幻想空间。九一八事变后，本应秉持客观中立态度的国际联盟派遣的李顿调查团除去不承认"满洲国"外，事实上给予日本非常优厚的经济条件；即便在日本拒绝调查团提案，乃至退出国际联盟之后，英美等国也没有对日本发动制裁；美国向日本出口的石油长期占据日本进口石油的八成，客观上资助日本打响侵华战争。一直到 1941 年 7 月日本选择"南进论"，派遣陆军进驻南部法属印度支那，直接威胁到美国在菲律宾的安全，美国才冻结日本的全部资产，并全面停止对日本出口石油；而如果当时的日本采用"北进论"，即直接进攻苏联，或许美国的制裁还不会这么快到来。

殖民主义的思想残留不仅影响日本的国际政治选择，甚至影响了日本对于战争形态的判断。其实早在开战以前，日本就认为日美战争依然是殖民主义时代日俄战争的一个翻版——双方的主要战役都集中在殖民地，日方会倾尽全力，敌方受困于交通运输而不会倾注全力，那么日本就可以在短时间内占据上风，从而引发敌国国民产生厌战情绪，引起暴动，最终在一个合适的时间点结束战争，保证日本利益最大化。毕竟，如果当年俄罗斯没有爆发 1905 年的革命，如果日俄战争不是打了一年半而是打了如同太平洋战争一样长的四年半，日本恐怕也会输得一败涂地。

有趣的是，当时的日本大本营官员耗费许多时间去粉饰数据，对数据分析口径做出调整，以求获得一个"日本短期内能获得优势"的结果。其实这种行为也反过来说明，大部分日本人非常明白日美国力的差距，深知日本无法坚持太久。事实上，联合舰队司令山本五十六选择奇袭珍珠港，原因也是想在开战初期最大程度获取优势，为争取更好的和谈条件作准备。整个太平洋战争期间，日本政府并没有掩盖日本国力弱于美国的事实，反而特意宣传敌人如同当年的沙俄帝国一样"十倍强大于己"，希望激发国民所谓的"大和魂"，让个人主义盛行的美国民众厌战反战，逼迫美国政府重新回到谈判桌。

客观地说，日本人确实完成了战前制定的战略要求：从 1941 年 12 月奇袭珍珠港，到 1943 年 11 月美军开启全面反击的二十三个月里，日本军队在太平洋战争中起码不落于下风。但他们没想到的是，二战的战争形态早已不再是单纯的殖民地战争，彻底摆脱孤立主义，走向国际主义的美国甚至也不会"见好就收"，被珍珠港事件激怒的美国民众更不会允许政府轻易回到谈判桌前，美国会倾尽全力摧毁掉日本能够维持战争的所有体系，包括军队、运输船、工业设施、民宅甚至于他们赖以自豪的明治宪法体系，直到日本宣布无条件投降为止。

只有杜绝武力侵略，告别殖民统治，尊重世界各国的主权与领土完整，在这个基础上开展平等的贸易与合作，才是未来国际政治的发展正路。

尾声：日本近代与现代的勾连

说起日本近代，尤其是大正昭和时期的日本，就不得不提及日本近代两位奇女子，亦是日本最早的女性运动家——市川房枝、奥梅尾。

早在 1920 年，她们两人就号召组成了"新妇人协会"，要求女性获得平等的参政议政权，她们的和平努力说服当时贵族院的反对派，成功推动日本国会在 1922 年修改《治安警察法》，允许女性参与政治集会并拥有演讲权；但二十年过去后，随着大正民主过去，随着昭和维新时代到来，两人均在 1942 年加入日本军国主义组织"大政翼赞会"的下属组织"大日本妇人会"，市川房枝甚至还担任大政翼赞会下属的另一个言论审查组织"大日本言论报国会"的理事。

不过，二战结束后，市川房枝马上在 1945 年 11 月组织起"新日本妇人同盟"，奥梅尾则在 1948 年组织"主妇联合会"，继续主张女性参政权。战后日本放开女性参政权后，两人均成功当选参议院议员，享受着日本国民的选票与无上的声誉，她们至今依然被看作日本女权运动的里程碑。

从大历史来看，无数二战时期的日本政治家与军人在战后都重新投入到政商各界之中，甚至于不少艺术家都曾经参与到战争宣传中，谁都不免有些"黑历史"，这两位女性政治家的左右逢源经历并不算罕见。但考虑到市川房枝、奥梅尾的政治主张本应站在女性权益一侧，却在战争中站在了打压女性，甚至将女性作为慰安妇送上前线的军国主义政府一侧，战后又不声不响地站回来，仿佛一切都没有发生过，这就不禁让人打了一个寒战：我们所看到的这个现代日本，那些看起来美好、进步、光明的部分，是否也有着许许多多日本帝国时代的遗迹呢？

历来研究日本，都会认为二战后日本各项国家体制均发生根本变化。但1982年《通产省与日本奇迹》的作者查默斯·约翰逊却提出：日本在1945年前后的经济体制存在一条清晰的"政商合作"路线；日本战后经济之所以腾飞，原因在于有效继承1940年"统制经济"的优势，而与战后民主改革关系不大。

1940年，日本帝国为了加强对各大产业的集中控制，集合各大财阀结成重要产业统制团体协议会。"重产协"看似受到军国主义政府的制约，实则通过商工省直接影响产业政策，日本帝国政府负责调配生产必需的原材料、资源、人口，"重产协"负责将其生产为工业品并送达各大战场。

二战结束后的1946年8月，"重产协"更名日本产业协议会，随后与其他几个商业组织联合成立经济团体联合会；1949年5月，商工省改组为通商产业省。通产省—经团联模式去除了1940年商工省—重产协模式的军国主义色彩，但"政商合作"的核心思想却得以保留，为日本战后经济复苏打下体制基础。战后日本还存在日本商工会议所、经济同友会等机构，三大协会与各行业协会均向通产省提出政策要求，通产省则出具相应产业政策协助各大产业发展。

同样留存的还有日本在战争时代为了加强社会组织而建立的"町内会"（居委会）1940年9月，日本内务省出台法令，要求全国各地均要组成町内会（城市）与部落会（乡村），是帝国征召兵员、分配物资、组织防空的最低一层组织，当时每五户或十户人家会组成一个"邻组"，既互相帮助，也互相监视。战后，町内会一度遭到驻日美军取缔，但随着日本在1952年签署《旧金山条约》，相关规制也逐步放松，町内会自然也就卷土重来，在战后高速发展的年代，町内会组织共同打扫卫生、维护交通安全、组织文化娱乐活动等等，是填补政府工作不足的重要补充，更是如今日本基层自治的典范。

列举诸多，不难发现虽然近代历史早已过去百年，但其精神遗产依旧存在，甚至是得以发扬光大。借助这个军国主义时代的理念，日本逐步完成国家组织化，从近代一路发展到现代，那我们应该如何看待这些"帝国遗迹"呢？

的确，我们要肯定现代日本社会的进步与发达，但在看待日本近现代史的过程中，不应该以二战结束的1945年作为一个分界点，把战前、战中、战后的日本历史割裂来看，毕竟那些创造了战后日本经济奇迹与辉煌的人，绝大部分是经历过，甚至是直接参与过战争的人。后人当然可以随意按照自己的标准划分时代，但对于前人而言，这都是实实在在印在记忆里面的、难忘的过往。

所以在这种情况下，我们就更要了解日本从甲午战争以后一直到九一八事变的发展全过程，这才能让我们更为深刻地认识到日本社会如何一步步发展至今，有哪些看似现代的产物，实则有着久远的历史传承。

大事年表

1868	明治一	王政复古。戊辰战争爆发，江户城无血开城，明治维新开启。
1869	明治二	箱馆战争结束，明治新政府平定全国。
1871	明治四	日本实行"废藩置县"政策，封建制度在日本正式终结。
1872	明治五	日本派遣数十名官员与上百名留学生组成岩仓使节团，前往欧美各国寻访游历。
1873	明治六	岩仓使节团归国后，与留守政府围绕征韩论问题爆发争执，西乡隆盛等重臣辞官回乡。
1874	明治七	辞官下野的板垣退助、江藤新平等人分别开启日本自由民权运动与武装暴动萩之乱。日本军队出兵侵犯台湾岛。
1875	明治八	日本军舰"云扬"非法在朝鲜王国海域巡航，与朝鲜军队爆发冲突，朝鲜王国在日本逼迫下签署《日朝修好条规》（《江华岛条约》）。
1877	明治十	西乡隆盛挑动原萨摩藩士族打响反对明治政府的西南战争，事败身死。
1878	明治十一	大久保利通遇刺身亡。
1881	明治十四	日本发布国会开设之诏，约定在九年后（1890年）开设国会。
1882	明治十五	日本政府发布《军人敕谕》。朝鲜王国爆发壬午军乱，日本强迫朝鲜签订《济物浦条约》。
1884	明治十七	朝鲜亲日派挑起甲申政变，在清军镇压下失败。
1885	明治十八	日本废除太政官制，建立内阁制度，伊藤博文出任日本第一任首相（内阁总理大臣）。

1889	明治二十二	《大日本帝国宪法》颁布。
1890	明治二十三	日本第三任首相山县有朋发布"生命线"与"利益线"演讲。
1894	明治二十七	年初，朝鲜半岛爆发农民起义，清军、日军均出兵朝鲜王国展开对峙。7月，日本与英国修改不平等条约，这期间日本政府为了压制反对势力两度解散议会，最终为了转移矛盾而发动甲午战争。7月末开始，清军连续在丰岛、平壤、大东沟、鸭绿江、旅顺等地失败，清军主力被迫撤出辽东半岛，日军在旅顺战役结束后大肆屠杀中国军民。
1895	明治二十八	2月，日军在山东半岛登陆并夺取威海卫军港，北洋水师覆灭。4月，清廷派遣李鸿章率队前往日本下关谈判，签订《马关条约》，后在俄罗斯等三国要求下，日本将辽东半岛归还中国。10月，日本驻朝鲜公使三浦梧楼在汉城刺杀朝鲜王妃闵妃，扶持亲日派政府上台。
1896	明治二十九	2月，俄罗斯军队进驻汉城，朝鲜国王逃亡俄罗斯公使馆，亲日派政府被国内愤怒的朝鲜民众推翻。6月，日俄达成《山县-洛巴诺夫协定》分割朝鲜半岛利益，中俄达成修建中东铁路的协定。
1898	明治三十一	2月，日本提出"满韩交换论"，遭到俄罗斯拒绝；3月，俄罗斯强租旅顺口与大连湾。6月，政党领袖大隈重信担任首相，但仅仅维持四个月就因党派分裂而宣布辞职。
1899	明治三十二	毛利元就击杀家臣井上家三十多人，确立自身统治地位。

1900	明治三十三	中国北部爆发义和团运动，日本以"远东宪兵"身分协助英国加入八国联军并在八月进军北京。同一时期，俄罗斯单独进军中国东北，日本军队炮制厦门事件。9月，立宪政友会成立。
1901	明治三十四	4月，山县有朋提出"东洋同盟论"，试图与英国结盟；9月，伊藤博文前往美国，转道前往俄罗斯谈判俄军从中国东北撤军事宜，最终没有谈妥；12月，日本内阁批准日本与英国结盟案。
1902	明治三十五	1月，日本与英国签订结盟条约；4月，俄罗斯与清朝签订东北撤军协定，并在10月撤出第一部分军队。
1903	明治三十六	4月，俄罗斯拒绝按约定继续撤军，日本元老召开"无邻庵会议"商讨对策；6月，俄罗斯陆相库罗帕特金访问日本；两国从8月开始谈判，到12月破裂。
1904	明治三十七	2月，日本对旅顺港停泊的俄罗斯军舰发动突袭，日俄战争爆发，清朝宣布局外中立，日本逼迫大韩帝国签订第一次《日韩协约》。日俄两国先后在旅顺港外、鸭绿江、金州、辽阳、旅顺、沙河等地爆发多场战役，在年底基本夺取整个辽东半岛。
1905	明治三十八	1月，日军攻克旅顺要塞；3月，日军在奉天会战取胜；5月，日本海军击溃俄罗斯波罗的海舰队；9月，日俄在美国签订《朴茨茅斯和约》，随后东京爆发反对议和的日比谷烧打事件；11月，第二次《日韩协约》签订，伊藤博文成为初代朝鲜统监，开始扶植亲日派朝鲜团体一

进会。

1907	明治四十	7月，韩皇密使事件爆发，韩皇被迫退位，第三次《日韩协定》签署，韩军解散。
1909	明治四十二	6月，伊藤博文辞去朝鲜统监；10月，在哈尔滨遭到朝鲜独立人士安重根刺杀。
1910	明治四十三	日本吞并朝鲜半岛并设立朝鲜总督府。
1912	大正一	日本法学界爆发"天皇机关说"争论。12月，第二次西园寺公望内阁因陆相上原勇作单独辞职而崩溃。明治天皇去世。
1913	大正二	2月，大正政变爆发，首相桂太郎被迫辞职，不久后去世。
1914	大正三	1月，西门子事件爆出，首相山本权兵卫被迫辞职。第一次世界大战爆发，日本在8月应英国邀请加入协约国集团，并攻克德占青岛港与德属南太平洋诸岛。
1915	大正四	1月，日本向中国递交《二十一条》要求。5月，在部分删节后，袁世凯政府基本同意日本的要求。
1916	大正五	吉野作造发表《解读宪政本意使宪政达有终之美》。
1917	大正六	11月，日本外相与美国国务卿达成协议，约定保证中国的"门户开放政策"，美国认可日本在中国东北与东部内蒙古的"特殊权益"。
1918	大正七	日本宣布与其他协约国共同出兵西伯利亚，干涉俄国革命。8月，"米骚动"爆发，波及全国多地。9月，政党领袖原敬担任日本首相。
1919	大正八	巴黎和会召开。日本提出继承德国在山东利权

		得到列强默许，虽遭中国反对，但日本仍然"无偿且无条件"取得德国在山东半岛的利权。
1920	大正九	永田铁山发表《国家总动员的相关意见》。5月，尼港事件爆发，日本驻尼古拉耶夫斯克领事全家遇难。
1921	大正十	"宫中某重大事件"爆发。皇太子裕仁前往欧洲多国游历。10月，永田铁山等三名陆军军人在德国见面并约定改革陆军体制。11月，首相原敬遇刺身亡。
1922	大正十一	日本陆军进行第一次"山梨裁军"。2月，日本与欧美列强、中国等国签订华盛顿条约等一系列国际条约，约定海军吨位比例，并保证将山东利权归还中国。10月，日军从西伯利亚撤军。大隈重信、山县有朋去世。
1923	大正十二	日本陆军进行第二次山梨裁军。北一辉发表《日本改造法案大纲》。9月，日本爆发关东大地震，震后混乱时，许多左翼人士遭到秘密处决；12月，难波大助在东京虎之门刺杀皇太子裕仁未遂。
1924	大正十三	1月，政友会分裂出政友本党。5月，加藤高明提出"宪政之常道"概念，并在选举中就任首相。
1925	大正十四	《普通选举法》与《治安维持法》颁布。日本陆军进行宇垣裁军。
1927	昭和二	4月，首相若槻礼次郎因紧急敕令遭到枢密院驳斥而辞职。6月，东方会议召开。7月，由于中国北伐军进入华北，首相田中义一派遣军队侵入山东半岛（第一次山东出兵）。
1928	昭和三	4月，日军第二次出兵山东，酿成济南事件。5月，

		日军第三次出兵山东，首相田中义一针对北伐军与奉系军队的冲突发布所谓的"五一八通牒"。6月，关东军参谋河本大作炸死张作霖。
1929	昭和四	日本陆军少壮派组织一夕会成立。
1930	昭和五	4月，日本政府签署限制海军军备发展条约，遭到国内舆论反扑。6月，陆军激进派组织樱会成立。11月，首相滨口雄幸遇刺，经抢救存活，但第二年依然因伤去世。
1931	昭和六	陆军激进派发动未遂的3月事件与10月事件。关东军在沈阳附近的柳条湖破坏铁路并嫁祸中国军队，挑动九一八事变。驻朝鲜日军迅速进驻中国东北，首相若槻礼次郎追认出兵合法。

后 记

对中国人来说，日本是一个既熟悉又陌生的国家。两国一衣带水，自古以来就有着广泛的文化交流，两国历史发展更有许多互相波及之处。但也正因如此，我们更习惯于从两国的相似点观察日本，缺乏对于两国不同点的体悟。本套丛书试图从传统的日本历史叙述手法脱离出来，从日本列岛的角度对日本两千年历史进行概观式的科普，希望能对读者有一定启发。

丛书作者中，赤军先生是国内日本史普及著作的大前辈，赵恺先生是日本战史名家，樱雪丸先生长于嬉笑怒骂，北条早苗先生精于严谨考证，均是当今国内日本史写作的核心人物。小生不才忝列诸贤之侧，希望读者朋友能多多批评指点。

值此新书付梓之际，感谢团结出版社郭强先生长期以来的支持与厚爱，感谢谢妮姗女士为本书整理稿件并提出良好建议。

萧西之水

2020 年 6 月 26 日夜于北京